Stress
Comment l'apprivoiser

Dr LIONEL COUDRON

L'acupuncture, médecine énergétique
Mieux manger pour mieux vivre
Stress. Comment l'apprivoiser   J'ai lu 7027/**5**

En collab. avec le Dr Olivier Coudron :
Votre système nerveux et le yoga
Vos articulations et le yoga
Vos sécrétions hormonales et le yoga
Libérez-vous du stress, de l'insomnie,
de l'anxiété, de la dépression par le yoga
Cancers, allergies, maladies auto-immunes
et yoga

Dr LIONEL COUDRON

Stress
Comment
l'apprivoiser

Bien-être

Précédemment édité sous le titre :
Décidez sans stresser.

Sommaire

1

Stress, mode d'emploi

« Depuis trois mois, je prends vraiment les choses autrement, me dit Thérèse, qui a participé à des sessions de formation et de soins sur le stress. Bien sûr, il y a toujours les mêmes facteurs stressants dans mon environnement, mais ils me donnent l'impression de glisser sur moi. » Thérèse participe à la mise en place d'un projet informatique et, depuis plus de six mois, délais, changements, crises s'accumulent au sein de l'entreprise. « Mes collègues remarquent véritablement que j'ai changé. Je ne ressens d'ailleurs plus les mêmes crispations, les mêmes serrements qui me prenaient à la poitrine et à la gorge ; mon sommeil s'est amélioré, je me sens plus équilibrée et harmonisée alors qu'autour de moi tout s'accélère et s'aggrave. » Ces quelques phrases me revenaient en mémoire, et je constatais le chemin parcouru par Thérèse depuis sa première démarche pour se prendre en main. Certes, il avait fallu plusieurs mois, mais aujourd'hui une véritable transformation s'était opérée et les inquiétudes, les angoisses évoquées à l'époque l'avaient laissée tranquille. Progressivement, Thérèse s'était débarrassée de certains réflexes, avait remis de l'ordre dans son alimentation, avait pratiqué la relaxation, et le résultat était là, bien stable : une vraie détente de l'esprit et une vraie tonicité du corps l'habitaient.

Bernard, journaliste à FR3, me tint ces propos sur le cours Albert-Ier à la sortie d'une émission télévisée. Il était alors dans le même état que Thérèse quelques mois auparavant : «Je suis vraiment devenu dépendant des somnifères, c'est pénible, je suis obligé de prendre quelque chose pour m'endormir et du Survector pour être défatigué dans la journée. Cela depuis plusieurs années, et je n'arrive pas à m'en débarrasser. Bien sûr, je vis rapidement, je dois courir en permanence, je n'ai pas de rythme et je me sens très stressé. Mais n'y a-t-il pas un moyen pour que je remette un peu d'ordre dans tout cela ?»

Oui, bien sûr qu'il en existe, mais aucune réponse ne peut être vraiment sérieuse si elle est faite à l'emporte-pièce. Le stress est à l'origine de la vie mais aussi des multiples déséquilibres que nous vivons. Le reconnaître, comprendre ses mécanismes, vous permet de mieux y faire face ou tout au moins de mieux l'accompagner. Vous verrez qu'il existe en fait une relation étroite entre la dose de stress reçue et ses manifestations. Mais vous comprendrez aussi que nous ne pourrons jamais l'éliminer complètement et que cela n'est d'ailleurs pas souhaitable. La seule chose que vous ayez à faire est d'apprendre à vivre en bonne intelligence avec tous les stress et, tel un capitaine de navire, de savoir naviguer pour éviter les écueils et profiter des bons vents.

Ce manuel n'est pas un ensemble de recettes pour s'opposer au stress mais pour l'accompagner. Comme le dit Thérèse, les problèmes sont toujours là mais vous retrouvez en vous un potentiel qui vous permet de mieux agir. Alors vous n'êtes plus paralysé, obsédé, angoissé, stressé, mais vivant, capable de sentiments de joie, de colère, de tristesse, de calme.

C'est dans le milieu professionnel que je puiserai le plus d'exemples pour illustrer cet ouvrage, en particulier auprès des cadres, car ils sont en général vraiment très significatifs. Mais partout, dans la sphère familiale, à la maison, les stress sont présents et vous les reconnaîtrez.

La globalité

Le stress doit être appréhendé dans sa globalité. L'individu que vous êtes forme une seule et même personne. Vous êtes partie prenante à tous les niveaux de votre vie : professionnelle, familiale, sentimentale, intellectuelle… Vous ne pouvez être découpé en tranches. Si vous agissez sur un élément, vous agissez automatiquement sur un autre. Si vous intervenez sur votre façon de dormir, de manger, de respirer, les répercussions se feront sentir sur tous les autres plans. C'est pourquoi, regroupés dans cet ouvrage, vous retrouverez les différents secteurs sur lesquels vous pourrez agir pour mieux vivre au quotidien. Rien n'est dissocié, tout est au contraire relié : organisation de votre travail, alimentation, exercices, loisirs, façon de voir le monde, façon de voir les autres. En connaissant le mode d'emploi du stress, vous pourrez vous prendre en main. Vous éviterez de tomber dans les excès que notre société génère aujourd'hui. Halte aux suicides en cascade des cadres japonais, aux spectaculaires *karoshi* (morts subites) dus au stress professionnel qu'ils subissent. Halte aux dépressions des *golden boys* américains que l'on prenait pour des maladies virales et nommées *burned out*. La fatigue de ces cadres dynamiques américains n'était pas la conséquence d'un virus mais tout simplement liée aux multiples contraintes et au stress. Halte aussi aux entreprises qui managent sur la base de l'excellence et qui demandent toujours plus sans laisser de répit. Bien sûr, la qualité est indispensable, mais il faut aussi tenir compte des rythmes différents de chacun. Demander à un chat d'aboyer n'est pas possible. Le stress vient souvent des contraintes trop fortes qui pèsent sur un individu qui n'est pas un surhomme, et de l'inadaptation entre capacités et attentes de l'entreprise. Le «zéro défaut», la qualité totale, s'ils sont mal compris, engendrent le stress.

Mieux gérer le stress, ce n'est pas faire toujours bonne figure et apparaître toujours souriant et disponible. Cela devient alors un stress supplémentaire : celui des contraintes et des apparences. Gérer le stress, c'est avant tout mieux se connaître, mieux définir ses possibilités et ses limites pour essayer de les repousser, mais aussi pour vivre en meilleure harmonie avec soi-même, les autres, et tout son environnement. Mieux se connaître vous sera possible au travers des multiples tests et bilans qui vous sont proposés dans cet ouvrage. C'est alors qu'en gérant mieux le stress vous serez plus efficace, car plus détendu.

Cela vous concerne au plus haut point comme cela concerne tous ceux qui occupent des postes décisionnels importants. Dans ces cas-là, le droit à l'erreur n'existe pas, car l'erreur est fatale. Plus que tous, le général en chef des armées doit bien gérer le stress, car de sa décision dépend le sort de millions de gens. Plus que tous, vous devez bien gérer vos stress car de vos décisions dépend... votre vie.

SOS déstress

Que vous soyez chef d'entreprise, militaire, cuisinier, femme au foyer, vous vous intéressez au stress et à sa gestion correcte. Tous les corps de métier, tous les êtres s'y intéressent, car ils ont tous envie comme vous-même d'être mieux. Cela est possible mais nécessite une certaine dose de courage. Vous pourrez vous débarrasser de nombreuses maladies, retrouver la joie de vivre pour ne plus subir le stress, mais en sourire.

Après avoir compris le stress et fait votre bilan, vous saurez exactement qui vous êtes, comment vous réagissez, et quels sont les risques qui vous guettent. Vous n'aurez plus qu'à appliquer pas après pas les conseils spécifiques à votre vie. Certains vous seront d'une facilité extrême, d'autres au premier abord vous paraîtront infaisables. Puis, avec l'expérience, la pratique, votre vie se transformera dans les moindres détails quotidiens. Vous laisserez de côté le *burned out*, le *karoshi*, le mal-être, tout comme Thérèse, pour avoir un esprit détendu dans un corps tonifié.

Et surtout, n'oubliez pas, gérer le stress n'est pas une simple mode. Cela a toujours été une préoccupation centrale de tous les peuples depuis la plus haute Antiquité. La recherche d'une vie plus équilibrée, de tout temps, est au cœur des objectifs de l'homme. Thermes, massages, bains, fêtes ont été entre autres de grands moyens pour se «déstresser». Aujourd'hui, nos mœurs et notre mode de vie ont changé. Le stress également. Les moyens pour y remédier seront néanmoins pour la plus grande partie issus de techniques ancestrales utilisées avec efficacité au cours des âges : relaxation, respiration, massages, plantes, oléation, regard sur le monde, organisation du temps…

C'est tout ce parcours que nous vous invitons à suivre.

Mais avant d'aborder les remèdes, savez-vous vraiment ce qu'est le stress ?

2

Vous avez dit stress ?

«Depuis quelques jours, ma concentration n'était plus aussi bonne. J'avais oublié de rappeler mon dernier client comme je lui avais promis et lorsqu'il m'avait rappelé lui-même, j'avais été irritable et le marché avait bien failli être perdu!»

Assis dans son fauteuil, Pierre avait rejeté sa tête en arrière. Ses jambes étaient étendues sous le bureau et, dans un deuxième mouvement, ses mains, après avoir essuyé son front, prenaient maintenant sa tête. Non, rien n'allait plus depuis quelque temps. La fatigue. «Oui, c'est cela, ce doit être la fatigue, d'autant que le sommeil n'est plus bon depuis quelques semaines», se dit Pierre. Il se leva et se dirigea vers le couloir. «Un café me fera du bien.» La machine miracle se tenait droite, promettant à celui qui daignerait s'en occuper de lui offrir une boisson aux effets merveilleux. Le café n'est-il pas utilisé pour nous permettre d'avoir la vigilance et la clarté des dieux? Le café ne contient-il pas de la théobromine — qui signifie justement «breuvage divin»?

Perdu dans ses réflexions, Pierre récupéra mal le gobelet de plastique blanc et laissa se perdre la moitié du café. Il le but à toute vitesse même si celui-ci le brûlait! Dehors il faisait nuit, il n'y avait plus personne. Tout le monde était rentré. Il est vrai qu'il était 22 heures et qu'un 25 novembre le soleil est couché depuis longtemps.

Pierre revint s'asseoir dans son fauteuil. Le café

ne faisait plus rien. C'était le... Il ne savait plus. C'est évidemment à ce moment-là que des brûlures vinrent lui rappeler l'existence de son estomac. En même temps le téléphone retentissait. «Oui, oui... oui... j'ai terminé, je rentre. Oui, je n'en peux plus... J'arrive... Je t'embrasse.» En fait, le travail n'était pas terminé. Depuis cet après-midi rien n'avançait. Plus il rédigeait, plus les idées s'embrouillaient... Que se passait-il donc? Lui qui ne connaissait pas la fatigue jusqu'alors... Ces oublis, ces brûlures, cette perte de concentration... Seraient-ce les conséquences, les manifestations du stress? Ce mot si à la mode que tout le monde se dit stressé et que l'on oublie que cela existe! Le stress, pourtant, Pierre ne pensait pas que c'était pour lui. Le stress, c'était pour les autres... Bien sûr, un article dans *Challenge* de septembre en avait parlé. Mais aujourd'hui, son propre corps parlait.

Voilà. Le mot était lâché. Il était stressé!

Qu'est-ce que le stress?

Le stress existe depuis la nuit des temps. Chacun de nous subit en permanence de multiples stress aux conséquences diverses. Celui-ci est tellement important qu'il a donné lieu à des travaux médicaux et scientifiques nombreux: il en existe aujourd'hui plus de trois cents définitions différentes.

Le mot «stress» dérive étymologiquement du latin *strictus* qui donne en français «striction», évoquant le serrement; ce fameux serrement de gorge, entre autres. Actuellement, le mot stress est utilisé avec deux notions différentes. Soit il s'agit du stimulus agressant: c'est le cas lorsque l'on dit que le bruit est un stress; soit il s'agit de la réaction métabolique ou physiologique que le stimulus agressant déclenche: c'est le cas lorsque l'on considère que les mains qui transpirent ou la gorge sèche sont les manifestations du stress.

Le plus célèbre des chercheurs ayant travaillé sur le stress, le Dr Selye, a consacré sa vie à son étude et à ses répercussions. Pour lui, «*le stress est la réponse non spécifique de l'organisme à toute demande qui lui est faite ou une réponse d'adaptation à des demandes très disparates appelées facteurs de stress ou stressors*». Dans cette définition, il apparaît très clairement que tout stimulus extérieur — le chaud, le froid, l'activité physique —, comme tout stimulus de modification interne — une baisse du taux de sucre sanguin, une augmentation de la température, une agression microbienne, une émotion forte —, représente un stress pour l'organisme.

Le stress, c'est la vie

Oui, tout est stress! La vie elle-même est stress, comme le dit le Dr Bensabat dans son ouvrage portant ce titre, puisque nous vivons en permanence dans un environnement changeant et que notre corps lui aussi est en perpétuelle mouvance.

Les changements de climat (le froid en hiver, la chaleur d'une plage...), de rythmes de vie (vacances, voyages à l'étranger...), les bruits (de la circulation, d'une foule...), les émotions (la colère, la joie...) sont intrinsèques à la vie.

Le stress existe depuis que le monde est monde, et sans lui, nous ne pourrions pas vivre. Les divers stimuli sont indispensables à la vie elle-même. «Alors n'en parlons plus, pourrait-on se dire. Les stressors sont faits pour nous stresser et nous ne pourrons rien y changer!» Et pourtant, régulièrement, *Le Point, L'Express, L'Evénement du jeudi...* font leurs titres sur les répercussions néfastes du stress. Notre société, nous dit-on, est source de stress. Vous habitez Paris? Alors vous êtes stressé. C'est sans appel. Mais c'est identique à Lyon, Marseille, Lille, Bordeaux, Toulouse, Rennes. La vie citadine est synonyme de vie stressante. Mais un peu plus loin on apprend que la vie rurale l'est tout autant.

Qu'en est-il exactement ?

Le stress est-il inévitable ? Est-il bon ou néfaste ? Peut-on garder le bon et rejeter le mauvais ? Sommes-nous tous égaux devant le stress ? Existe-t-il des activités, des modes de vie qui nous y exposent plus que d'autres ? Qu'en est-il alors de ce terme de «stress» qui est associé à la vitesse, aux soucis ?

Il est certain que, lorsqu'on parle du stress de notre vie moderne, on utilise le terme non pas dans l'acception de Selye, mais dans un sens beaucoup plus spécifique. Ce stress est lié directement à la vitesse, aux émotions, à l'anxiété, et donc surtout à ses aspects négatifs. Le stress est considéré comme perturbateur et chacun souhaite y échapper. Pourtant, une dose de stress est souvent nécessaire.

Existe-t-il un bon stress et un mauvais stress ?

Richard, restaurateur, a besoin depuis longtemps d'une stimulation et d'un défi pour réussir et même simplement pour entreprendre. A trente-cinq ans, il a déjà créé deux belles affaires. La dernière lui a demandé beaucoup de sacrifices. Il a dû relever de nombreux défis que son entourage pensait irréalisables.

Richard, lui, ne s'est jamais découragé, et après trois ans de travail acharné, il commence à souffler. Sans sa volonté de prouver qu'il y arriverait, il n'aurait jamais rien commencé. Il le sent bien. Mais maintenant que tout fonctionne parfaitement, il ne se sent plus aussi motivé. Sans ces défis à relever, il n'aurait jamais rien commencé. Ce qui l'anime, ce sont justement les contraintes extérieures. C'est dans ces moments-là qu'il se surpasse, et comme animé par un ressort spécial qu'il surmonte toutes les difficultés. Aujourd'hui, son affaire est en quelque sorte tombée dans la routine et il n'y puise plus la volonté de l'agrandir. Il sait très bien qu'il ne fait qu'une pause avant de la vendre et d'en lancer une autre, encore plus importante. «J'ai besoin des difficultés pour faire quelque chose; c'est dans ces moments-là que je donne le meilleur de moi-même.» Richard illustre parfaitement l'effet bénéfique et positif du stress. Son enfance avait été, il est vrai, assez difficile. Il s'était promis de lutter de toutes ses forces pour prouver qu'il était capable. Ses ressources ne se déclenchent pas quand tout va bien, mais pour l'aider à s'en sortir. Et s'il n'a pas le sentiment de devoir se surpasser, il ne construit rien. Les stress de la vie le poussent à faire mieux, pour lui assurer une stabilité encore plus grande. Le besoin de sécurité le conditionne. Mais Richard, lorsqu'il vient en consultation, s'il sait très bien ce que signifie l'effet bénéfique du stress, connaît également le revers de la médaille. En effet, il vient justement consulter parce qu'il «n'en profite pas». Il est devenu nerveux, irritable, et surtout, il fait des crises de migraine atroces qui le terrassent au lit deux jours par semaine! Et ce depuis trois ans.

Il m'explique d'ailleurs très bien que ces migraines sont directement liées «à son stress». Richard n'arrive pas à équilibrer sa vie. Il réagit par rapport aux stimuli extérieurs. Il fonce dans la bagarre et continue encore à se battre alors que tout est réglé. Richard doit donc apprendre à ne plus uniquement subir le stress mais à le domestiquer. Il veut bien sûr rester apte à développer ses affaires, mais sans en subir le contrecoup. D'ailleurs, il m'explique en toute conscience que, s'il en faisait un peu moins dans la semaine, il pourrait ne plus souffrir ni être paralysé pendant le week-end. Cela lui permettrait en fait de se sentir beaucoup mieux et de réussir avec encore plus de facilité.

Le stress est nécessaire. Sans mouvements, l'immobilité complète régnerait. Les contraintes extérieures nous obligent à nous adapter.

Une histoire vieille
de millions d'années

Ce sont les stress climatiques et physiques qui ont permis aux petits mammifères de développer leur intelligence. En s'adaptant mieux à l'écosystème, l'homme développe mille facultés qui lui ont permis d'obtenir la conscience qu'il possède. La vie est un perpétuel brassage de variations qui nous obligent à évoluer pour nous adapter. Sans les contraintes externes, nous resterions impassibles et progressivement nous nous éteindrions. C'est exactement ce qui se produit lorsque, à la retraite, les gens n'ont plus aucune activité. Le manque de stimulation, le manque d'intérêt conduisent rapidement au repli sur soi et malheureusement déclenchent les mêmes effets qu'un stress négatif. Seulement, à partir d'un certain degré de contrainte, la stimulation, qui oblige à inventer et à trouver des solutions, nous paralyse et nous bloque dans notre réaction. Un trop gros échec peut nous faire croire que nous sommes incapables, alors qu'il pourrait être vécu comme une expérience enrichissante, qui nous apprendrait à mieux savoir ce qu'il faut éviter ou faire. Une décharge électrique minime nous fait réagir et nous pousse à nous protéger. En revanche, un choc électrique trop fort peut franchement nous assommer.

Jean-Bernard travaille dans un groupe de communication. Tous les jours, il est sur la brèche. L'effervescence est permanente et il aime cela. « Cela me donne des idées ; si je ne me sens pas en état d'urgence, je ne fais rien ; cette ambiance dans laquelle je baigne me nourrit et j'en ai besoin pour créer. » Nul doute, Jean-Bernard est jeune, il n'a pas trente ans et il peut encore supporter sans peine les divers stress. D'autant qu'il dit « avoir envie de progresser et espérer occuper d'autres fonctions ». Pourtant, Jean-Bernard ne se rend pas compte que, si le stress peut être bénéfique, il ne faut pas aller trop loin. Si les aînés parmi ses collègues osaient lui dire ce qu'ils me confient en consultation, il est certain qu'il désirerait, non pas ne plus travailler, mais dès aujourd'hui apprendre à mieux gérer son stress.

Nombreux sont les individus qui subissent des stress mais qui croient qu'ils n'en ont que l'aspect positif et qui suivent la politique de l'autruche quant à leurs conséquences néfastes.

Le stress est nécessaire et bénéfique, mais tout est une question de dosage. Une surprotection entraîne une apathie générale. Une trop grande quantité de stress en intensité ou en fréquence peut également nous être fatale.

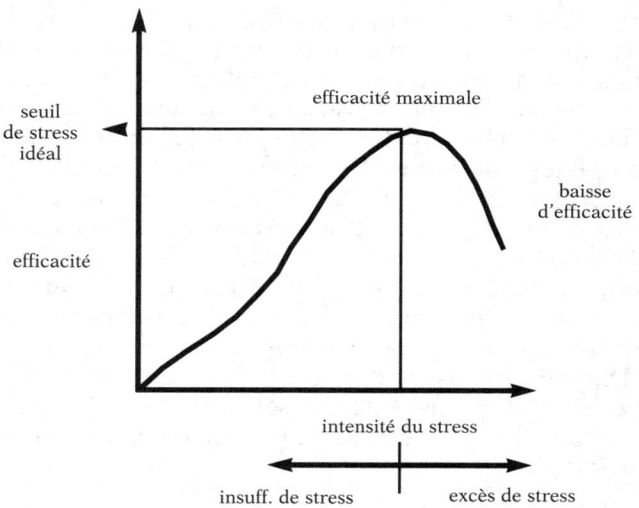

— Plus l'intensité de stress augmente, plus l'efficacité est grande dans la première partie de la courbe.

— A un certain stade, la stimulation est optimale pour donner une efficacité maximale.

— Dépassé ce stade, tout stress supplémentaire entraîne une incapacité d'agir. Cela peut conduire à la paralysie totale, voire à la mort.

19

Peut-on gérer le stress ?

Arrivés à ce stade, nous ne faisons que constater des faits. La conclusion semble évidente : « Très bien ! Il y a du bon et du mauvais stress. Cela dépend de son intensité et de sa fréquence. Rien de plus simple, il nous suffit de le doser. Pour moi, il en faut à peu près cette dose. Dans ces conditions, je travaille bien et je n'en ai pas de nuisances. » Voilà ce que chacun aimerait pouvoir se dire. Mais n'est-ce pas justement la particularité du stress que d'être une contrainte externe sur laquelle nous ne pouvons agir ? Le bruit, les transports, la concurrence, tout cela n'est pas maîtrisable. Il est bien de dire qu'il existe un bon et un mauvais stress et que l'idéal serait une question de dosage. Mais si nous ne pouvons pas agir dessus, cela ne sert à rien !

Heureusement, cette façon de penser n'est pas complètement vraie. Pourquoi ? Parce qu'elle ne s'intéresse qu'à une fraction du mécanisme du stress : la partie extérieure, le stimulus déclencheur. Elle oublie que les êtres humains, hommes et femmes, ne sont pas de simples objets de réaction. Ils peuvent, en fonction de leurs connaissances et de leur philosophie, modifier leurs réactions.

Dans le processus du stress, il ne faut pas croire que tout stimulus externe sera source de stress. Cela dépend du terrain sur lequel celui-ci vient s'inscrire.

La boucle du stress

Pour que vous ressentiez un stress, il faut qu'une boucle de stress soit réalisée. Bien entendu, il faut au départ un agent stresseur, ou stressor. C'est cet élément de la boucle sur lequel nous ne pouvons pas intervenir en général, quoique, nous le verrons plus tard, il existe tout de même des possibilités d'intervention dès ce stade. Mais ce stressor en lui-même ne déclenche pas le stress.

Pour Catherine, se rendre de son appartement à son travail est chaque fois un véritable calvaire. Elle fait le trajet en voiture, et le simple fait de se mettre au volant lui occasionne des sueurs froides. Sa gorge se noue, il lui est même arrivé d'avoir un malaise. Bien évidemment, pour Robert, son mari, tout cela est incompréhensible. Il est, tout comme elle, médecin, et utilise sa voiture toute la journée pour ses visites. Catherine est anesthésiste à l'hôpital dans un service de neurochirurgie. Là, elle soigne des traumatisés de la route. Le simple fait d'évoquer cela la rend littéralement malade ! Lorsqu'elle monte en voiture, les images de blessés lui reviennent à l'esprit et déclenchent chez elle des réactions de stress.

Entre Catherine et son mari, quelle différence y a-t-il ? Ils possèdent tous deux la même voiture, ils vivent dans la même maison, sous le même climat. Seul, leur mode réactionnel est différent. L'un sera stressé, l'autre pas, face à un stressor identique.

Pour qu'un stressor agisse, il lui faut trouver un terrain, c'est-à-dire à la fois un tempérament et un comportement qui l'interprètent comme dangereux. C'est la façon de voir le stressor qui le rend stressant. La boucle du stress comporte donc un élément déclencheur, le stressor, et un mode réactionnel, lié au comportement et au tempérament de l'individu.

On appelle ce système «boucle» car le stress peut très rapidement ne plus être dépendant du stressor initial, mais s'autoentretenir par un comportement et un tempérament spécifiques.

Le comportement se définit comme la façon dont une personne réagit en fonction de ses habitudes relativement superficielles. Cet aspect de la personnalité est le plus facile à modifier.

Le tempérament se définit comme une partie de la personnalité beaucoup plus profonde, directement liée à l'hérédité et à la première éducation. Il va sans dire que cet aspect de la personnalité est moins malléable !

Tous ces processus, qui conduisent d'une stimulation à une réaction, s'appellent « la boucle du stress ». Pour déclencher une réaction physiologique et psychologique, il est important que le comportement et le tempérament y prédisposent. Certains stressors feront réagir tous les individus. D'autres, seulement certains d'entre eux, selon leur comportement et leur tempérament. Mais avant d'aller plus loin dans la compréhension des mécanismes du stress, et ainsi nous préparer à mieux nous adapter, il est temps de nous poser une question : quels sont les effets nocifs du stress ?

Nous l'avons vu, le stress est bénéfique à une certaine dose. A une intensité supérieure, que risque-t-on ? Bien sûr, nous avons évoqué l'anxiété et les troubles du sommeil avec Bernard, journaliste à FR3, avec Pierre, dirigeant d'entreprise ; les migraines avec Richard, restaurateur ; les manifestations de l'anxiété avec Catherine, anesthésiste. Pourtant, pour beaucoup, le stress ne serait pas considéré comme très important s'il ne se manifestait que de cette façon.

Mais le stress peut être beaucoup plus grave : il peut mettre en péril la vie familiale, les résultats de l'entreprise, la vie sociale, et même notre vie.

Les effets négatifs du stress

Le stress peut être la cause de très nombreux troubles, le point de départ de multiples maladies et de troubles relationnels graves.

A regarder succinctement les ouvrages et les articles médicaux traitant du sujet, il semble *a priori* que le stress puisse déclencher toutes les maladies. Tout se passe comme si le stress pouvait être le facteur aggravant ou précipitant d'une maladie dont le sujet portait déjà en lui le germe. Et, chose importante, le stress peut déclencher non seulement des maladies fonctionnelles mais également des maladies organiques.

Nous limitons souvent ses manifestations négatives au surmenage, à l'anxiété, voire à l'épuisement, au désespoir, à la dépression. Malheureusement, bien d'autres conséquences sont à attendre.

Mais déjà qu'en est-il exactement de ces troubles de l'humeur ? Sont-ils toujours liés au stress ou peuvent-ils survenir dans d'autres conditions ?

L'anxiété

L'anxiété est effectivement la conséquence directe d'un stressor. Les réactions physiologiques et psychiques qui l'accompagnent correspondent à une stimulation du nerf sympathique : palpitations, sécheresse de la bouche, sudation excessive et agitation mentale. Ce sont les réactions caractéristiques bien connues, tant de l'acteur avant d'entrer en scène, que du salarié qui va demander une augmentation. Ces réactions sont, à petite dose, bénéfiques, car elles augmentent notre vigilance et nos capacités. L'acteur, une fois dans la mêlée, est libéré et joue merveilleusement son rôle comme s'il était dopé. Mais parfois l'anxiété est trop importante, le stress a dépassé son but et ne nous permet plus de nous adapter.

Véronique passe ainsi pour la troisième fois son permis de conduire. L'anxiété est telle qu'une paralysie complète s'installe en elle. Bourdonnements d'oreilles, vue trouble ne l'autorisent à faire que des erreurs. Alors, pour la troisième fois, elle est priée de se représenter. Pourtant, elle ne ressent rien de cela pendant les cours. Certes, les premières leçons ont été difficiles, mais aujourd'hui Véronique est parfaitement à l'aise et mériterait tout à fait son permis.

En règle générale, l'anxiété est associée au stress,

mais il serait faux de penser que les deux sont équivalents. Chez certaines personnes, l'anxiété est présente sans qu'elles subissent des stressors permanents.

Inversement, vous pouvez tout à fait être stressé et ne pas réagir par une manifestation anxieuse.

Le surmenage

Le surmenage, en revanche, est indissociable du stress, que celui-ci en soit la cause ou la conséquence.

Christian mord la vie à pleines dents, comme il le dit si bien. Ses collègues l'identifient un peu à « M. Tornade ». Aussitôt arrivé dans son bureau, aussitôt reparti. « Appelez-moi ces personnes et passez-les-moi tout de suite, c'est urgent. J'ai déjà une semaine de retard dans ma livraison ; ce n'est pas grave, préparez-moi ce dossier, je l'emporterai à la maison. » Ainsi s'égrènent les jours. Bien sûr, pour rien au monde Christian ne manquera les spectacles auxquels il va régulièrement. « Heureusement, se dit-il, j'ai fait installer le téléphone dans ma voiture. » Mais paradoxalement, les seuls moments de liberté qu'il conservait ont de ce fait disparu. Le voilà pourchassé dans le seul endroit où il pouvait être libre ! « Cela me fait gagner du temps ; je peux mieux m'organiser » : erreur ! Christian subit une contrainte supplémentaire. Et ainsi de suite.

Christian ne se rend pas compte qu'il est surmené ; il se croit au contraire parfaitement maître de sa vie. Pourtant, autour de lui, l'impression qu'il donne est très riche d'enseignements. Christian est dans sa phase de surmenage sans en ressentir encore l'effet stressant. Christian s'imagine devenir un « superpatron » comme il les voit à la télé. Dès 7 h au travail, pour ne finir qu'à 23 h. En faisant toujours plus pour monter les échelons, Christian se force à penser qu'il est capable de tout assumer. Il

souhaite tellement correspondre à une image profondément enfouie dans son imaginaire qu'il ne
prend pas le temps d'être lui-même. Peu de personnes peuvent être exceptionnelles. La plupart des
gens se doivent de s'organiser en alternant travail
et récupération.

Christian est actuellement dopé par une sécrétion
d'endorphines qui lui procurent ce sentiment de
vivre : vivre intensément, comme il le dit avec un
large sourire.

Déjà il en est tout autrement de Pascale qui en est à
la phase de décompensation. « Je n'ai plus de temps à
moi » ; « Je me sens débordée » ; « Tout me tombe dessus en même temps. » Pascale n'a plus le sentiment
de contrôler sa vie. Elle se sent comme une frêle
embarcation balayée par la tempête, dépassée par les
événements. « Mes enfants ne me laissent plus un instant ; l'école, le judo, les devoirs, les courses, le marché, les déplacements. » Pascale « craque », comme
elle dit. Comment peut-elle concilier sa vie de femme,
de mère, de responsable alors qu'elle vit séparée de
son conjoint ? Certains moyens simples, comme la
relaxation, lui permettraient de reprendre progressivement sa vie en main, de ne plus être en permanence en manque de temps. En un mot : de reprendre
de la hauteur pour relativiser ce qui lui arrive, mais
actuellement, Pascale est surmenée.

Les cas de Christian et de Pascale illustrent parfaitement la réalité du surmenage. Dans le premier
cas, le surmenage est encore bien compensé. Mais
combien de temps encore ? Si Christian ne fait rien,
dans moins d'un an ou deux il tiendra le même discours que Pascale dans le second cas.

La dépression

Laurent dirige un service d'architecture dans
une grande ville. Il se réveille depuis un mois toutes les nuits vers 4-5 h et ne peut refermer l'œil

jusqu'au matin. Il a le sentiment d'être parfaitement réveillé dans le premier quart d'heure. Puis, alors qu'il reste dans son lit à essayer de se rendormir, surgit une fatigue immense. Rien n'y fait : le sommeil ne vient pas ou juste à 7 h quand il doit se lever. Ses premières pensées sont empreintes de tristesse. Laurent pense qu'il n'est plus bon à rien. «Je me sens extrêmement fatigué dès le matin. Cela va mieux l'après-midi, mais je ne suis plus aussi efficace. Depuis plusieurs semaines, je n'arrive plus à coordonner les projets. De plus, avec mon épouse, cela ne va pas fort ; nous n'avons plus de rapports sexuels, je n'en ai pas envie. Je mange un peu n'importe comment, avec des fringales et des écœurements.» Laurent est véritablement déprimé. Il cumule la triade qui définit la dépression : tristesse, fatigue, sentiment de dévalorisation... Consulter un médecin est alors urgent et indispensable.

La dépression ne doit pas être confondue avec le stress. Certaines dépressions peuvent en être la suite logique, mais d'autres causes sont capables de la déclencher. Même si parfois elle relève du même traitement que le stress, la dépression peut nécessiter une thérapeutique tout à fait spécifique qu'il ne faut pas différer dans le temps. N'oublions pas que le risque majeur de la dépression est le suicide et que, malheureusement, à l'approche de l'an 2000, cela n'est pas un vain mot.

Mais attention, la dépression, si elle est très fréquente (à peu près 10 % des patients qui consultent un médecin généraliste), n'est pas toujours reconnue comme telle et peut dépendre de causes organiques. Toute dépression n'est pas directement la conséquence du stress.

Souvent la dépression est méconnue car autant le médecin que son patient veulent l'occulter. La peur d'être dépressif fait souvent écarter l'étiquette «dépression». Combien de patients sont venus me consulter en me disant qu'ils avaient quitté leur médecin! Celui-ci leur avait dit: «Vous avez une dépression.» Cela leur faisait peur car ils l'associaient à la folie. «Mon médecin me dit que je suis dépressive. Mais je vais bien, je n'ai pas mauvais moral. Je souffre simplement du dos et du sommeil. Je suis sûre que ce n'est pas nerveux.»

Inversement, combien d'«arthroses cervicales» de la nuque et d'hypocalcémies ne sont en fait que des diagnostics qui masquent la réalité des faits: un état dépressif.

Il faut parvenir à naviguer entre ces deux extrêmes pour repérer la part organique et la part dépressive d'une manifestation pathologique.

Mais une dépression peut aussi être la conséquence d'une maladie, et non pas seulement la cause d'un symptôme ou d'une maladie.

Il faut donc rechercher une affection endocrinienne, surtout à son début, comme la maladie de Parkinson, la maladie d'Alzheimer, des tumeurs cérébrales ou de l'artériosclérose cérébrale, des maladies malignes non diagnostiquées comme le sida, la tuberculose, les maladies de système, les cancers profonds. Enfin, on recherchera une cause iatrogène avec des médications comme les anorexigènes, les corticoïdes…

Retenons donc qu'une dépression n'est pas systématiquement due au stress et qu'une consultation médicale s'impose toujours pour rechercher les intrications entre maladie organique et dépression. Ce n'est qu'à ce prix que la cause réelle sera connue et pourra ainsi être traitée, car n'oublions pas que la conséquence tragique et à redouter d'une dépression est le suicide.

L'épuisement

Une différence notable existe entre la dépression, qui n'est pas nécessairement liée au stress, et l'épuisement, qui en est toujours la suite logique. En général, le stress engendrant l'épuisement est assez caractéristique. L'ennui et le manque de valorisation du travail en sont les causes majeures.

Nicole est professeur de lettres. Elle n'a pas le temps de s'ennuyer, mais les enfants, ou plus exactement les adolescents, sont insupportables. Les parents d'élèves sont critiques et la direction de l'établissement peu encline à la féliciter. Pourtant elle avait foi en son travail. Il existe bien un programme, mais un enfant sur trois seulement peut le suivre. La critique est permanente, de la part des élèves bien sûr, mais également des autres, et surtout de l'ensemble de la société. Elle entend souvent des petites phrases comme : « De quoi se plaignent les enseignants ? Avec leurs quinze heures par semaine et les vacances qu'ils ont ! Ils gagnent bien assez. » Pourtant le salaire n'est pas suffisamment élevé pour compenser les sentiments de frustration. Nicole se replie sur elle. « Je fais maintenant le strict minimum pour m'économiser ; je me sens épuisée. » C'est la même chose pour René : il est médecin à l'hôpital et il ne dispose que de dix minutes par patient pour ses consultations. Il a l'impression que la salle d'attente ne se vide jamais. René est habité par la sensation de ne jamais en faire assez, et il se sent épuisé.

Ces deux exemples sont spécifiques d'un travail difficile associé à un manque de valorisation. Parfois il peut aussi s'agir d'une SOUS-charge de travail. Christine occupe le poste d'attachée de direction dans un laboratoire médical. Mais ce laboratoire vient à peine d'ouvrir sa filiale en France et le travail n'est pas abondant. Christine, qui a vingt-sept ans, veut faire ses preuves, mais elle n'a qu'une ou deux lettres par jour et quelques appels téléphoniques ! Malgré les promesses de son patron quant à une amélioration rapide, elle n'en peut plus. Deux mois plus tard, Christine donne sa démission, à bout de forces.

Toutes ces formes de stress psychique ne doivent pas faire oublier l'importance des conséquences physiques du stress sur les diverses maladies qu'il peut véritablement déclencher.

Le stress déclenche des maladies fonctionnelles

Une maladie fonctionnelle est un trouble de l'organisme qui se manifeste par un mauvais fonctionnement de celui-ci, sans qu'il y ait pour autant de lésion organiquement visible en l'état actuel de nos connaissances médicales.

Le stress peut entraîner de nombreuses maladies fonctionnelles que l'on peut regrouper en sept syndromes principaux.

Les troubles de la vigilance

Les premiers sont les troubles de la vigilance oscillant entre l'hypersomnie et l'insomnie.

Reconnaissons que ces troubles ne sont pas des maladies mineures. Avoir des difficultés à s'endormir, comme le déclarait Pierre, perturbe les capacités de récupération, et dans la journée la fatigue ne permet plus de se concentrer, d'être disponible et de prendre les bonnes décisions en temps voulu.

Pour Martine, il n'existe pas d'insomnie à proprement parler. Elle n'en a pas moins une fâcheuse tendance à somnoler tout l'après-midi. Quoi de plus perturbant pour rédiger un rapport ! Lorsqu'elle rentre chez elle, ces troubles disparaissent, mais quel sentiment de temps perdu éprouve-t-elle !

La spasmophilie

Le deuxième groupe de symptômes est représenté par ce que l'on nomme la spasmophilie, ou attaque de panique.

La spasmophilie est souvent confondue avec la

tétanie, étant donné que les manifestations de ces deux maladies sont assez similaires. Les symptômes qui apparaissent en cas de crise sont essentiellement des troubles liés à l'hyperexcitabilité neuromusculaire : crampes, tremblements, tétanie des muscles, essoufflements. La cause de la spasmophilie est avant tout le stress, alors que pour la tétanie c'est une baisse de calcium pour des raisons hormonales.

Les Anglo-Saxons appellent la crise de spasmophilie une crise d'attaque de panique. Nombreux sont les médecins français à penser comme leurs confrères d'outre-Manche et d'outre-Atlantique que cette maladie est uniquement un signe de nervosité et que tous les autres symptômes qui lui sont habituellement attribués ne sont que l'ensemble des troubles issus du stress.

La spasmophilie se manifeste non seulement par des crampes (ou tétanie), mais par des symptômes psychiques essentiellement de l'ordre de l'anxiété, de l'angoisse et surtout de la panique. Ce trouble ne concerne pas que les jeunes femmes suivant des régimes amaigrissants. Chacun de nous est concerné. Je me souviens de cet homme qui venait consulter alors qu'il avait tout réussi. Il présidait une société de haute couture qui rayonnait dans le monde entier. Il était demandé partout pour ses qualités incroyables de gestionnaire. Et pourtant, cet homme solide avait dû appeler un médecin en pleine nuit car il étouffait. « Ma gorge était nouée, elle ne laissait plus passer l'air. En pleine nuit je m'étais réveillé et je me sentais perdu. Mes membres tremblaient, je transpirais à grosses gouttes. » L'examen médical complet n'avait rien révélé d'autre qu'un peu de cholestérol. La tension artérielle était normale.

Cette attaque de panique s'était reproduite dans un autre contexte alors qu'il était au Japon. Heureusement, ses hôtes n'avaient rien remarqué ; mais il se sentait maintenant obligé d'avoir en perma-

nence dans sa poche une boîte de Lexomil, anxiolytique à la mode.

Et aujourd'hui, il voulait ne plus s'exposer à ces
troubles. Il le pouvait, s'il apprenait à gérer les
stress.

Les névroses réactionnelles

Le troisième groupe concerne tout ce que l'on
appelle les névroses réactionnelles.

Ce sont des troubles du comportement où la personne n'est pas maîtresse d'elle-même dans sa relation à l'autre ou à l'objet de sa névrose. Il existe
plusieurs types de réactions névrotiques. La première névrose est la névrose hystérique. Le sujet
peut d'abord réagir violemment ou de façon specta-
culaire. C'est le cas de Marie, dont le comportement perturbe complètement son entourage. A la
moindre contrariété, elle «fait son cinéma», comme
disent ses enfants. Marie, quand elle se confie à moi
en consultation, explique : «Je n'y peux rien, je sens
bien en moi que cela monte, mais je me sens incapable de contrôler mes cris, ma colère, et ensuite
mes pleurs. »

Christian, lui, a une névrose obsessionnelle. Il lui
est impossible de ne pas vérifier quatre ou cinq fois
de suite si sa voiture est bien fermée. Au travail,
bien qu'il sache que tous les comptes sont justes, il
ne peut s'empêcher de les refaire entièrement. Il
perd ainsi une énergie et un temps précieux.
Conscient de ce problème, il retourne même vérifier ses comptes le soir, quand tout le monde est
parti, de peur d'avoir l'air ridicule ! Mais rien n'y
fait, il ne peut s'en empêcher.

La névrose phobique a souvent joué des tours à
Jeannine : elle a refusé une promotion importante
car son nouveau poste exigeait qu'elle se rende à
Londres chaque semaine. Or elle ne peut envisager
de se sentir enfermée dans une carlingue d'avion
pendant une heure ! Cette seule évocation la fait fré-
mir.

Toutes ces névroses réactionnelles sont bien perçues comme telles par Marie, Christian et Jeannine. Ils savent également qu'en cas de tension ou de fatigue plus grande ces réactions s'amplifient.

Les dystonies neurovégétatives

Ce quatrième groupe est très vaste. Il concerne l'ensemble des dystonies neurovégétatives. Elles sont caractérisées par un déséquilibre entre le système nerveux sympathique et le système nerveux parasympathique.

Resituons les systèmes sympathique et parasympathique par rapport à l'ensemble du système nerveux.

L'être humain, comme tous les animaux supérieurs, dispose d'un grand nombre de systèmes, fruit de l'évolution des espèces, qui lui assurent une réelle liberté d'action : systèmes digestif, circulatoire, respiratoire, immunitaire, endocrinien...

En collaboration avec les autres systèmes, le système nerveux a pour mission de régler les relations à l'intérieur de l'organisme entre les différents organes, et les relations entre l'organisme et son environnement. Pour cela, deux systèmes nerveux sont en place :

— Le système nerveux de relation, appelé également système nerveux volontaire. Il permet à l'homme de percevoir son environnement par l'ensemble des sens (vision, odorat, toucher, audition, olfaction) et de réagir par sa motricité volontaire en contractant ses muscles pour se déplacer.

— Le système nerveux autonome ou neurovégétatif est un système qui n'est pas sous la dépendance de la volonté (ou très peu), mais qui fonctionne au contraire par un ensemble de réactions réflexes. Il permet ainsi à l'organisme de s'adapter à tous les stress tant externes qu'internes, afin d'assurer l'équilibre de chacun des organes. Ce système neurovégétatif est lui-même composé de deux systèmes : le système sympathique ou orthosympathique, et le système parasympathique. Ces deux systèmes sont interdépendants. Ils agissent l'un et l'autre de façon complémentaire car ils ont une action opposée. Ce sont deux systèmes qui permettent chacun de réguler les organes et de leur procurer un bon équilibre, en exerçant simultanément leurs influences. Par exemple, le système nerveux sympathique accélère la fréquence respiratoire, cardiaque, la circulation sanguine, dilate la pupille, ralentit la digestion. A l'inverse, le système nerveux parasympathique ralentit la fréquence respiratoire, cardiaque, la circulation sanguine, réduit le diamètre pupillaire, facilite et accélère la digestion.

Compte tenu de leurs principales fonctions, il est d'usage de considérer que l'organisme a recours au système nerveux sympathique en cas d'urgence et de stress externe important. Il permet en effet à l'organisme de s'adapter à une agression pour y faire face. Il procure une meilleure vision, une plus grande énergie, et apporte davantage d'oxygène aux muscles par la stimulation des systèmes respiratoire et circulatoire. Il met en veilleuse les systèmes digestif, urinaire… En résumé, il permet à l'organisme de réagir face à l'agression.

Inversement, le système nerveux parasympathique fonctionne lors de la digestion, du repos et de la détente.

Outre les voies nerveuses, les deux systèmes neurovégétatifs déclenchent la sécrétion d'hormones comme l'adrénaline ou la noradrénaline, qui participent activement à l'ensemble des processus évoqués.

Dans le stress, un déséquilibre entre ces deux systèmes se produit, souvent une hyperstimulation du système nerveux sympathique (HTA [hypertension artérielle], ulcère, attaque de panique, sueurs…). Parfois, une réaction parasympathique brutale, encore appelée réaction vagale, entraîne une baisse de pression, de la vigilance…

Ces deux systèmes sont nécessaires et complémentaires. L'art de celui qui gère bien son stress est de leur permettre de se manifester en parfait équilibre.

Lorsqu'il n'y a plus une bonne adéquation entre ces deux systèmes, des troubles surgissent, qui symbolisent parfaitement le stress : palpitations, tremblements, sueurs, tics, maux de tête, mais aussi ces terribles douleurs du ventre accompagnées de troubles du transit.

Roger n'en peut plus. Bien sûr, il a reçu un traitement par un professeur de l'Assistance publique : des médicaments qui le soulageaient un peu. Mais comme lui a dit ce professeur : « La médecine ne peut pas grand-chose de plus pour vous ! » Roger s'est senti soulagé physiquement, mais il se sent toujours à bout. Depuis l'âge de dix-huit ans, qui coïncide d'ailleurs avec le début de ses études supérieures, il souffre de douleurs abdominales par crises, associées à des alternances de constipations et de diarrhées. Roger est bien conscient de la relation entre ses malaises et ses stress professionnels et familiaux. Il le dit même spontanément : « C'est nerveux. » Il dirige une affaire qui démarre bien malgré un contexte général peu brillant. Il est assez content, mais ses douleurs lui gâchent tout plaisir. Cette colopathie fonctionnelle, encore appelée côlon irritable, est directement liée au stress. Cette maladie n'existe d'ailleurs pas dans certains types de civilisation. Et ce n'est pas une simple question génétique, car dès que les personnes émigrent, les troubles surviennent avec la même proportion que dans les sociétés d'accueil. L'existence des colopathies fonctionnelles est directement liée aux modes de vie dans lesquels le stress se taille la part du lion.

N'oublions pas, dans ce quatrième groupe, les céphalées, comme cette barre qui vient se placer sur le front de Robert. Dès 16-17 h, elle le tenaille. Longtemps, celle-ci a disparu, à raison d'un ou deux comprimés d'aspirine. Mais depuis un an, plus rien n'y fait sauf les vacances ! Quand on termine sa journée à 20 h, il ne reste plus beaucoup de temps pour récupérer. Les quatre ou cinq dernières heures de la journée sont ainsi un vrai calvaire pour Robert. D'autant que sa direction organise régulièrement des réunions dans ce créneau horaire. Le week-end ne lui suffit plus pour récupérer. «Je tiens le coup, mais j'ai peur de craquer», m'avoue-t-il.

La liste des troubles sympathiques (qui ne le sont pas du tout, ce terme est encore bien une invention de médecin!) et parasympathiques comporte encore bien d'autres troubles, que nous évoquerons tout au long de l'ouvrage.

Les troubles métaboliques

Ce cinquième groupe concerne tous les syndromes reliés à une dérégulation du métabolisme. Ils regroupent les troubles du poids dont l'excès concerne des millions d'individus en France, qui cherchent dans une course folle la guérison miracle, alors qu'ils ne font en général qu'aggraver la maladie. En effet, les frustrations causées par les régimes mal conduits ne font qu'augmenter le stress responsable de la perturbation métabolique initiale. Souvent, le cercle vicieux installé n'est pas rompu par le seul régime. Le stress engendre la surcharge et le régime engendre le stress. Le traitement réel de ce trouble du poids est celui du stress initial, c'est-à-dire inducteur. Il en est de même pour les maigreurs.

L'hypercholestérolémie : voilà un autre problème national! Voire mondial, du moins dans les pays industrialisés. Ce trouble est lui aussi majoré par le stress. Là encore, régimes et traitements sont souvent insuffisants, et même parfois inefficaces. De nombreuses études ont montré par exemple que le taux de cholestérol sanguin augmente dans les périodes où les particuliers doivent payer leurs impôts.

Enfin, les états prédiabétiques sont souvent induits par le stress, même si dans ces trois cas l'alimentation joue un rôle primordial que nous aborderons plus en détail dans un autre chapitre. Le stress en est le facteur promotionnel, c'est-à-dire qu'il n'est pas à l'origine du trouble mais qu'il en est le révélateur. Il est l'élément qui fait basculer l'organisme d'un état d'équilibre à celui de déséquilibre.

L'hypertension artérielle

Dans ce sixième groupe figure l'hypertension artérielle labile, c'est-à-dire susceptible de régresser. Claude, cinquante ans, travaillait depuis deux ans sur l'informatisation du parc Astérix. Il présentait depuis un an des coups de fatigue. A l'examen, seule sa tension était anormale : 16-9, ce qui est un peu élevé sans toutefois être véritablement grave. Sa tension était, comme disent les médecins, limite. Il la fit alors vérifier trois fois par une infirmière. Par deux fois, sa tension descendit à 14-8. La troisième fois elle était à nouveau à 16-9. Tous les examens biologiques étaient normaux. Dans un cas de ce genre, le traitement n'est pas utile. Au contraire, il serait même nuisible. Le traitement ne peut être que celui du stress. En effet, après la disparition des tensions professionnelles, la tension se normalise. Aujourd'hui, l'hypertension de Claude n'existe plus, sans aucun traitement.

Les algothymies

Enfin, dans le septième et dernier groupe, se retrouve une cohorte de symptômes très pénibles. Ce sont des douleurs qui ne correspondent pas à un organe ou à un nerf de façon précise. C'est ce que l'on appelle les algothymies mal systématisées, d'origine fonctionnelle. Ces douleurs articulaires multiples gâchent la vie de Catherine. A quarante-huit ans, elle travaille dans une maison de couture. Son travail est très plaisant mais également stressant, à cause des délais permanents imposés par les présentations de mode. Sa vie familiale est égale-

ment tourmentée. Depuis deux ans, les rhumato-
logues lui ont fait passer tous les examens : rien !
Seul le diagnostic d'algothymie est donc retenu. Le
traitement de cette maladie sera une fois de plus
celui du stress.

Au terme de cette énumération des troubles
fonctionnels, il convient de préciser un point important : maladie fonctionnelle ne signifie pas maladie
psychosomatique. Les stress, psychiques comme
physiques, peuvent engendrer des perturbations
bien réelles. Colère, froid, traumatisme, contrariété
peuvent provoquer des maladies fonctionnelles
comme organiques.

Le stress déclenche et entretient
des maladies organiques

Ces maladies organiques ne se caractérisent plus
seulement par une perturbation de la fonction, mais
par l'altération même d'un organe. Il existe alors
une lésion que l'on peut étudier soit à l'œil nu, soit
au microscope. On les appelle « anatomopatholo-
giques ».

Ces maladies correspondent à la phase pathologique du stress, avec somatisation dans un ou plusieurs organes.

Avant de passer toutes ces maladies en revue,
rappelons que le stress est partie prenante dans la
genèse, l'évolution et la manifestation de ces maladies, mais que cela n'exclut nullement l'intervention
d'autres facteurs comme l'hérédité, l'alimentation,
l'activité sportive ou la sédentarité.

Ces maladies sont en général plus graves que les
maladies fonctionnelles, puisqu'elles peuvent même
se conclure, dans leur évolution naturelle, par la
mort.

Les maladies cardio-vasculaires

Que signifie ce terme très général? En fait, les maladies cardio-vasculaires regroupent à la fois les maladies dues aux conséquences des excès de pression artérielle et les maladies dues au dépôt de cholestérol sur toutes les artères du corps. Dans le deuxième cas, le dépôt se durcit et ne permet plus au sang d'arriver en quantité suffisante jusqu'aux tissus, provoquant la maladie athéromateuse. Quand cela se produit au niveau des artères du cœur, les artères coronariennes n'apportent plus assez d'oxygène au muscle cardiaque qui souffre. Cette souffrance se traduit par une douleur localisée dans la poitrine, comme un serrement. C'est **l'insuffisance coronarienne**.

«Dès que je fais un effort un peu violent, comme monter une côte, ou courir par temps froid et pluvieux, je ressens une barre dans la poitrine qui m'oppresse terriblement. Je suis obligé de m'arrêter. Après quelques minutes la douleur disparaît.» C'est ainsi que Jacques, cinquante-cinq ans, me décrit ses troubles. L'angine de poitrine, qui étymologiquement signifie «serrement de poitrine», peut conduire à **l'infarctus** lorsqu'elle s'aggrave, c'est-à-dire quand l'artère est complètement obstruée.

Jacques, qui s'occupe de la vente de matériels de travaux publics, est obligé de se déplacer toute la journée. Il sait bien que le stress des négociations permanentes est important.

«Cela se produit souvent lorsque je fais des efforts mais aussi après des contrariétés professionnelles. La dernière fois, j'ai été K.-O. pour toute la semaine. J'ai beau me dire que ce n'est rien, je crois quand même qu'il me faut voir la réalité en face.»

Les maladies cardio-vasculaires, ainsi que l'hypertension artérielle chronique, sont directement liées à certains comportements psychologiques très précis, associés au stress.

L'hypertension artérielle peut être responsable de symptômes spécifiques, comme les maux de tête.

Mais sa gravité réside en ce qu'elle est un acteur principal dans la genèse de toutes les maladies cardio-vasculaires : insuffisance coronarienne, accidents vasculaires cérébraux responsables d'hémiplégies ou d'aphasies. Ceux-ci sont particulièrement graves car ils peuvent atteindre la fonction générale du cerveau et endommager nos capacités dites supérieures : mémoire, réflexion...

L'hypertension artérielle entraîne une surcharge de travail pour les artères. A force d'efforts, celles-ci peuvent éclater en créant des hémorragies, ou se boucher en provoquant des infarctus cérébraux.

Cette hypertension, si elle a de nombreuses causes, n'en reste pas moins directement liée à notre mode de vie dans 90 % des cas. Pour seulement 5 à 10 % des cas, il est retrouvé une cause organique, les autres HTA sont appelées idiopathiques. Cette HTA n'existe pratiquement pas dans les sociétés non industrialisées. C'est une maladie dite d'acculturation comme les colopathies fonctionnelles dont nous avons déjà parlé. Elle est spécifique à l'être humain, jamais rencontrée chez les animaux. L'alimentation joue un rôle important, et plus encore le psychisme, c'est-à-dire les tensions que l'on accumule au cours de sa vie. Les traitements antihypertenseurs, parfaitement adaptés depuis plusieurs années, ont contribué au recul important des décès par maladie cardio-vasculaire. Mais si ces traitements sont efficaces et soignent bien, ils ne guérissent pas la cause première de ces troubles et laissent le stress intact !

Treize facteurs de risque pour l'infarctus

N'oubliez pas qu'une maladie n'est que rarement la conséquence d'un seul facteur, mais résulte plutôt d'un ensemble de facteurs qui s'associent, en multipliant leurs caractères de gravité.

C'est le cas pour les maladies cardio-vasculaires (MCV). Il existe douze facteurs de risque principaux plus un :

— *Le sexe* : les hommes ont plus de risques que les femmes.

— *L'âge* : plus l'âge avance, plus vous êtes exposé aux MCV.

— *L'hérédité* : si, dans votre famille, des personnes sont atteintes de MCV, vous êtes plus exposé vous-même.

Sur ces trois premiers points, vous ne pouvez agir. C'est votre prédisposition. En revanche, sur les suivants, vous pouvez en général intervenir.

— *Le tabac* : il n'y a pas de dose minimale ; avec une cigarette, vous augmentez déjà le risque. Cigares, pipe, cigarettes constituent tous des facteurs de risque à part entière. Plus la quantité augmente, plus le risque est important. Mieux vaut fumer six cigarettes par jour que deux paquets.

— *L'hypercholestérolémie* : l'excès de cholestérol dans le sang (plus de 2 g/l) est un facteur très important de risque de MCV. Des études poussées ont mis en évidence l'existence de plusieurs types de cholestérol, protecteurs ou néfastes. Il est parfois nécessaire, pour des taux compris entre 2 et 3 g, de prescrire des analyses complémentaires. Au-delà de 3 g, c'est toujours le mauvais cholestérol qui prédomine.

— *L'hypertriglycéridémie* : l'excès de triglycérides a de nombreuses causes : sucres, alcool... Il prédispose aux MCV.

— *L'hyperuricémie* : l'excès d'acide urique est un facteur de risque directement lié aux MCV.

— *La sédentarité* : le corps est fait pour bouger ; l'absence de mouvements est un facteur de risque très net.

— *L'excès de sel* : la consommation de sel en excès prédispose aux MCV, peut-être par le biais de l'hypertension artérielle (HTA).

— *L'hypertension artérielle (HTA)* : elle prédispose nettement aux MCV, surtout aux accidents vasculaires cérébraux (AVC). De nombreuses causes peuvent être à son origine. Une tension artérielle supérieure à 16-10 est une hypertension. Entre 9 et 10 de minima et 14 et 16 de maxima, elle est «limite».

— *Le diabète* : qu'il soit héréditaire ou acquis, le diabète est un facteur de risque très important pour les MCV, dans la mesure où il fragilise les vaisseaux.

— *La pilule* : la prise d'œstrogènes par voie orale est source de MCV. Elle constitue fréquemment le seul facteur de risque lors d'accidents vasculaires chez des jeunes femmes. La pilule contre-indique ainsi le tabac, comme elle est contre-indiquée en association avec un autre facteur de risque (diabète, dyslipidermie, HTA...).

Enfin, un treizième risque peut être ajouté à cette liste : c'est le comportement de type A de Friedman, que nous développerons dans le chapitre 5.

L'asthme

L'asthme est une maladie plurifactorielle, particulièrement aggravée par les stress de toutes sortes. Les bronches et bronchioles sont spasmées et ne permettent plus à l'air présent dans les alvéoles de sortir librement. Il existe ainsi un trop-plein d'air et l'asthmatique ne peut plus expirer de façon satisfaisante. Sa respiration est bloquée et s'accélère pour compenser l'insuffisance d'échanges gazeux. Malheureusement, cette augmentation de la fréquence respiratoire reste inefficace et la personne «étouffe» littéralement. Souvent, pour des raisons endocriniennes liées à la baisse du taux de cortisol dans le sang, les crises surviennent vers 3 h du matin. Obligation est faite alors à l'asthmatique de se redresser, et le médecin le trouve souvent à la fenêtre pour tenter de mieux respirer.

Si l'allergie, l'hérédité sont des facteurs clés de

l'asthme, le stress est tout particulièrement responsable de l'aggravation et de l'entretien des crises. En général, ce sont les stress affectifs, les relations étouffantes qui nourrissent les manifestations asthmatiques.

Jacqueline ne peut plus correctement s'occuper de l'ensemble des commerciaux qu'elle dirige dès que sa nuit a été perturbée par une crise. Elle arrive le matin à son bureau fatiguée, éprouvée par l'essoufflement de la nuit.

« Mon divorce n'en finit plus, dit-elle, et depuis deux ans, les crises se sont aggravées. J'étouffe littéralement dans ma vie. Heureusement j'ai mon travail. Mes enfants sont grands maintenant. Pourtant, même si mon travail me donne satisfaction, je ne me sens plus à la hauteur. Il y a les jeunes et, malgré les traitements, je m'épuise. »

L'ulcère du duodénum

L'ulcère est la maladie qui, dans l'esprit du grand public, est directement liée au stress, et ce à juste titre. En effet, bien que maladie organique à part entière, puisqu'il existe une lésion visible au fibroscope, les tensions psychiques sont le grand pourvoyeur de cette maladie redoutée et redoutable. De microscopiques ulcérations peuvent évoluer jusqu'au trou complet de la paroi de l'estomac, provoquant des hémorragies gravissimes. Si l'ulcère peut toucher n'importe qui, il n'en reste pas moins l'apanage des personnes pressées.

Le cas de Jacqueline est tout à fait similaire à celui de Robert, qui souffrait d'un ulcère de l'estomac depuis son divorce. Il n'avait pas réussi à retrouver son équilibre et son travail s'en ressentait. D'autant que des restructurations importantes lui avaient fait craindre un licenciement. Certes, son travail, tout comme à Jacqueline, lui donnait une raison de vivre, mais l'ambiance à l'intérieur de son entreprise était souvent morose et cela ne lui permettait toujours pas de «digérer» la rupture sentimentale et la cassure familiale qu'il vivait.

Les autres maladies...
de A comme allergies à Z comme zona

A côté des trois premières maladies graves que l'on vient d'aborder, maladies cardio-vasculaires, asthme, ulcère de l'estomac, il existe d'autres troubles tout aussi graves comme ceux du système digestif, notamment les colites et surtout la rectocolite hémorragique.

Albert avait dû arrêter de travailler à quarante-cinq ans à cause de cette maladie. Il était commandant de bord à Air France et avait, en quelques années, perdu sa licence.

Le psoriasis, qui est une maladie de peau, est moins grave mais invalidant dans ses formes aiguës ou compliquées. Il est aussi directement aggravé ou déclenché par les stress, y compris le psoriasis du cuir chevelu qui se manifeste par la formation de «pellicules». Ce n'est d'ailleurs un secret pour personne : la peau est l'expression, en surface, des troubles et des conflits psychiques internes. Le moral, dans un cas négatif comme dans un cas positif, agit rapidement sur l'état de la peau. Le psoriasis n'en est qu'un aspect ; l'herpès, l'eczéma en sont d'autres.

La liste des affections déclenchées, majorées, entretenues par le stress est encore longue. Il faudrait évoquer l'importance du stress dans les conflits immunitaires comme les maladies auto-immunes, les infections chroniques, les allergies, les rhumatismes (arthroses, arthrites), et même les cancers. Il faudrait enfin citer l'importance du stress dans le passage du simple état de déséquilibre mental à celui de véritable psychose.

Le cas de Bernadette est tout à fait exemplaire : depuis plusieurs années, elle occupait un poste à haute responsabilité dans une société s'occupant de fabrication de bouchons. Elle était très bien vue par tous ses proches collaborateurs, y compris par sa hiérarchie. Mais sa vie familiale était assez précaire : deux enfants en bas âge ne l'avaient pas rapprochée de son mari, dont la seule passion était la chasse. Il était donc fréquemment absent. Le jour où elle découvrit qu'il la trompait, ce fut une femme littéralement délirante qui vint consulter. Tous les événements qu'elle percevait étaient pour elle chargés de symboles.

« N'avez-vous pas remarqué comme les gens me regardent ? Je suis certaine qu'ils me veulent du mal car ils savent que je dois sauver le monde. Vous le savez, vous, docteur ! Il faut que nous nous réunissions. Nous pourrons ainsi les sauver de leurs péchés. »

Bernadette avait basculé dans une psychose appelée « délire interprétatif à thème mystique » !

Fort heureusement, tous les stress ne conduisent pas à des manifestations aussi dramatiques. Mais le stress est très sournois. Nous pensons ne pas en être atteints et un beau jour, nous nous réveillons avec une manifestation dramatique. Comment cela se peut-il ? Comment peut-on être en bonne santé et brutalement après un an, dix ans ou même plus, souffrir de diabète, d'hypertension artérielle ou tout simplement de maux de tête ?

C'est ce que nous allons maintenant considérer : comment agit le stress et quels relais utilise-t-il pour conduire inexorablement à ces diverses manifestations pathologiques ?

Hans Selye a étudié et défini trois étapes successives dans la réaction au stress. Cet ensemble, appelé syndrome général d'adaptation, ou SGA, apparaît systématiquement lors d'un stress. Inversement, il est nécessaire et suffisant pour caractériser une situation comme étant stressante. Ce SGA est proportionnel à l'intensité avec laquelle le stress est vécu.

Le stress aigu

La première phase est la phase d'alarme. Elle est suivie par la phase de résistance et enfin par la phase de décompensation.

Dans la première phase, l'organisme n'a pas encore pu s'adapter. Il est surpris et son système de défense est hypermobilisé de façon souvent anarchique. Ainsi, des rats soumis à un froid intense développent dans les premières heures des ulcères, une hypertrophie des glandes surrénales et une atrophie des ganglions. C'est au cours de cette phase d'alarme que se manifestent les réactions les plus inadaptées. Lorsque le stress est trop important, il peut conduire tout simplement à la paralysie.

Sylvain a trente-cinq ans et organise depuis un an des colloques pour l'administration dans laquelle il travaille. Les troubles majeurs dont il se plaint sont des douleurs intestinales, mais il indique : « Lorsque j'ai dû prendre la parole pour présenter les conférenciers lors du premier colloque que j'ai organisé, je me suis brutalement senti incapable de prononcer le moindre mot. Pourtant j'avais confiance, je ne sentais pas mon trac. Mais là, brutalement, la salle remplie, à côté de moi les conférenciers… J'ai eu le sentiment qu'une éternité s'écoulait. Enfin, j'ai plongé sur mes notes que j'ai pu lire. »

C'est d'une tout autre façon que Laurence, vingt-deux ans, a réagi lors d'un choc psychologique intense. Ce fut un véritable délire verbal. Elle ne pouvait garder son sang-froid et avait injurié tous ceux qui étaient autour d'elle. « Je ne sais pas ce qui m'a pris. Lorsqu'on m'a annoncé l'accident de ma mère, j'ai été comme folle, je ne savais plus ce que je disais. Bien sûr, je le regrette aujourd'hui, d'autant que c'était totalement inadapté. Vraiment, c'était de la folie. »

Combien de réactions sont ainsi disproportionnées et aggravent le stress initial par un comportement *a priori* désordonné, reflet des manifestations physiologiques et psychologiques qui se déroulent dans le for intérieur de la personne. «Brutalement, je me suis mis à courir vers les lignes ennemies. Je ne pouvais plus supporter l'attente. Heureusement, me raconte Marcel, un copain encore plus fou que moi m'a rattrapé et m'a carrément assommé pour me ramener vivant.»

A cette phase d'alarme caractéristique d'un stress aigu succède une phase de résistance. Elle correspond à un stress même peu intense, mais qui devient chronique. Dans ce cas, les processus d'homéostasie se déclenchent et l'équilibre apparent se rétablit.

Le stress chronique

Tous les mécanismes réflexes sont stimulés pour ramener les sécrétions, les rythmes, à des valeurs normales. Mais cela se produit grâce à un effet d'adaptation intense. Tant que le stress persiste, le corps est en éveil et fournit un travail supplémentaire pour maintenir la normalité compatible avec la vie. Cette phase est la véritable phase de constitution des lésions. Malheureusement, comme cette phase est une phase d'adaptation, la majeure partie du temps on ne perçoit aucun signe révélateur. Seuls quelques signes jugés mineurs apparaissent. Ce sont généralement des troubles fonctionnels : troubles du sommeil, troubles du cycle chez la femme, douleurs… Mais ces signes sont souvent corrigés par un traitement symptomatique qui efface alors toute manifestation visible. Pendant ce temps, les contraintes extérieures persistent : métro, agressivité du conjoint, parents malades… et entraînent la mise en tension en profondeur de tout le système endocrinien et nerveux. Or ces méfaits ne s'observent pas si les raisons cessent. L'organisme récupère rapidement, sans séquelles. Mais si les tensions se poursuivent, l'usure profonde se prolonge, rongeant les réserves ou, au sens propre du terme, l'estomac, les défenses immunitaires, les articulations, la peau ou tout autre organe. Ce mécanisme montre l'importance du stress répété ou chronique. Celui-ci fait bien souvent plus de mal qu'un gros stress brutal mais limité dans le temps.

« La seule vue de ma collègue, à qui je ne parlais plus, me créait des tensions incroyables, raconte Véronique. En plus, nous travaillions à Ivry, dans une zone où des murs de dix mètres de haut nous entouraient. Le simple fait de voir cette collègue tous les jours pendant plusieurs mois m'a déclenché ce psoriasis. Je pensais qu'en quittant cette place tout rentrerait dans l'ordre. Mais cela fait maintenant quatre ans et c'est de pire en pire ! »

Véronique, qui n'a pas trente ans, a parfaitement compris la relation entre son stress chronique et la survenue des lésions dermatologiques. Mieux vaut une dispute franche, une colère monstre où l'on vide son sac, que des remords, des regrets, des reproches que l'on garde pour soi sans les exprimer et qui vont ronger notre capacité de résistance.

Sans cesse, nous oscillons ainsi entre ces deux premières phases d'alarme et d'adaptation. Nous en prenons l'habitude. Les « je me sens triste », « je n'ai plus de joie de vivre » ponctuent alors la vie. Quelques jours de repos permettent de se détendre et de récupérer un peu avant qu'il ne soit trop tard. Pourtant, combien le font ? Si tel n'est pas le cas, la résistance générale est entamée, et bien souvent, malheureusement, cela débouche sur la troisième phase, l'épuisement.

L'épuisement

Dans ce cas, les capacités d'adaptation surstimulées s'effondrent. La surchauffe du moteur entraîne une panne irréversible. La conséquence peut être plus ou moins grave, mais il existe un très grand nombre de maladies qui évoluent véritablement vers le pire. Quand ce n'est pas à ce point, on perd au moins le goût de vivre.

Jeanne se sent vieille. Elle n'a pourtant que quarante-sept ans et deux enfants : une fille de vingt et un ans et un garçon de treize ans. Elle se sent fatiguée, épuisée. Effectivement, c'est une femme triste et qui paraît plus vieille que son âge, avec des épaules effondrées, une voix éteinte. A ce moment-là, le stress s'exprime clairement dans sa manifestation pathologique. Les sécrétions hormonales sont perturbées, voire totalement épuisées.

Ces trois phases du SGA peuvent varier en durée, en intensité. Elles sont conséquentes aux stress, qu'ils soient isolés ou associés, répétés ou uniques. Elles dépendent bien sûr de la qualité du stress, bénéfique ou négatif, et de la façon dont le sujet parvient à réagir, à le comprendre, à le maîtriser, à le gérer.

C'est à chacun de décrypter les signaux émis par notre corps pour comprendre ce qu'ils nous signifient.

Bien souvent, ceux-ci sont négligés, par péché d'orgueil :

Paul se croyait plus fort que tous. Bien sûr, il dirigeait une société au capital de plusieurs milliards, et cela de plein droit puisqu'il en avait hérité. Cependant, son cholestérol élevé, sa tension élevée, ses troubles de sommeil ne l'inquiétaient pas. Un remède pour chaque trouble l'avait convaincu de sa capacité de trouver des solutions. Le tabac qu'il fumait ? En aucun cas cela ne pourrait l'atteindre ! Son grand-père n'avait-il pas vécu jusqu'à quatre-vingt-onze ans alors qu'il fumait et aimait bien boire ! Pourtant, lorsque, à soixante-quatre ans, il ressentit une douleur thoracique qui ne cédait pas, il dut bien se résoudre à appeler le SAMU pour une hospitalisation d'urgence au service intensif à l'étage réservé à la cardiologie.

Cet infarctus inaugural n'était qu'une conséquence très prévisible. Mais qui se croit intouchable est encore plus fragile car il ne met pas à profit les conseils et n'écoute pas ce que son propre corps lui dit. Il s'expose ainsi à l'accident irréversible. Le cas de Paul est hélas trop fréquent. J'espère qu'avec l'éducation, l'information et la prise de conscience de l'importance du stress dans la vie quotidienne de plus en plus de personnes pourront se prendre en main pour en éviter les conséquences fâcheuses. Car si Paul n'avait pas vécu à notre époque et profité des services de soins intensifs, il n'aurait sans doute pas survécu. N'en arrivons pas à ces extrémités quand de multiples signaux d'alarme nous préviennent !

Nous sommes tous différents les uns des autres. Chacun des cas véridiques que j'ai exposés ici montre bien comment Jeanne, Paul, Pierre et tous les autres ont réagi différemment.

A chacun de nous revient la responsabilité de mieux nous connaître. Ainsi, nous pourrons mieux nous adapter en fonction de nos possibilités. Rien ne sert de vouloir copier tel ou tel modèle, ni dans la volonté de paraître stressé, ni dans celle de paraître non stressé. Il faut se regarder en face. Bien sûr, vous pouvez tricher avec les autres et avec vous-même. Mais, tôt ou tard, la dose de tension accumulée créera un effondrement total que vous ne pourrez plus surmonter. En un mot : soyez vous-même ! Adaptez votre comportement, c'est-à-dire modifiez vos habitudes de vie. Suivez les conseils qui seront donnés tout au long de cet ouvrage. Prenez le temps de vivre.

Tenez compte de votre tempérament. Il est des traits de caractère, des résistances que vous ne pourrez pas modifier. Sachez dès lors agir en fonction de vos capacités.

En intervenant sur ces deux niveaux, en observant les signaux, vous pourrez alors naviguer entre les phases d'alarme et de résistance avec un minimum de conséquences néfastes. Vous connaîtrez votre dose nécessaire de stimulation et vous saurez quand il faut vous arrêter pour ne pas basculer dans la phase de défaite.

Mieux encore, en apprenant à gérer les petits stress, vous renforcerez votre capacité d'encaisser les stress aigus et intenses. Vous pourrez mieux faire face aux stress chroniques répétitifs et sournois car vous serez au mieux de vos possibilités d'adaptation. Tout comme un sportif, vous vous serez entraîné. En sachant comment répondre et en ayant votre potentiel d'adaptation en bon état, vous aurez toutes les chances de trouver la meilleure solution. Et cela parfois à votre insu, inconsciemment, tout simplement de façon réflexe, car cela fera partie dorénavant de votre personnalité.

Les raisons positives de se libérer du stress

Après avoir énuméré la longue liste des maladies liées au stress, il ne paraît même plus nécessaire de se demander pourquoi il faut se libérer du stress négatif. Pourtant, lutter contre les maladies n'est pas la seule raison qui nous pousse à mieux « manager » le stress. La véritable volonté qui me pousse à enseigner comment gérer son stress ne se quantifie pas en termes négatifs mais en termes positifs.

Vivre, tout simplement !

Libéré du stress, vous pourrez apprécier pleinement la vie à chaque instant, quelles que soient les conditions extérieures. Vous utiliserez au mieux les ressources dont vous disposez. Vous sentirez l'énergie et la vie s'écouler dans votre corps : libéré du stress, vous pourrez apprécier encore mieux les relations familiales, sentimentales, amicales et, bien sûr, professionnelles.

A quoi sert la vie si elle doit être une éternelle tension ? Mieux remplir nos carnets de commandes ne sert qu'à nous assurer une plus grande sécurité pour être justement libérés des problèmes. Cela ne doit pas en rajouter ! Choisir de mieux gérer son stress et s'engager à le faire, c'est avoir comme objectif la qualité de vie. Lorsque la qualité de votre vie s'améliore, vous avez la possibilité d'être encore plus vivant. Vos relations s'enrichissent, spontanément votre entourage est plus accueillant et disponible. Soudain, vous remarquez qu'autour de vous les événements s'agencent mieux. Le sentiment d'être plus efficace est réel et chaque jour apporte son lot de preuves et de satisfactions. A tous les niveaux, vous devenez plus efficace. Là où vous « accrochiez » auparavant, la simplicité s'installe.

Dominique, une jeune femme célibataire de trente-trois ans, nous confie avec un large sourire : « Depuis que j'ai suivi cette cure de gestion du stress et de remise en forme, je ne suis plus la même. Cela a tout simplement changé ma vie. Je n'ose pas imaginer comment cela aurait pu se passer. Je me sens pleinement moi-même. Bien sûr, il m'arrive encore de défaillir, mais l'essentiel est là. Je tiens véritablement le bon bout. » Elle est aussitôt appuyée par Christiane, qui a fait le stage avec elle et qui raconte : « Ce n'est pas si compliqué que ça. Aujourd'hui, lorsque je vois autour de moi les problèmes, cela me fait presque sourire. Dire que j'étais toujours tendue auparavant ! Ma concentration est meilleure ; je sais ce qu'il faut exactement faire pour ne pas être stressée et stresser les autres. Ma vie est plus pleine. Qu'il s'agisse de mes contacts professionnels ou personnels, j'en éprouve plus de satisfaction. » En disant cela, Christiane est même parcourue d'un frisson de plaisir.

Ce travail s'articule avec tous les autres domaines de la vie. Le temps n'est plus un dictateur, mais un complice. Les heures deviennent des leviers de transmission tout au long de la journée. Le sentiment de forme et de santé qui en résulte se transforme en joie pour accompagner tous les autres. « En me libérant des contraintes du stress, j'ai surtout amélioré ma vie personnelle. Professionnellement j'ai aussi acquis plus d'efficacité et j'ai pu ainsi me libérer beaucoup plus souvent pour être avec les miens. » Il est vrai que dans le cas de Bernard, quarante-sept ans, qui s'occupe de la direction commerciale de tout un secteur de la région parisienne dans les travaux publics, le surmenage était venu par enchaînement. Progressivement, il avait surinvesti en temps ses activités professionnelles, pour compenser sa baisse de performance. Combien d'entre nous, au lieu de se détendre pour reprendre le travail une fois reposés, s'acharnent en multipliant les erreurs ! Que d'heures inutilement passées à vouloir boucler un travail qui l'aurait été en si peu de temps dans d'autres circonstances !

La synthèse de la motivation pour mieux gérer le stress m'a été tout simplement donnée par un des grands spécialistes de la publicité : « Pour moi, c'est vivre, tout simplement ! »

Je reprends tout à fait à mon compte cette petite phrase. Mieux gérer son stress, c'est pouvoir vraiment vivre, dans toutes les acceptions de ce terme. La vie ne commence réellement que lorsqu'on peut en profiter.

Vaincre le stress, ce n'est pas seulement ne pas souffrir de troubles physiques et psychiques. C'est surtout être soi-même. Vivre à son rythme en s'organisant mieux ; agir et non plus réagir ; libérer son potentiel d'énergie au lieu de le bloquer et de le consommer dans des tensions internes ; avoir accès à sa créativité au lieu d'être rongé par l'anxiété.

Et lorsque nous nous sentons mieux, lorsque le calme est revenu en nous, alors nous trouvons mieux notre place pour réaliser ce que nous devons faire. La vie en société est un plaisir malgré les contraintes. Les groupes aussi s'en portent mieux. L'ensemble des individus forme un véritable être dont le comportement est le reflet. Qui de nous ne rêve pas d'un monde où l'espoir remplacerait la morosité, le calme les tensions, la joie l'anxiété? Mieux gérer le stress nous permettra d'y accéder.

Les autres raisons de s'intéresser au stress

Vous avez réalisé combien le stress est important dans le domaine médical. Rester en bonne santé pourrait être un argument amplement suffisant. Mais l'expérience prouve que, non contents de mettre en péril la santé, les stress gâchent notre vie en altérant nos résultats personnels et profession- nels et en détériorant les relations tant familiales que sentimentales et professionnelles.

En fait, il existe des boucles d'amplification du stress. Je repense tout particulièrement à Jean, un homme de cinquante et un ans, qui occupait depuis toujours un poste d'ingénieur dans les Charbon- nages de France. Lorsqu'il fut licencié, il ne sem- blait pas trop inquiet. Il avait reçu une prime substantielle et il avait deux ans devant lui pour trouver une autre place. Six mois plus tard, tout était différent! Non seulement Jean était insom- niaque et se plaignait de brûlures d'estomac, mais sa femme l'avait contraint à demander le divorce tellement il était devenu invivable.

«Très vite, j'ai réalisé que, compte tenu de mon âge, je ne retrouverais pas de travail. Le matin, je descendais acheter le journal. Au début, je m'habillais exactement comme avant. Tout se passait comme si j'allais travailler. Mêmes horaires, mêmes habitudes. Puis après un mois de travail acharné (oui, pour moi, trouver une nouvelle place était un véritable travail), je n'y ai plus cru. Alors je suis resté à la maison. Je faisais les courses et je regardais la télé. Je suis devenu irritable. La moindre parole de ma femme m'énervait. Je ne supportais plus rien et je prenais tout mal. J'ai augmenté ma consommation de cigarettes puis, sans m'en rendre compte, de vin. Je n'étais pas alcoolique mais je buvais beaucoup plus. Un jour, j'ai eu un accident. J'avais un taux d'alcool un peu trop important ; ce fut la goutte qui fit déborder la coupe. Ma femme ne l'a pas supporté, moi non plus. Je ne voulais pas demander le divorce, mais elle ne voulait plus rien entendre. J'ai vraiment gâché ma vie et je ne sais pas du tout ce que je vais pouvoir faire maintenant. »

L'exemple de Jean est beaucoup plus fréquent que nous ne le pensons. Ainsi, une vague de licenciements génère non seulement une vague de maladies mais également une vague de divorces, me confiait un grand avocat. Sans que le stress produit soit aussi important que celui d'un licenciement, le surmenage quotidien entraîne systématiquement une dégradation des relations.

L'un des premiers risques est l'irritabilité : « On ne peut plus rien lui dire » ; « Il prend tout mal » ; « Dès que je lui dis quelque chose, il ne me répond pas, il aboie. »

Sans nous en rendre compte, nous nous enfermons alors dans une tour d'ivoire où la moindre étincelle nous fait exploser.

Selon les cas, cette irritabilité se manifeste dans le milieu familial, amical ou professionnel.

Christiane est en permanence en relation avec le public, puisqu'elle travaille à Air France comme hôtesse au sol. Dans le cadre de son métier, elle adopte un comportement irréprochable. Mais dès qu'elle arrive chez elle, c'est un incendie qui ravage la maison ! Dès que Christiane part avec son mari en vacances plus de cinq ou six jours, tout rentre dans l'ordre. Les relations sont au beau fixe. Il n'y a rien de fondamental dans leur mésentente, mais la tension nerveuse accumulée par son travail, ses horaires, les transports, les contraintes quotidiennes... l'emporte sur sa capacité d'être calme.

Pour d'autres, c'est tout à fait l'inverse. A la maison, tout semble aller bien, mais c'est au sein de l'entreprise qu'ils éclatent. Cela d'autant plus que leur position professionnelle est hiérarchiquement élevée, car leurs débordements ne portent pas à conséquence. Combien d'employés ont attendu avec impatience le départ à la retraite de tel ou tel chef qui passait sa mauvaise humeur sur eux? Je me souviens de toute une agence d'une compagnie bancaire qui essuyait quotidiennement et de façon imprévisible les sautes d'humeur de leur directrice!

Même le bruit, les transports, la pollution, la maladie, la mauvaise organisation peuvent générer des stress qui réduisent les chances de promotion professionnelle.

Le stress et l'entreprise

Situons l'ampleur du problème

Au sein de l'entreprise, plusieurs attitudes sont perceptibles devant le stress. La négation par les employés eux-mêmes est la plus fréquente, bien souvent par souci de se protéger. De bonne foi, les employeurs ne s'aperçoivent alors de rien.

Bernard, dont nous avons déjà parlé, ne laisse jamais apparaître quoi que ce soit. « Il ne m'est pas possible de laisser transparaître mon anxiété, mon angoisse. Il me faut toujours donner le sentiment de bien maîtriser la situation. Autant pour mes collaborateurs, qui seraient trop contents de me voir affaibli, que pour mon P-DG qui douterait de moi. Il me faut faire bonne figure, être toujours disponible. Je ne pars que tard le soir. Il y a une véritable compétition entre nous, mais rien ne doit paraître. Alors par moments, sans comprendre, je me mets à pleurer comme un gosse. Heureusement cela n'arrive jamais devant mes collègues. »

Bernard décrit exactement une situation permanente de stress au sein d'une entreprise. La plus grande partie de ses membres ne peuvent en parler car ils craignent que ce soit perçu comme un signe de faiblesse. La phase d'adaptation ou de résistance est alors très longue, mais débouche tôt ou tard soit sur un changement soit sur une décompensation. Le stress est donc présent mais souvent masqué et donc sous-estimé.

Par ailleurs, nombreuses sont les personnes qui, de bonne foi, ne savent pas qu'elles sont stressées. Ce terme est tellement employé qu'il ne signifie plus grand-chose aujourd'hui.

Néanmoins, 63 % des 462 dirigeants contactés par téléphone par des spécialistes de Phone Marketing en mai-juin 1990 se sentent victimes du stress. Cette étude, commandée par *L'Expansion* et conçue par le CERCLES (Collège européen de recherche pour les cadres et les leaders d'entreprise), montre bien à quel point le stress est présent dans l'entreprise. Près de deux personnes sur trois ayant des responsabilités de direction d'entreprise se sentent stressées.

Pourtant, de nombreux dirigeants considèrent que les individus peuvent s'adapter au stress, et que celui-ci permet de tirer ce qu'il y a de meilleur dans l'individu. C'est peu étonnant, puisqu'ils n'entendent pas les plaintes de leurs collaborateurs qui ne se sont jamais exprimés directement !

De plus, se poser une telle question, lorsqu'on n'est pas personnellement impliqué dans l'amélioration de la qualité de vie des autres, peut apparaître comme une diminution de ses prérogatives de dirigeant.

Enfin, certains considèrent que cela relève tout simplement d'une solution personnelle et qu'il n'appartient pas à l'entreprise de s'en préoccuper. Il n'est donc pas étonnant que le problème du stress soit encore si mal estimé par une grande partie des sociétés françaises. Certains dirigeants pensent même que, dans une période de crise, on n'a plus le temps d'être stressé et de s'amuser à réfléchir à ses malheurs.

Outre-Atlantique, nombreuses ont été les études qui, comme celle du CERCLES, ont permis de mettre le stress en chiffres et d'évaluer ses conséquences économiques. 80 % des dirigeants s'intéressent à ce problème et considèrent que le stress est un facteur à prendre en considération. Le coût humain, plus l'absentéisme directement lié au stress sont évalués à quatre-vingt-quatre milliards de dollars. Somme astronomique s'il en est! En Europe, ce coût est évalué à 3 % de la masse salariale globale. Le stress entrave les capacités de concentration et de mémorisation. Il diminue l'efficacité professionnelle dans des proportions considérables.

En fait, tous ces stress et leurs conséquences médicales sont mal évalués. Comment peut-on en effet mettre en graphique l'expérience de Marc? Marc est directeur des ventes dans une succursale d'une entreprise nationalisée. Après une dispute avec un employé, Marc dépasse très rapidement une voiture qui allait trop lentement à son goût, et c'est l'accident. Dans l'énervement, il n'a pas mis sa ceinture de sécurité. Il se retrouve avec une fracture de l'épaule et quelques côtes cassées : impossible de travailler. Et comme Marc ne sait pas déléguer, ses collaborateurs ne sont pas informés de son travail.

Comment, dans cet exemple, mesurer exactement les conséquences économiques du stress? Pourtant, il est certain que cet accident n'est pas le fruit du hasard. Il est la conséquence directe d'une dispute qui prend ses racines dans un stress plus ancien et répété.

On s'en doute, les résultats sont meilleurs dans une entreprise où le niveau de cohésion est plus grand. Que de tâches pour lesquelles un tout petit travail supplémentaire aurait été nécessaire et qui n'ont pas été accomplies faute de motivation! «Pourquoi ferais-je l'effort de terminer sa besogne? Certainement pas pour lui, vu la façon dont il me considère!» Bien des relations se grippent faute de ne pas avoir débusqué suffisamment tôt les tensions et les multiples stress générateurs de perturbation. Cela engendre une perte d'énergie préjudiciable à la survie même de l'entreprise.

Des entreprises à la page

Heureusement, des entreprises commencent à s'en préoccuper de façon très sérieuse. Le programme *stay well*, mis au point pour le géant informatique américain Control Data, fut un des premiers programmes de prévention du stress véritablement complet, tenant compte de l'hygiène de vie, des relations et de la communication à l'intérieur de l'entreprise.

Xerox, Kimberley-Clark, Southern Connecticut Gas, tout comme en France IBM, Appel, Boring Gues, la Camif de Niort, CGH, Métrologie... ont conçu des programmes de prévention tous azimuts : alimentation, respiration, relaxation, communication... Mais au-delà du simple décor avec bureaux paysagers, plantes multiples, piscine, Jacuzzi, sauna ou salle de remise en forme, toutes ces sociétés ont impliqué dans leur démarche le management au plus haut niveau, pour que la rotation, l'absentéisme, les pertes de temps soient réduits et que les griefs soient plus rares.

Les directeurs des ressources humaines se sentent particulièrement concernés : non seulement parce qu'ils sont généralement les plus stressés, avec les directeurs financiers et administratifs, comme le montre l'étude du CERCLES, mais aussi parce qu'ils ont pour mission de s'occuper des ressources humaines.

Patrick Viennot, médecin à IBM France, exprime bien cette attitude : « Nous n'investissons pas chaque année 10 ou 11 % de la masse salariale dans la formation de nos cadres pour constater leurs absences, leurs maladies cardio-vasculaires ou leur départ*... »

Et c'est bien là l'un des objectifs les plus importants : permettre à chacun de rester attaché à sa société et de s'y épanouir.

Quelle perte d'argent, d'énergie, de temps représentent les départs réguliers des collaborateurs ! Quelle ineptie économique que cette formule préconisant un changement d'entreprise tous les quatre ans pour ne pas stagner ! Il n'existe rien de plus valorisant que de faire carrière au sein d'une même entreprise, et rien de plus coûteux pour une entreprise que de changer régulièrement de collaborateurs. Mais pour cela, encore faut-il que la vie y soit agréable.

Combien de fois ai-je entendu d'excellents agents commerciaux me dire qu'ils quittaient leur entreprise car ils ne pouvaient plus accepter d'être « pressés comme des citrons » ? Les enjeux de la gestion du stress au sein de l'entreprise, ou plus généralement sur le lieu de travail, sont énormes. Sur un plan économique et plus encore sur un plan humain, les deux étant indissociablement liés.

Réduire les stress à un niveau acceptable, sélectionner les bons stress pour une stimulation adaptée et éliminer les mauvais qui engendrent paralysie et perte d'efficacité : tel est l'objectif réalisable aujourd'hui au sein des entreprises.

Si certaines sociétés font figure de pionnières en la matière, c'est bien le moment de les suivre. C'est dans les périodes difficiles, où le stress s'amplifie, qu'il faut plus que jamais s'en préoccuper pour bien le gérer. Quand tout va bien, à quoi bon, pourrait-on se dire ? Mais quand la concurrence s'accroît, quand les licenciements se font en cascade, quand les chiffres d'affaires diminuent, il faut plus que

* *Courrier Cadres*, 1er septembre 1989.

jamais réagir, pour bien agir. C'est dans ces moments-là qu'il faut garder tout son sang-froid. Constituer une équipe solidaire et soudée, éliminer les tensions intérieures et savoir récupérer vite et bien.

Gérer le stress au sein d'une entreprise est fondamental. Modifier sa structure n'est pas toujours possible. Il est beaucoup plus souple et plus rentable d'agir sur chacun de ses membres. Comme il existe une interaction permanente entre l'individu, le groupe dans lequel il évolue et les performances de ce groupe, il est nécessaire d'agir d'abord sur la personne, d'autant que c'est souvent plus facile !

Gérer le stress au sein d'une entreprise, c'est donner le moyen à chacun de faire son bilan, pour appliquer les meilleures méthodes de remise en forme. C'est apprendre à chacun les méthodes pour mieux accompagner ses émotions. C'est maîtriser des outils de relaxation pour savoir récupérer dans toutes les situations.

En fait, gérer le stress au sein de l'entreprise, comme de toute équipe, c'est améliorer les relations humaines pour dynamiser, dans le respect de chaque individu, l'ensemble du groupe. Tous ces éléments sont autant de données positives dans des contextes socio-économiques difficiles.

Pour cela il existe des modes d'emploi. Certaines personnes — peu nombreuses — ont la chance d'avoir appris auprès de leurs parents, de leurs professeurs. D'autres ont une capacité naturelle de gérer le stress. Parfois, par hasard, ils ont découvert une méthode, comme Winston Churchill qui, sous les feux des bombardements pendant la Seconde Guerre mondiale, s'enfermait dans un cabinet particulier pour s'imaginer allongé sur une chaise longue à Saint-Tropez et sirotant un whisky ! Il avait découvert par lui-même les vertus de la relaxation profonde, pour faire vivre à son organisme une situation positive comme s'il la vivait réellement. Mais pour une méthode efficace, combien d'errements et de méthodes antistress génératrices d'encore plus de stress ?

C'est pourquoi il est temps maintenant de passer à l'action.

3

Prenons le problème
à bras-le-corps

Vous avez compris l'importance du stress dans votre vie. Vous avez par la même occasion compris combien ceux qui vous entourent peuvent également en souffrir. Vous ne sous-estimez plus les conséquences du stress, tant professionnelles que familiales, personnelles et médicales.

Maintenant, il est temps de passer à l'action. Car vous pouvez agir sur cette boucle de stress!

Pour cela il faut procéder en deux étapes : la première consiste à faire un bilan pour mettre en évidence les causes de votre stress et son intensité. Après avoir bien défini ce qui vous concerne, vous pourrez alors appliquer les conseils adaptés un à un jusqu'à ce que vous parveniez à un bon management de votre stress.

Êtes-vous candidat au stress?

Nous avons vu que le stress est une réaction d'ensemble dans laquelle interviennent l'environnement avec ses différents stimuli, le tempérament de base et le comportement lié aux habitudes. Certains stimuli sont plus stressants que d'autres, et ce de façon absolue.

Deux psychiatres américains, les docteurs Holmes et Roche, ont mis en chiffres l'intensité du stress provoqué par les changements qui interviennent dans la vie, en leur attribuant une note de 0 à 100 ; 0 étant réservé à aucun stress et 100 au stress maximal. Cette évaluation a été mise au point après une enquête auprès d'un ensemble représentatif de personnes qui ont pu classer par ordre d'intensité l'effet subjectif que leur procuraient des événements comme le décès de leur conjoint, un changement de domicile ou de profession...

Cette longue liste a pour mérite de relier les différents événements entre eux. Elle permet aussi de retenir, pour chaque individu, les points le concernant, de les additionner et d'avoir ainsi un résultat net évaluant le stress total subi.

Malheureusement, nul test n'est parfait. Celui-ci est en fait très limitatif. Il n'explore que les changements et laisse de côté les autres stress répétitifs dont nous avons évoqué les risques sur une longue période. Il ne tient pas compte non plus du prisme individuel qui interprète les événements extérieurs. Bref, cette échelle ne concerne que les changements subis, et correspond à la perception moyenne d'un échantillon représentatif de la population nord-américaine.

Toutefois, soyons juste, ce test évalue les relations avec le conjoint, les parents, le patron, et peut de ce fait traduire les petits stress chroniques qui font les fleuves de stress.

Comment interpréter les résultats ?

Le plus simplement du monde : vous cochez les réponses positives et vous additionnez le nombre de points. Plus le nombre est grand, plus votre situation actuelle est stressante et plus le risque est grand de vous sentir stressé.

Supposons que vous veniez d'obtenir un nouveau poste professionnel et que vous ayez un enfant de six mois. Votre conjoint vient de reprendre son tra-

Bilan nᵒ 1 : l'échelle du stress de Holmes

Calculez votre risque personnel de stress

Événement de la vie	Degré de stress	Mon score ▼	Événement de la vie	Degré de stress	Mon score ▼
1. Décès du conjoint	100	☐	19. Impossibilité de rembourser un emprunt-logement ou un emprunt quelconque	30	☐
2. Divorce	73	☐			
3. Séparation du conjoint	65	☐			
4. Emprisonnement	63	☐			
5. Décès d'un membre de la famille proche	63	☐	20. Changement des responsabilités professionnelles	29	☐
6. Blessure ou maladie	53	☐	21. Fils ou fille quittant la maison	29	☐
7. Mariage	50	☐			
8. Renvoi du travail	47	☐	22. Problèmes avec les beaux-parents	29	☐
9. Réconciliation avec le conjoint	45	☐	23. Réalisation personnelle extraordinaire	28	☐
10. Retraite	45	☐			
11. Altération de la santé d'un membre de la famille	44	☐	24. Conjoint cessant de travailler ou reprenant le travail	26	☐
12. Grossesse	40	☐			
13. Problèmes sexuels	39	☐	25. Début ou fin de scolarité	26	☐
14. Arrivée d'un nouveau membre dans la famille	39	☐	26. Changement des conditions de vie	25	☐
15. Réadaptation professionnelle	39	☐	27. Révision des habitudes personnelles	24	☐
16. Changement de situation financière	38	☐	28. Problèmes avec le patron	23	☐
17. Changement du nombre de querelles avec le conjoint	35	☐	29. Changement des horaires ou des conditions de travail	20	☐
18. Emprunt-logement important	32	☐	30. Changement de résidence	20	

Événement de la vie	Degré de stress	Mon score ▼	Événement de la vie	Degré de stress	Mon score ▼
31. Changement d'école	20	☐	37. Changement du nombre de réunions de famille	16	☐
32. Changement de loisirs	19	☐	38. Changement des habitudes alimentaires	15	☐
33. Changement dans les activités religieuses	19	☐	39. Vacances	13	☐
			40. Fêtes de Noël	12	☐
34. Changement dans les activités sociales	18	☐	41. Infraction mineure à la loi	11	☐
35. Petit emprunt-logement ou autre	17	☐	TOTAL		
36. Changement dans les habitudes de sommeil	17	☐			

vail. A la suite de cette naissance, vous avez dû déménager il y a un an et vous avez contracté un emprunt assez élevé. Cette seule liste vous conduit à un total de :

— changement des responsabilités professionnelles = 29 ;
— arrivée d'un nouveau membre dans la famille = 39 ;
— conjoint reprenant le travail = 26 ;
— emprunt-logement important = 32 ;
TOTAL = 126.

Et encore ne tenons-nous pas compte du déménagement survenu il y a un an. Peut-être faut-il aussi ajouter : changement de loisirs, changement dans les habitudes de sommeil, changement des conditions de travail...

Il n'existe pas de valeur limite permettant de décider que vous avez vraiment un risque d'être stressé. Mais parmi les personnes ayant obtenu entre 150 et 200 points, 37 % sont tombées gravement malades dans l'année.

Entre 200 et 300 points, la probabilité de tomber malade passe à 50 %. Vous avez donc une chance sur deux d'être gravement malade dans l'année. Enfin, à plus de 300 points, le risque grimpe à 80 %.

Ce résultat n'a qu'une signification indicatrice. Toutefois, il est intéressant de le garder en mémoire car il devra être comparé, lors du bilan que vous ferez dans six mois, au chiffre que vous obtiendrez alors. Vous pourrez voir si votre dose de «risque de stress» a diminué. Et c'est là l'essentiel : être dans une vision dynamique. Tous les tests ont ce double intérêt : prédictif d'une part et comparatif d'autre part.

De notre côté, nous avons établi un test plus spécifique destiné à ceux ou à celles qui occupent des postes à responsabilité.

Bilan n° 2 : mon activité professionnelle de décideur est-elle source de stress ?

Événement de la vie	Intensité du stress (points par réponse positive)	Mon score
1. Etes-vous au chômage ou risquez-vous d'être licencié ?	40	
2. Avez-vous la responsabilité d'hommes et de femmes ?	5	
3. Avez-vous la responsabilité de résultats ?	2,5	
4. Prenez-vous des décisions en permanence ?	5	
5. Etes-vous en concurrence avec d'autres personnes au sein de votre entreprise ?	10	
6. Votre entreprise est-elle en compétition avec d'autres ?	2,5	
7. Est-ce que votre entreprise vient de subir des changements récents et importants : • licenciements • agrandissement et embauche • déménagement • modification des responsabilités • redistribution des charges ?	10	
8. Etes-vous toujours contraint à la rentabilité ?	2,5	

Événement de la vie	Intensité du stress (points par réponse positive)	Mon score
9. Avez-vous des charges de travail supérieures à dix heures par jour ?	10	
10. Votre travail peut-il permettre des prévisions ?*	2,5	
11. Devez-vous intervenir fréquemment dans des conflits de personnes ?	10	
12. Devez-vous communiquer souvent ? Diriger des réunions, créer une équipe ?	2,5	
13. Devez-vous en permanence gérer votre temps ?	2,5	
14. Devez-vous respecter des délais ?	5	
15. Vous déplacez-vous très souvent en France, à l'étranger ? (Plus d'une fois par semaine.)	2,5	
16. Subissez-vous fréquemment des changements de climat et de fuseaux horaires ? (Plus d'une fois par mois.)	5	
17. Devez-vous faire fréquemment des « repas d'affaires » (alcool, repas copieux) ? (Trois fois par semaine.)	5	
18. Subissez-vous le tabac ou fumez-vous vous-même ?	5	

* En cas de réponse négative.

Événement de la vie	Intensité du stress (points par réponse positive)	Mon score
19. Votre travail vous demande-t-il un investissement complet et occupe-t-il tout votre temps ?	5	
20. Prenez-vous régulièrement des vacances ?*	5	
21. Votre travail vous empêche-t-il d'avoir une vie de famille ou sentimentale ?	10	
22. Votre travail est-il éloigné de votre domicile ? (Plus d'une demi-heure de trajet.)	2,5	
23. Devez-vous subir quotidiennement un transport long et pénible ?	5	
24. Est-ce majoré par les heures d'affluence ?	5	
25. Occupez-vous d'autres fonctions honorifiques ou à responsabilité en dehors de votre entreprise ?	2,5	
26. Subissez-vous actuellement un contrôle fiscal ?	40	
27. Subissez-vous des brimades de supérieurs hiérarchiques ?	10	
28. Etes-vous en contact permanent avec des clients ?	2,5	
29. Avez-vous eu une ascension professionnelle trop rapide ?	10	

* En cas de réponse négative.

Événement de la vie	Intensité du stress (points par réponse positive)	Mon score
30. Votre travail est-il dévalorisant ?	40	
31. Avez-vous le sentiment d'être sous-occupé ?	10	
32. Vous arrive-t-il de vous ennuyer à votre travail ?	10	
TOTAL		

Ce bilan n° 2 s'adresse aux managers et aux décideurs. Il évalue exactement à travers trente-deux questions les charges spécifiques de ceux qui dirigent. Néanmoins, même si tel n'est pas votre cas, vous pourrez faire ce test et évaluer ainsi le nombre d'items qui dénotent déjà dans votre activité professionnelle des charges stressantes.

Les trente premiers items sont en rapport avec la surcharge professionnelle. Les deux derniers avec la sous-charge. Chaque réponse positive indique l'existence d'un stress. Certains sont plus intenses que d'autres et l'addition de plusieurs stress majore bien évidemment les risques.

Voici comment interpréter vos résultats : chaque fois que vous avez répondu par l'affirmative :

— aux questions 1, 26, 30 : comptez 40 points ;

— aux questions 5, 7, 9, 11, 21, 27, 29, 31, 32 : additionnez 10 points à votre score ;

— aux questions 2, 4, 14, 16, 17, 18, 23, 24 : additionnez 5 points à votre score ;

— aux questions 3, 6, 8, 12, 13, 15, 22, 25, 28 : additionnez 2,5 points à votre score ;

— par la négative à la question 10, ajoutez 2,5 points à votre score ; aux questions 19, 20, ajoutez 5 points à votre score.

Au-dessous de 30 points, vous subissez un stress bien réel mais celui-ci vous permet d'être stimulé et votre travail vous épanouit plus qu'il ne vous agresse.

Entre 30 et 60 points, vous subissez un stress qui entraîne des déséquilibres dans votre vie personnelle. Vous êtes souvent dépassé par les événements, vous n'avez plus le sentiment de maîtriser votre vie et des troubles de santé sont apparus depuis que vous menez cette vie.

Au-delà de 60 points, vous vivez un stress professionnel très important sans qu'il y ait de compensation valable. Vous présentez certainement des troubles de santé assez importants. Soyez très prudent car vous ne pourrez tenir longtemps. Appliquez d'urgence tous les conseils pour mieux gérer votre stress et vivre de façon plus harmonieuse.

A titre indicatif, sachez que :
— 76 % des directeurs financiers et administratifs ainsi que des directeurs des ressources humaines et du personnel,
— 63 % des P-DG et DG des PME,
— 60 % des directeurs commerciaux et du marketing,
— 59 % des directeurs de production,
— 55 % des P-DG et DG des grandes entreprises se sentent stressés.

Mais le travail n'est pas le seul stresseur. Il nous faut aussi évaluer l'hygiène de vie.

Bilan n° 3 : mon hygiène de vie est-elle source de stress ?

	Oui	Non	Mon score
1. Dormez-vous suffisamment ?	0	10	
2. Vos horaires de sommeil sont-ils réguliers ?	0	5	
3. Subissez-vous des nuisances de bruit ?	5	0	
4. Pratiquez-vous un sport ou une activité physique régulièrement ? (Trois heures par semaine.)	0	10	
5. Marchez-vous régulièrement ?	0	5	
6. Fumez-vous plus de vingt cigarettes par jour ?	10	0	
7. Entre dix et vingt cigarettes par jour ?	5	0	
8. Buvez-vous plus de cinq cafés par jour ?	10	0	
9. Entre deux et cinq tasses de café par jour ?	5	0	
10. Buvez-vous plus de cinq thés par jour ?	5	0	
11. Mangez-vous plus d'une tablette de chocolat par semaine (ou équivalent) ?	5	0	
12. Buvez-vous moins d'un litre d'eau par jour ?	5	0	

	Oui	Non	Mon score
13. Votre alimentation vous paraît-elle déséquilibrée ?	10	0	
14. Buvez-vous au moins une bouteille de vin par jour ? (75 cl.)	10	0	
15. Buvez-vous un alcool plus de trois fois par semaine ?	10	0	
16. Prenez-vous régulièrement du repos ?	0	10	
17. Vivez-vous dans un espace surpeuplé ?	5	0	
TOTAL			

Le bilan n° 3 évalue votre hygiène de vie. Quelles que soient votre activité professionnelle et votre vie personnelle et familiale, l'absence de ces stress vous permet de mieux résister à la pression extérieure.

Voici comment interpréter vos résultats :

— attribuez 10 points à chacune des questions suivantes : 1, 4, 16, pour une réponse négative ;

6, 8, 13, 14, 15, pour une réponse positive ;

— attribuez 5 points à chacune des questions suivantes : 2, 5, pour une réponse négative ;

3, 7, 9, 10, 11, 12, 17, pour une réponse positive.

Au-dessous de 30 points, vous êtes assez attentif à votre hygiène de vie, vous prenez soin de votre corps et il vous le rend, vous avez une bonne résistance aux stress chroniques.

Entre 30 et 60 points, votre hygiène de vie n'est pas propice à une bonne gestion du stress. Votre corps souffre d'une accumulation de stress qui ne lui permettent pas de récupérer.

Au-delà de 60 points, votre hygiène de vie vous prédispose à toutes les atteintes possibles. Vous devez non seulement lutter contre les tensions externes mais aussi contre toutes celles que vous provoquez en ne vous occupant pas de votre corps. Il est temps de réagir pour renforcer vos défenses, ce qui vous sera bénéfique rapidement. Mais attention aux changements brusques, qui créent des troubles encore plus graves.

Bilan nº 4: ma vie personnelle est-elle source de stress?

	Oui	Non	Mon score
1. Etes-vous en instance de divorce ou de séparation?	20		
2. Etes-vous en conflit permanent avec votre conjoint?	20		
3. Vivez-vous seul malgré vous? Et vous sentez-vous frustré?	20		
4. Avez-vous un sentiment de vide affectif?	20		
5. Votre conjoint vit-il des difficultés professionnelles?	5		
6. Vos enfants sont-ils source de soucis professionnellement, scolairement?	5		
7. Vos parents sont-ils source de soucis, professionnellement, médicalement?	5		
8. Vos enfants ou votre conjoint souffrent-ils de troubles de santé importants?	5		
9. Avez-vous eu ou avez-vous de graves conflits avec vos parents?	20		
10. Avez-vous des conflits avec vos enfants?	20		
11. Etes-vous atteint d'une maladie chronique qui vous fait souffrir ou vous handicape?	20		

	Oui	Non	Mon score
12. Avez-vous des activités culturelles régulières ?		5	
13. Avez-vous des loisirs réguliers ?		5	
14. Avez-vous des soucis financiers ?	20		
15. Vivez-vous dans un urbanisme qui vous déplaît ?	5		
16. Vivez-vous dans un environnement pollué ?	5		
TOTAL			

Le bilan n° 4 vous permet d'évaluer l'importance des stress dans votre vie personnelle. Les relations conjugales, familiales, sentimentales sont explorées par les dix premières questions. Les six dernières questions évaluent les contraintes de vie indépendantes de votre volonté, votre hygiène de vie et les contraintes de votre vie professionnelle.

Voici comment interpréter vos résultats :

— additionnez 20 points par réponse affirmative aux questions suivantes : 1, 2, 3, 4, 9, 10, 11, 14 ;

— ajoutez 5 points à votre score par réponse affirmative aux questions suivantes : 5, 6, 7, 8, 15, 16 ;

— ajoutez 5 points à votre score si vous avez répondu par la négative aux questions 12, 13.

En répondant par l'affirmative aux deux premières questions, vous totalisez d'emblée 40 points.

Si vous totalisez 40 points ou plus, vous évoluez dans un contexte personnel stressant, ce qui tend à vous épuiser. Vous avez le sentiment de ne plus vivre pleinement votre vie personnelle. Il va vous falloir prendre un peu de recul pour analyser la situation, la transformer ou la compenser par d'autres domaines de votre vie.

Si vous totalisez entre 15 et 40 points, vous avez tendance à mal vivre votre vie personnelle. Veillez à ce que cela ne s'aggrave pas.

Si vous avez moins de 15 points, vous avez une vie qui vous oblige à vous adapter mais qui ne peut pas être la cause de troubles majeurs.

Le premier test de Holmes permet d'évaluer la dose générale de stress lié aux changements. Les trois tests suivants (professionnel, d'hygiène de vie, et personnel) évaluent le cadre dans lequel vous évoluez.

Au terme de ce bilan, vous voyez clairement si vous êtes candidat au stress. Mais vous n'avez pas encore réussi tous les examens pour avoir votre diplôme national de stressé! Il vous faut aussi réussir le test suivant, qui concerne votre façon de voir le monde et de vous comporter.

Notre personnalité agit comme un amplificateur ou un réducteur des stimuli. Notre capacité d'être un «gagnant» ou un «perdant», de vivre une situation comme un échec ou une leçon n'aura pas la même incidence sur l'effet stressant des stimuli.

Bilan n° 5 : ma personnalité est-elle source de stress ?

	Mon score (1 point par réponse positive)
1. Etes-vous d'un naturel angoissé ?	
2. Etes-vous pessimiste ? Voyez-vous tout de suite le mauvais côté des choses ?	
3. Etes-vous craintif et inquiet pour le futur ?	
4. Avez-vous tendance à ruminer et à ressasser le passé ?	
5. Revenez-vous souvent sur une décision ?	
6. Avez-vous du mal à vous décider ?	
7. Etes-vous mal à l'aise dans votre peau ?	
8. Avez-vous le sentiment que la vie est difficile ?	
9. Etes-vous plutôt introverti ?	
10. Etes-vous plutôt insatisfait ?	
11. Etes-vous sensible aux critiques ?	
12. Etes-vous rancunier ?	
13. Avez-vous du mal à relativiser les agressions multiples ?	
14. Avez-vous du mal à reconnaître vos erreurs ?	
15. Remettez-vous souvent les choses au lendemain ?	

	Mon score (1 point par réponse positive)
16. Avez-vous tendance à grogner si tout ne se passe pas comme vous le souhaitez ?	
17. Etes-vous émotif et vous emportez-vous facilement ?	
18. Vous sentez-vous plutôt incapable et bon à rien ?	
19. Vous culpabilisez-vous facilement ?	
20. Avez-vous le sentiment que votre vie n'a pas de sens ?	
21. Manquez-vous d'objectifs dans votre vie ?	
22. Avez-vous le sentiment que c'est toujours la faute des autres ?	
23. Avez-vous des principes de vie bien établis ?	
TOTAL	

Le bilan n° 5 explore votre personnalité, vos habitudes de pensée. Il est composé de vingt-trois questions. Pour chaque réponse positive, vous additionnez 1 point.

Au-delà de 5 points, votre personnalité est déjà source de stress. Elle ne vous permet pas d'avoir une vision de la réalité des événements. Vous êtes souvent le jouet de vos propres schémas de pensée.

Bien sûr, ce test n'évalue pas toutes les prédispositions au stress liées au comportement et au tempérament, loin de là. Mais il permet déjà de se faire une idée. Ce domaine est en effet le plus difficile à mettre en abscisses et en ordonnées! De multiples classifications de comportement ont été dressées. La psychiatrie, la psychanalyse, la gestalt, l'acupuncture, l'analyse transactionnelle, l'homéopathie, pour ne citer que quelques-unes des grandes écoles, proposent des cadres de référence à la psychologie humaine.

Aucune école n'a tout à fait raison. Elles offrent toutes des modèles qui n'ont d'autre prétention que d'aider à se retrouver et à mieux adapter ses réponses, sans avoir la prétention de refléter la vérité. Chacun est différent de l'autre. Dans les pages qui suivent, nous nous référerons à quelques-unes de ces écoles pour mieux apprécier l'importance du tempérament dans la genèse du stress.

4

Stress et tempérament

« Mais ce n'est pas possible ! Encore un idiot qui bloque la circulation. Voilà que je vais être en retard à cause de cet énergumène ! »

« Ça ne m'étonne pas, il fallait bien que cela m'arrive. Je n'ai vraiment pas de chance ; c'est toujours pareil : quand je suis pressé, je prends juste la rue qui est coincée ! »

« Que va-t-il penser ? Je vais louper mon rendez-vous, c'est certain. Ce n'est même plus la peine d'essayer… Il va m'en vouloir et je vais tout perdre. »

Cette façon de voir le monde est souvent reliée à de petites injonctions que nous répétons inconsciemment. Tout se passe comme si nous nous parlions à nous-mêmes. C'est comme si nous étions composés de plusieurs parties qui dialoguent entre elles. Qui d'entre nous ne s'est jamais surpris à se sermonner ?

« Sois gentil, fais plaisir, ne dis rien », se répète-t-on ; « Vous savez… Pouvez-vous… C'est gentil… », dit-on à ses collègues. Ces petites phrases répétées de façon systématique comme une ponctuation sont le reflet de vos habitudes de pensée.

Ces habitudes de pensée vous poussent à des habitudes de vie qui sont elles-mêmes sources de stress.

Chantal arrive systématiquement en retard. Elle a aujourd'hui quarante-deux ans, mais ce phénomène n'est pas récent. Déjà lorsqu'elle avait sept ans, elle ne pouvait faire autrement que d'être prête cinq minutes après ses parents pour partir à l'école.

«Dépêche-toi, tu vas être encore en retard», lui crie son mari chaque matin. Et Chantal de répondre: «Arrête, tu vas encore me stresser.» Chose déjà faite s'il s'en faut! Et le processus enclenché se termine inéluctablement dans un stress plus important encore. Pourtant elle a tout essayé, même de se lever une demi-heure avant tout le monde. Rien n'y fait, ce sont les cinq dernières minutes qui lui manquent toujours. Dix fois par jour, si ce n'est plus, Chantal court après le temps avec le sentiment de ne jamais pouvoir le rattraper.

«Dépêche-toi», lui répète son ange gardien qui lui souffle aussitôt après: «Tu n'y arriveras pas.» De fait, le temps n'est jamais assez long pour Chantal, malgré tous ses efforts.

«Je fais de mon mieux, plaide-t-elle. J'essaie sans cesse de faire plus d'efforts, mais c'est dur. Ce n'est pas ma faute, je n'y arrive pas. Cela me met dans un état de tension interne qui m'enlève tous mes moyens.»

«D'où me viennent tous ces messages contraignants?» me demande un jour Chantal, en réalisant d'un seul coup l'importance de ce phénomène et de ses répercussions au quotidien.

Dépêche-toi

Dans le cas de Chantal, deux contraintes cohabitent: «dépêche-toi» et «tu n'y arriveras pas». Cette dualité se manifeste bien souvent par une énorme inertie.

Ces contraintes sont en général issues des parents. Ce sont eux qui ont répété sans cesse «dépêche-toi» à leur fille. Ils répétaient d'ailleurs sans cesse ce message parce qu'eux-mêmes ne se donnaient jamais de temps. Par réaction, l'enfant, pour se protéger, acquiesce, mais n'obéit pas.

Cette contrainte s'associe avec le message «fais des efforts». Là encore, l'origine est la même. Certains parents ne donnent de valeur qu'à ce qui est difficile à réaliser. Ils ne terminent jamais ce qu'ils commencent car ils ne s'en croient pas capables, ou alors au prix de très grandes difficultés. Ces parents sont des parents qui souffrent dans leur vie et qui contraignent leur enfant à faire de même. L'enfant, pour s'en protéger, se comporte comme Chantal. Il est alors ce que l'on appelle passif/agressif. Il dit oui, mais n'agit pas.

Si vous êtes de ce tempérament-là, vous avez sans doute beaucoup de difficultés à réaliser un projet. Vous avez des idées, vous savez les mettre en action, déclencher ce qu'il faut pour y parvenir, mais une fois la mise en œuvre débutée, il y a TOUJOURS un obstacle qui surgit au dernier moment pour ne pas vous autoriser à réaliser ce que vous avez entrepris.

Quelle tension, quels stress inutiles bloquent les énergies de réalisation !

Pour Chantal, le signe majeur est son incapacité d'être à l'heure. Mais dans son travail, mille autres détails viennent concrétiser ces contraintes. Il y a toujours quelqu'un ou quelque chose qui l'empêche de terminer à temps son dossier. C'est là que la prise de conscience doit s'opérer. Chantal doit réaliser qu'elle est partie prenante de ce qui lui arrive. Les autres ne sont pas responsables. Si elle veut se libérer de ces contraintes, elle doit comprendre qu'elle est la seule responsable. C'est sur elle qu'elle doit agir pour se transformer.

«Mais comment ?» s'exclame Chantal.

Nous avons vu que vous êtes tributaire de vos habitudes. Celles-ci sont dictées par des contraintes sous forme de messages mentaux bien définis. La solution est simple : il suffit de neutraliser ces contraintes par des autorisations. Au lieu de réagir pendant 80 % de votre temps à ces injonctions, vous allez vous donner la PERMISSION d'être vous-même !

En ce qui concerne Chantal, elle utilisera deux types d'injonctions : pour neutraliser « dépêche-toi », elle se répétera : « J'ai le droit de vivre dans le présent » ; « J'ai le droit de prendre mon temps » ; « J'ai le temps de réaliser ce que je veux faire. » Pour neutraliser « fais des efforts », Chantal se répétera mentalement : « J'ai le droit de terminer ce que je commence » ; « J'ai le droit de réussir » ; « J'ai le droit de réaliser ce que j'entreprends. »

Bien sûr, le résultat n'est pas nécessairement instantané. Pour implanter de bonnes habitudes, c'est comme pour en implanter de mauvaises : il faut du temps. Mais si l'on s'autorise à changer son tempérament, les gestes suivent.

Pour arriver à l'heure à son travail, Chantal doit se répéter encore et encore ces nouvelles injonctions positives. Peu à peu, libérée des contraintes anciennes, sa réaction d'inertie en opposition à ces « devoirs » s'apaisera. Son énergie se trouvera disponible et spontanément elle pourra agir et non plus réagir. Ainsi, par une toute petite analyse de son tempérament, Chantal s'économisera un stress phénoménal et pourra réaliser pleinement ce qu'elle souhaite.

Le cas de Chantal n'est pas unique. Mais il existe bien d'autres injonctions contraignantes qui nous imposent une conduite en dehors de notre volonté. Nous allons aborder les trois autres injonctions principales, tout en sachant qu'il peut en exister une infinité, en fonction de chacun.

Fais plaisir

« Tu n'es pas assez sympa », vous répétez-vous souvent quand vous vous parlez à vous-même. Dans la conversation, votre ponctuation est remplacée par « vous savez », « pouvez-vous », « c'est gentil ». Si tel est votre cas, votre contrainte est du type FAIS PLAISIR. En permanence, le jugement des autres vous pèse. Vous y attachez une importance extrême pour ne jamais décevoir. Vous guettez tous les signes de votre entourage et agissez pour qu'ils ne soient qu'amicaux. Vous n'avez pas de véritable objectif, vous obéissez à ceux des gens qui vous entourent. Votre but est celui de l'autre. Si vous ne recevez pas un signal de satisfaction, vous ne vous sentez plus exister. Tout s'effondre autour de vous car vous ne vous sentez plus important.

Ce tempérament peut être source de grandes réalisations, autant que de blocages, de tensions et d'effondrements.

Vos parents, en vous répétant : «fais-nous plaisir», «sois gentil», accordaient plus d'importance à l'opinion des autres qu'à la leur et ne reconnaissaient pas la valeur de vos propres sentiments. Ou tout au moins telle était votre sensation. Si vous avez ce tempérament, vous avez en règle générale beaucoup d'idées. Vous aimeriez peut-être même vous transformer. Mais la mise en œuvre de vos projets ne se fait pas. Les projets restent à l'état de projets. Pour mettre en place ce qu'il faudrait pour réussir, vous avez besoin de recevoir des signaux d'affection.

Pour modifier ces contraintes, remplacez-les par de nouvelles injonctions qui deviendront vôtres. Répétez-vous : «J'ai le droit de ne pas prendre la responsabilité des sentiments des autres»; «Je me donne considération et respect»; «Je peux assumer la responsabilité de mes propres sentiments.» Dans le même temps, entourez-vous de personnes qui sauront reconnaître vos qualités et qui vous encourageront en vous donnant des signes de reconnaissance. Clarifiez bien vos projets et sachez reconnaître la part qui vous est propre et la part qui revient aux autres. Posez-vous la question suivante : «Suis-je bien l'auteur de cet objectif, ou est-il dû seulement aux désirs des autres?» Que de déceptions et de tourments éviterez-vous ainsi !

Sois fort

Alfred se souvient de son père. Il lui disait toujours : « Sois fort. » Il était très strict et n'exprimait jamais ses sentiments. Dans le même temps, il ne croyait jamais en son fils et l'avait profondément vexé lors d'une réunion de famille en lui disant qu'il n'était pas capable de faire de la musique, qu'il était sourd comme un pot et qu'avec une oreille musicale comme la sienne il ne fallait pas espérer que la France ait de grands musiciens.

Depuis, Alfred n'exprime plus ses sentiments. Jamais il n'ose dire aux autres qu'il est satisfait. Dans sa vie sentimentale, cela lui a souvent joué des tours car il n'arrive pas à exprimer son amour. Au bureau, dans une moindre mesure, la situation est la même. Alfred se répète : « cache ta faiblesse », « peu importe », « pas de commentaires ». Les relations se compliquent à cause de son visage impassible et froid. Il est le véritable esclave de ses messages contraignants. Les difficultés relationnelles auxquelles il est confronté dans sa vie plongent Alfred dans un état d'abattement. Il n'arrive plus à entreprendre quoi que ce soit et, en résonance à « sois fort », il se dit : « Tu n'y arriveras pas ! » Depuis quelque temps, les différents projets qu'il devrait mettre en place lui échappent. Il n'a même plus le goût d'envisager de nouvelles possibilités. Sa rigidité, accompagnée de son découragement, sans cesse lui confirme son incapacité d'entreprendre. De fait, lorsqu'une idée surgit, elle lui semble chaque fois irréalisable.

Voici comment Alfred doit procéder pour s'en sortir : tout d'abord des injonctions positives, comme : « J'ai le droit d'exprimer mes sentiments » ; « J'ai le droit de me confier » ; « J'ai le droit de ne pas être fort » ; « J'ai le droit d'être ouvert aux autres », neutraliseraient les messages contraignants dont il souffre. Puis il devrait s'attacher à trouver quelqu'un à qui parler de ses rêves, de ses projets. Cette personne devra être choisie non pour le conseiller mais pour l'encourager. Elle devra l'aider à renforcer sa confiance. Alfred retrouvera ainsi le plaisir de rêver. Il ne s'empêchera plus d'élaborer des projets d'avenir. Progressivement, l'énergie créatrice ne sera plus bloquée mais pourra se libérer, limitant conflits internes et externes.

Toujours mieux

Abordons enfin le dernier message contraignant. Vous faites partie de ceux à qui « tout réussit ». Professionnellement, rien ne peut vous être reproché. Votre parcours le prouve. D'employé occupé à tamponner des enveloppes, vous êtes passé responsable de tout un département avec plus de quatre cents personnes sous vos ordres. Votre vie familiale apparaît sans problème majeur et votre niveau de vie est pour le moins enviable. Tout paraît idyllique. Ce que vous envisagez, vous le réussissez. Vous n'éprouvez pas de difficultés pour avoir un projet, comme « sois fort ». Vous ne butez pas sur la mise en œuvre de vos rêves, comme « fais plaisir ». Vous ne ratez pas au dernier moment, comme « fais des efforts ». Vous réussissez ! Mais vous n'appréciez pas votre réussite. Dès qu'un projet est terminé, vous êtes déjà sur un nouveau. Vous êtes INSATIS-FAIT. Le « toujours mieux », « toujours plus fort » est votre mot d'ordre. Votre tempérament est assez obsessionnel. Il vous faut relire plusieurs fois les rapports. Vous n'arrivez pas à déléguer vos tâches. Vous ne savez pas refuser du travail. Vous êtes toujours débordé. Et vos messages contraignants sont : « Tu devrais mieux faire. » Dans la conversation, vous ponctuez vos discours par : « Bien sûr », « Évidemment », « Il est clair. » Vos parents étaient insatisfaits d'eux-mêmes et vous avez eu le sentiment qu'ils ne vous autorisaient jamais à avoir du plaisir. Vous étiez un adulte avant l'heure.

Ce tempérament est source d'un stress infini !

Toujours sur le qui-vive, avide de travail sans jamais prendre de repos, vous avez un sens du détail paralysant. Vous avez toujours peur de mal faire. Si vous êtes de ce tempérament, n'hésitez pas à vous répéter ces phrases : « J'ai le droit d'être moi-même » ; « J'ai le droit de faire une erreur » ; « L'erreur est humaine, je suis un être humain » ; « La recherche de la perfection engendre la paralysie. » Comme toutes les précédentes, ces injonctions pourront neutraliser celles qui vous poussent à être irréprochable et à ne jamais prendre de repos.

D'autre part, la simple compréhension de ce mécanisme suffit souvent à régler les difficultés. En effet, tout projet est rapidement mis en place et réalisé avec ce tempérament. Si vous êtes perfectionniste, vous atteindrez sans difficulté l'objectif que vous vous assignerez : faire des pauses pour apprécier votre travail.

Apprenez à différer le plaisir d'une réussite pour véritablement en profiter. « Maintenant, je marque le pas, nous dit Georges. Depuis, je profite réellement de ce que j'ai réalisé. Je vais au restaurant, je m'offre un livre dont j'ai envie… Je trouve toujours quelque chose pour me faire plaisir, et je me rends compte à quel point il était dangereux de le refuser. Si je subis un échec, cela ne remet plus en question toute ma vie, et je n'en suis plus effondré. Avant, je réalisais les choses les unes derrière les autres sans prendre le temps de tourner la page. Si un projet échouait, j'avais le sentiment que tout s'écroulait. C'était véritablement déprimant. Aujourd'hui, ce qui est acquis le reste. Je me sens beaucoup plus fort et de ce fait plus détendu. »

Tout à la fois

Parmi les managers, il existe un type bien connu : le bourreau de travail. Souvent, il force l'admiration puis la convoitise. Pourtant, ce personnage n'est que rarement efficace et occupe 70 % de son temps à… le perdre ! Il répond à des injonctions comme « sois parfait », « travaille dur », « ne perds pas ton temps »… Observons-le.

Il arrive bien avant tout le monde et sait tout ce qui se passe dans le service. Sur son bureau, il accumule des dossiers à traiter sans jamais les laisser à ses collaborateurs. Il s'escrime à avoir toujours plus de travail et il ne s'accorde aucun moment de détente. Il ne se sent utile que lorsqu'il est « débordé », comme il sait le faire remarquer insidieusement. Son travail ne peut pas se faire tout seul. Sans s'en rendre compte, le bourreau de travail s'enferme dans son propre piège et une spirale infernale l'aspire. Dès qu'il s'arrête de travailler, l'angoisse l'étreint. Il est insatiable. Et pour cause : l'angoisse qui l'anime ne prend pas racine dans le manque de travail. Il peut travailler autant qu'il veut, il ne sera jamais satisfait ! Il se réfugie dans le travail pour ne pas avoir à prendre du recul et à réfléchir sur sa situation. Pis encore : le bourreau de travail n'est pas toujours efficace. Ce qui compte pour lui n'est pas d'agir bien, mais seulement d'agir ! Agir pour agir.

En fait, nous sommes tous plus ou moins, à certains moments, un « bourreau de travail ». Nous réalisons que nous nous sommes agités et que rien n'a été productif de la journée. C'est à ce moment qu'il faut s'arrêter et savoir faire le bilan : se regarder dans la glace sans rien laisser passer ; ne pas se trouver d'excuses, mais être sincère avec soi-même pour débusquer les mauvaises habitudes qui nous emprisonnent. Peu à peu de nouveaux comportements pourront se mettre en place. Le stress est lié à la volonté de faire plus, de chercher l'approbation dans le regard de l'autre, de chercher la perfection… STOP. Il est temps de renverser la vapeur et de transformer ces habitudes de pensée. Quelles méthodes utiliser pour y parvenir ? Les mêmes que celles qui ont permis la naissance des habitudes actuelles, tout simplement.

Pour vous transformer, soyez attentif dès le début

Votre tempérament peut évoluer.

Tout d'abord, vous avez pris connaissance de vos contraintes et du moyen de les modifier en les neutralisant.

Ensuite, vous devrez être très vigilant, et veiller à ne pas enfreindre vos nouvelles habitudes. Les premiers temps sont les plus difficiles, car il ne faut pas s'autoriser d'exceptions. Progressivement, de nouvelles façons de penser s'instaureront. La relaxation et les visualisations vous y aideront.

5

Stress et comportement

Le comportement actif

Le stress ne découle pas forcément de l'hyperactivité, comme dans le cas du bourreau de travail appelé « type A » par l'équipe de Friedman*.

Une personne souffrant d'inhibition sera tout autant stressée. Un introverti, qui n'ose pas dire ce qu'il pense, ne supporte pas de courir, et en cas de situation urgente perd tous ses moyens, ressentira et vivra un stress tout aussi important.

Roger travaille dans une petite entreprise. Il en est le comptable depuis maintenant cinq ans. L'entreprise a pris un peu de poids et le travail s'en est accru. Il a souvent la sensation d'être dépassé. Non seulement à cause du travail, mais « parce que les responsabilités sont de plus en plus lourdes ». Les exigences aussi. « Parfois je suis obligé de travailler le week-end mais je ne le supporte plus... Vivement les vacances, que je puisse dormir enfin ! » Quand son patron lui parle, Roger le ressent vite comme une accusation personnelle, mais il ne répond jamais. « Je suis de la vieille école, un patron, ça se respecte, je ne peux pas lui dire ce que je pense. En fait je suis un faux calme. La dernière fois, j'ai bien cru que j'allais avoir une promotion. Cela m'aurait donné un peu confiance. Je n'ai rien

* L'une des premières qui, aux Etats-Unis, a clairement établi la relation étroite qui existe entre le comportement et la survenue de maladies cardio-vasculaires.

eu, et je ne l'ai pas digéré. J'y repense sans cesse depuis et je sens bien que ça me fait du mal. Je crois que je vais démissionner. Je me sens paralysé, je ne peux plus faire face aux situations nouvelles. Je n'en peux plus. »

Ce tempérament est à l'opposé du type A défini par les cardiologues Friedman et Roseman. La personne au comportement de type A est pressée en permanence par le temps et vit à cent à l'heure tout en étant extrêmement exigeante envers elle-même et envers les autres. C'est la personnalité bourreau de travail, ambitieuse. Cette personnalité s'expose directement aux accidents cardio-vasculaires par les constantes décharges d'adrénaline qu'elle subit. Friedman et Roseman ont identifié un facteur de risque cardio-vasculaire qui là s'ajoute aux risques habituels que tous les médecins connaissent bien.

Pour en arriver à cette conclusion, Friedman a fait passer des tests psychologiques à des malades souffrant de troubles cardio-vasculaires : angine de poitrine, hypertension artérielle, infarctus du myocarde, puis à des personnes ne souffrant pas de ces maladies mais concernées néanmoins par ces facteurs de risque : âge, poids, taux de cholestérol... Ces tests ont fait ressortir que les personnalités du groupe « malades cardio-vasculaires » étaient presque toujours hyperactives, dites du type A. Dans le groupe « personnes non atteintes de maladies cardio-vasculaires », la proportion de ce type A était beaucoup moindre. De plus, pour établir une preuve supplémentaire, Friedman a fait passer ce test à une population générale, sans savoir qui souffrait ou ne souffrait pas de maladies cardio-vasculaires. Il définissait ainsi au terme du test deux groupes : les personnalités de type A et celles qui ne l'étaient pas. Parmi le groupe de type A, les maladies cardio-vasculaires étaient nettement plus fréquentes que dans l'autre groupe.

La preuve était bien faite de cette relation. Si vous-même avez cette personnalité, peut-être avez-vous déjà des troubles cardio-vasculaires ? Votre tension est plus élevée, votre cholestérol aussi.

Mais que vous ayez ou non des troubles de ce genre, il vous faut changer vos habitudes, car les travaux de Friedman ne se sont pas arrêtés aux constatations des relations entre le comportement et la genèse des maladies cardio-vasculaires. Ils ont également montré que, si un changement de comportement survient, les troubles s'amenuisent, voire disparaissent.

Par conséquent, avant toute chose, il est important de bien se connaître. Le bilan n° 6 vous permettra de savoir si vous appartenez à ce groupe à risques. Il vous sera alors plus facile d'agir.

Plus le total, figurant au bas du bilan, est élevé, plus votre personnalité est de type A et plus votre comportement vous prédispose au stress. Mais à un certain stress. En effet, Roger, qui nous expliquait son sentiment de paralysie, avait aussi le sentiment d'être débordé et stressé. Mais cela ne se manifestait pas de la même façon : l'individu de type A, presque agressif, s'extériorise trop et trop vite. Il lui faut toujours faire plus. Ceux qui ne pensent pas la même chose que lui sont déconsidérés de façon tranchante et définitive : « Je ne comprends pas Marie ; il lui faut toujours un temps fou pour faire ce travail ! Elle est vraiment incapable ! » Non ! Marie n'est pas incapable. Elle s'organise différemment, c'est tout. Son travail ne comporte que peu d'erreurs. Mais elle fait les choses calmement, en prenant tout son temps, pour être sûre de bien les faire. Elle n'a pas envie, comme elle le dit, « de terminer à l'hôpital ».

Le comportement inhibé

En regard de ce premier comportement apparaît celui qui, au contraire, est inhibé. C'est le cas de Roger dont nous avons déjà parlé : il a le sentiment

Bilan n° 6 : suis-je de type A ?

	Mon score (1 point par réponse positive)
Vous sentez-vous toujours pressé ?	
Faites-vous plusieurs choses à la fois ?	
Vivez-vous à cent à l'heure ?	
Marchez-vous rapidement ?	
En voiture, slalomez-vous pour prendre la file la plus rapide ?	
Coupez-vous souvent la parole aux autres ?	
Considérez-vous que le temps, c'est de l'argent ?	
Avez-vous plusieurs objectifs actuellement ?	
Etes-vous rapidement dans un groupe le leader ?	
Mangez-vous rapidement ?	
Exprimez-vous peu vos sentiments ?	
Recherchez-vous toujours à améliorer votre image ?	
Considérez-vous qu'il faille être logique et raisonnable ?	
Commencez-vous souvent une tâche avant d'avoir terminé la précédente ?	
Etes-vous ambitieux ?	
TOTAL	

d'être dépassé, incapable, coupable, il se sent paralysé lorsqu'il doit mener plusieurs tâches de front et il panique devant l'urgence.

Roger n'est pas dépressif, mais il y est exposé. Comme le comportement de type A prédispose à un certain groupe de maladies, le comportement opposé prédispose aussi à d'autres affections. Le docteur Soly Bensabat, spécialiste du stress, considère que ce comportement, qu'il qualifie de type C introverti et renfermé, prédispose à une baisse des défenses immunitaires. Rhumatismes, dépression, infections seraient le lot de ces patients. Pourquoi ? Parce qu'ils déchargent de façon massive une quantité importante de cortisol pour s'adapter à «leurs» stress.

Ainsi votre comportement, la façon dont vous réagissez aux différents événements liés aux habitudes de vie vous prédisposent aux stress. Mais, à la différence du tempérament, qui est profond et se modifie difficilement, le comportement peut évoluer. Cela n'appartient qu'à vous.

Vous savez mieux à présent qui vous êtes, quels traits psychologiques dominants vous caractérisent.

Connaître ses points faibles et ses points forts est la première démarche qui précède la transformation. C'est la raison d'être de ces bilans. Ils permettent d'atteindre deux objectifs. D'abord, pouvoir suivre dans le temps sa propre évolution. Les résultats obtenus peuvent être comparés à ceux que vous obtiendrez dans deux mois ou un an. Aurez-vous toujours tendance à slalomer dans les embouteillages pour aller plus vite ? Aurez-vous toujours tendance à être inquiet pour le futur ?

Bien sûr, ces tests ne sont pas parfaits. Mais grâce à leur répétition dans le temps, ils deviennent de véritables points de repère, pour vous guider vers une meilleure maîtrise de votre vie.

Ces tests de personnalité offrent également l'avantage de nous faire réfléchir sur nous-mêmes.

Ils peuvent presque être considérés comme un prétexte pour nous aider à progresser.

De ce fait, peu importe que l'on soit plutôt A, B ou C. L'essentiel est de comprendre que la personnalité peut amplifier certains troubles et qu'il existe des réponses adaptées à chaque comportement.

Le but n'est pas d'être parfait mais de se perfectionner par petites touches pour vivre mieux tout simplement.

Vous avez également repéré dans votre environnement et dans votre façon de vivre les différents agents stresseurs : bruit, pollution, surpopulation, prise d'excitants...

Tout cela n'est que l'énumération des facteurs PRÉDISPOSANTS. Vous n'avez toujours pas évalué si vous étiez réellement stressé. Peut-être avez-vous des raisons de l'être ? Peut-être aussi gérez-vous tout cela parfaitement et n'avez-vous aucun signe. C'est ce que vous pourrez découvrir dans le prochain chapitre. Vous saurez aussi si vous êtes en phase d'alarme, d'adaptation ou de dépassement, selon l'intensité de vos troubles.

Suis-je stressé ?

Les trente-trois questions relatives aux signes physiques et les vingt questions relatives aux signes psychologiques que comporte le bilan n° 7 explorent un large champ des manifestations du stress, tout en évaluant votre taux d'anxiété, d'angoisse ou de déprime.

Ce test vous permet de prendre conscience de votre état de stress actuel. Bien sûr, de nombreuses maladies peuvent ainsi déclencher ces symptômes et la consultation médicale est nécessaire pour l'affirmer. Pourtant, dans plus de 80 % des cas, le seul stress en est le responsable. Vous apprendrez ainsi à mieux vous connaître et à apprécier l'état d'urgence, si tel est le cas, de vous reprendre en

Bilan n° 7 : suis-je stressé?

	Oui	Non
Les signes physiques Vous sentez-vous irritable?		
Vous sentez-vous agité?		
Vous sentez-vous fatigué?		
Vous sentez-vous très fatigué le matin avec une amélioration dans la journée?		
Avez-vous des «coups de barre»?		
Avez-vous le souffle court?		
Avez-vous des oppressions thoraciques?		
Avez-vous des boules dans la gorge?		
Avez-vous des palpitations?		
Vous sentez-vous lourd?		
Transpirez-vous facilement?		
Avez-vous les mains moites?		
Avez-vous la bouche sèche?		
Avez-vous des tensions dans la nuque?		
Avez-vous des maux de tête surtout en fin de journée?		
Avez-vous des douleurs de dos régulièrement?		
Avez-vous des douleurs erratiques à plusieurs articulations?		
Avez-vous des douleurs mal définies?		
Avez-vous des difficultés à vous endormir?		
Avez-vous des réveils nocturnes longs ou fréquents?		
Vous réveillez-vous le matin de bonne heure spontanément et vous rendormez-vous au moment de vous lever?		
Avez-vous des pannes sexuelles?		
Avez-vous une baisse du désir sexuel?		
Mangez-vous trop?		
Avez-vous des compulsions de grignotage?		

	Oui	Non
Sautez-vous des repas, oubliez-vous de manger ?		
Avez-vous une constipation chronique ?		
Avez-vous une diarrhée chronique ?		
Avez-vous des douleurs abdominales fréquentes ?		
Avez-vous des douleurs prémenstruelles ?		
Avez-vous des crampes musculaires ?		
Avez-vous des mouches devant les yeux ?		
Avez-vous les paupières qui clignotent ?		
Les signes psychologiques		
Avez-vous tendance à ruminer ?		
Avez-vous des préoccupations ?		
Avez-vous des pertes de mémoire ?		
Avez-vous des difficultés à vous concentrer ?		
Avez-vous le sentiment d'être impatient ?		
Vous troublez-vous facilement ?		
Avez-vous des sautes d'humeur ?		
Avez-vous envie de pleurer ou pleurez-vous ?		
Avez-vous peur de l'avenir ?		
Vous mettez-vous en colère ?		
Vous sentez-vous paralysé ?		
Riez-vous en permanence ?		
N'avez-vous plus d'espoir ?		
Vous sentez-vous fautif ?		
Vous sentez-vous incapable et bon à rien ?		
Etes-vous triste ?		
Avez-vous des idées noires en permanence ?		
Prenez-vous des médicaments anxiolytiques ?		
Prenez-vous des antidépresseurs ?		
Prenez-vous des somnifères ?		
Total		

main. D'autre part, en notant bien vos réponses, vous pourrez comparer l'évolution de vos troubles dans quelque temps, après avoir appliqué les méthodes exposées au cours de ce livre. La comparaison, nous insistons, est indispensable pour évaluer l'efficacité d'une méthode.

Toutes ces manifestations sont des signes de l'existence d'un état anxieux, angoissé ou dépressif. Ceux-ci sont la manifestation physique et psychique d'un état de tension et correspondent en cela, sauf pour la dépression révélée vraie et grave, à la phase d'adaptation du stress. La phase de décompensation se manifeste, quant à elle, par des maladies avérées dont nous avons déjà fait l'énumération au chapitre 2, incluant la dépression vraie.

Il n'existe pas de total minimal ou maximal, seule une progression lente du moins au plus stressé.

Une réaction qui dépasse ses objectifs

Charles était au volant de sa voiture. Il roulait un peu nerveusement comme tout Parisien qui a l'habitude de conduire dans la capitale. La voiture était agréable, spacieuse, avec une boîte de vitesses automatique pour «éviter le stress». Le quai était relativement libre. La circulation était fluide. Sur la droite, la cathédrale Notre-Dame s'élançait, majestueuse comme un navire amarré au quai, plongeant ses flancs dans une Seine qui s'écoulait calmement. C'est alors qu'en une fraction de seconde tout se bouscula.

«Une petite voiture a débouché par le côté droit pour me doubler et s'est rabattue juste devant moi, raconte Charles. Comme un éclair, j'ai senti tous mes muscles se raidir. Mon souffle s'est arrêté, mon pied droit a changé de pédale pour écraser le frein. Dans le même instant, j'ai senti une forte décharge dans l'ensemble de mon corps. J'étais glacé. Mon cœur devait battre à une vitesse étourdissante. Puis j'eus une explosion de colère contre cet ahuri qui ne savait pas conduire. Mais il était déjà reparti, sans attendre. Il ne me restait plus qu'à appuyer sur l'accélérateur. L'incident n'avait eu aucune conséquence : pas de contact entre les carrosseries. Il s'en était fallu de peu. Heureusement que mes réflexes étaient bons ! Déjà deux minutes s'étaient écoulées depuis l'incident, et mon cœur continuait à battre. »

Quelle énergie phénoménale venait d'être mobilisée ! La sensation de danger imminent et l'intensité de cette agression avaient été perçues et enregistrées selon la loi du tout ou rien.

Le véhicule qui avait surgi brusquement en faisant une queue de poisson représentait un véritable danger et avait été, à juste titre, interprété comme tel. Il y a des milliers d'années, comme aujourd'hui, un événement qui peut mettre en péril notre vie était, et reste, une question vitale. Lorsqu'un animal ou un homme nous attaque, la stimulation du système nerveux sympathique par un flot d'adrénaline est indispensable : le système digestif s'arrête ; les pupilles se dilatent pour mieux voir le danger ; le cœur s'accélère ainsi que la respiration pour accroître le débit sanguin et faciliter l'apport d'oxygène indispensable aux muscles qui doivent se mobiliser au maximum. Course éperdue pour fuir, coups donnés pour se défendre… Dans les deux cas, tout le corps demande une énergie maximale ; sa survie en dépend !

Que ce soit pour essuyer un coup de poing et le rendre, ou pour courir le plus vite possible, accélération cardiaque, contractions musculaires sont nécessaires. La décharge provoquée par le stress est parfaitement adaptée à l'effort demandé au corps.

Au volant d'une voiture, rien de tel. Il est clair que l'*Homo citadus* et plus encore l'*Homo vehiculus* n'ont pas besoin de ces réflexes archaïques pour faire face à des situations nouvelles. La très forte décharge déclenchée par l'irruption d'un véhicule dans son champ visuel prépare le corps à faire un véritable sprint. Pourtant rien de tel ne se produit. Le seul exercice est de soulever le pied droit et de le déplacer de dix centimètres sur la gauche pour appuyer sur la pédale. Pour celui qui ne dispose pas d'un véhicule automatique, il faut ajouter un appui du pied gauche. Quelle faible mobilisation d'énergie !

Dans ce cas, la réaction est totalement inadaptée. On ne peut pas parler vraiment ici d'inhibition de l'action, mais celle-ci est trop faible par rapport à la stimulation initiale. La pression monte, sans être utilisée.

Si cet incident ne se produisait qu'à titre exceptionnel, cela ne prêterait à aucune conséquence. Mais cette réaction inadaptée se répète plusieurs dizaines de fois dans la journée. Nous subissons en permanence des stress auxquels nous apportons une réponse limitée, ou inexistante. Or, chaque fois, le stress est perçu selon la loi du tout ou rien et déclenche les mêmes réactions physiologiques que lorsque notre existence est en jeu. La remarque d'un collègue que l'on accepte sans rétorquer nous a préparé à la lutte : tous les muscles se sont contractés, la mâchoire s'est serrée, mais une partie de nous bloque la réaction de lutte physique, sachant que les inconvénients d'une telle réponse seraient pires que les avantages. Bien évidemment, ce self-control est nécessaire. S'il n'existait pas, les relations seraient en permanence conflictuelles, et les bureaux deviendraient de véritables champs de bataille !

Aujourd'hui, même si les relations sont à peu près polies, au sens étymologique du terme, il n'en reste pas moins qu'elles sont perçues comme des causes permanentes de stress. Et notre corps y réagit violemment, alors qu'il est bloqué dans sa possibilité d'action. Les stress répétés deviennent progressivement invivables, jusqu'à user prématurément la machine. Bien sûr, il ne faut pas en tirer une mauvaise conclusion et sortir de sa voiture en furie pour «casser la figure» de l'autre conducteur. Cela n'arrange rien. Donner une gifle à son interlocuteur parce que l'on croit qu'il nous a fait une remontrance non justifiée n'est pas une réponse mieux adaptée.

Si aujourd'hui l'*Homo sapiens*, c'est-à-dire sage, conserve en lui des comportements ancestraux adaptés à sa survie, et non à sa vie actuelle, il lui est néanmoins possible d'intervenir sur cette boucle de stress.

Pourquoi et comment?

Parce que vous êtes capable de prendre du recul, parce que vous avez un cerveau habitué à comparer les situations nouvelles aux anciennes, vous pouvez progressivement ne plus considérer comme une agression ce qui de fait ne l'est pas dans 90 % des cas. Cela revient à ne pas se créer de soucis en comparant les situations actuelles avec des situations antérieures négatives. Tout le monde peut y arriver, nous avons tous en nous les organes nécessaires.

Vous voici maintenant arrivé au terme du bilan. Vous savez quelle dose de stress vous subissez. Vous savez pour quelle part votre personnalité en est responsable et pour quelle part votre environnement et vos habitudes interviennent. Ce préalable est indispensable au bon management du stress.

Après ce premier bilan, vous avez également défini un projet positif. Vous savez pourquoi vous avez intérêt à être moins stressé. Non seulement pour ne plus être malade, tendu, nerveux, mais surtout pour être en pleine santé, calme et heureux. Pour vivre des relations familiales, professionnelles, sentimentales riches et bénéfiques. Pour améliorer vos possibilités personnelles, et ce, le plus longtemps possible.

A présent, que faire? Comment procéder pour tirer quelques bénéfices de ce bilan? C'est ce que nous allons aborder dans les chapitres suivants.

Vous verrez comment modifier vos habitudes, vous apprendrez les exercices spécifiques qui permettent d'éliminer le stress, vous verrez quelles nouvelles relations tisser avec ceux qui vous entourent et, bien sûr, vous saurez parfaitement maîtriser toutes les charges directement liées aux décideurs. Et surtout, vous saurez déjouer les pièges des fausses solutions.

6

Changez pour des habitudes de vie antistress

Les pièges antistress : les faux remèdes

Jean-Pierre sourit. Depuis longtemps, il pense avoir résolu ses problèmes de stress par ses «petites potions miracles». Il croit d'ailleurs qu'il n'est pas stressé. Il ne se sent pas concerné. Tout juste lui arrive-t-il d'être énervé. Mais à l'entendre, on s'aperçoit très vite qu'il synthétise tout ce qu'il vaut mieux ne pas faire.

«Quand je suis énervé, je prends une cigarette. Cela me détend... Le soir, je me sers souvent un bon alcool. Je vous assure que rien n'y résiste. Je suis parfaitement détendu et calme pour la soirée... La fatigue, je ne la connais pas. Si elle pointe le bout de son nez, quelques cafés, et je repars sans perdre un instant... Et si j'ai un peu de mal à m'endormir, il existe des médicaments très efficaces. Grâce à cela, je n'ai pas de problème.»

Jean-Pierre a trente ans, il s'occupe de la vente des disques durs qui équipent les ordinateurs auprès des firmes internationales. Ses volumes d'affaires sont colossaux et, bien sûr, génèrent un stress quasi permanent. A sa manière, il répond aux charges et aux pressions énormes qu'il subit. Pour s'en sortir, il utilise les moyens proposés classiquement par notre société et qui sont effectivement efficaces. Efficaces mais non dénués d'effets secondaires. Tout comme les drogues, le tabac, l'alcool et les excitants sont des moyens inadéquats pour répondre aux stress.

L'alcool

Alors que j'étais encore étudiant en médecine, pendant mes vacances universitaires, après avoir passé mes examens d'anatomie, de biologie cellulaire et autres matières, je travaillais comme steward à Air France. J'étais amené à servir les passagers des vols transcontinentaux. Ce jour-là, au départ d'un New York-Paris, deux hommes au teint un peu blême s'étaient assis non loin de l'office. Dès la préparation du vol, avant même la fermeture des portes, l'un d'eux se leva et vint me demander deux whiskies. « Je suis désolé, répondis-je, mais les autorités américaines interdisent de desceller les stocks d'alcool tant que l'avion n'a pas décollé. » Mon passager s'en retourna à son siège encore un peu plus blême. Quelques minutes après le décollage, il revint à la charge, mais cette fois-ci il me dit : « Vous savez, cela va vous paraître ridicule, mais ne croyez pas que je sois alcoolique. Mon collègue et moi-même sommes paniqués à l'idée de rester six heures enfermés dans cette cabine. Nous avons peur de l'avion et le seul moyen de nous détendre, c'est de prendre un whisky. Vous savez, c'est le meilleur anxiolytique qui existe ! »

Cette réflexion me stupéfia sur le moment, mais cet homme venait de me donner l'explication du succès des boissons alcoolisées dans le monde.

Boire un petit verre entraîne immédiatement un état d'euphorie. L'alcool agit directement sur la cellule nerveuse au même titre que les calmants. Il procure une détente qui facilite les relations humaines. Au cours d'un repas, il permet de « délier les langues » et participe à l'installation d'une atmosphère chaleureuse. Il « donne du courage », permet d'entreprendre lorsqu'on se sent paralysé. L'alcool est un désinhibiteur puissant. De ce fait, il entraîne également une perte du contrôle de soi. C'est ainsi que, sous l'influence de l'alcool, on en arrive à échanger des propos qui deviennent eux-mêmes source de stress. La concentration diminue, de même que les réflexes. On évalue moins bien les risques. Que ce soit en voiture ou au travail, les accidents sont majorés. Mais la mauvaise évaluation peut aussi concerner un engagement professionnel ou un contrat. Rien de cela ne guettait nos deux Américains, qui n'avaient qu'à attendre confortablement dans leurs fauteuils. Ils pouvaient prendre le risque de boire quelques verres pour s'apaiser et se redonner confiance. Mais une telle réponse n'est pas acceptable lorsque vous participez à une réunion pour laquelle vous avez besoin de toutes vos capacités. Il existe d'autres remèdes, tout aussi efficaces et sans danger. Nous verrons lesquels plus loin.

Comme pour toute drogue, l'alcool produit un phénomène d'accoutumance. La dose doit être augmentée pour obtenir les mêmes effets. Parfois, une dépendance psychologique et physiologique apparaît. On doit multiplier les prises pour se calmer, et l'abstinence engendre une nouvelle angoisse.

Cette véritable drogue se traite comme toutes les autres. Il faut vouloir en sortir, et se faire aider par des personnes qualifiées. Le traitement passe aussi par la compréhension de la raison qui a conduit au besoin de se tranquilliser. Trouver le stress initial est une mesure aussi importante que le traitement de la dépendance physiologique elle-même.

A plus forte dose, l'alcool conduit à des états d'euphorie exagérée, d'ivresse, qui vont à l'encontre des buts recherchés. De façon chronique, ce sont les atteintes neurologiques et hépatiques qui sont le plus à craindre. C'est dans cette mesure qu'indirectement les neuropathies périphériques, les cancers du foie, les cirrhoses d'origine alcoolique peuvent être considérés comme des conséquences du stress.

Si vous avez tendance à vous verser un verre systématiquement quand vous rentrez de votre travail, si vous vous sentez concerné par ce problème, n'hésitez pas à contacter votre médecin pour tenter, avec lui, de résoudre cette dépendance.

La drogue

Vous l'avez compris, l'alcool, bien qu'en vente libre, est une véritable drogue. Mais à côté existent des drogues qualifiées d'illégales, dont la consommation s'est accrue dramatiquement dans notre société ces deux dernières décennies et plus encore ces dernières années. Celles-ci ne concernent pas précisément les décideurs, mais en aucun cas elles ne constituent une réponse adaptée aux stress-angoisses-anxiétés.

Modifications de la conscience, dépendance et accoutumance engendrent rapidement des méfaits tristement répertoriés, avec leur lot de malheurs humains. Relations sentimentales, familiales, amicales, professionnelles sont alors déchirées.

La prise de drogue est souvent la conséquence de stress intenses et du sentiment que la vie est une impasse. Certes, les enfants, les adolescents, les jeunes adultes sont plus atteints. Mais ce problème nous concerne tous. Mieux gérer nos stress nous conduira à moins les faire subir à notre entourage. Ainsi peut-on participer à la prévention du fléau de notre fin de siècle.

Le tabac

Qui aujourd'hui ne sait pas que le tabac est néfaste à la santé ? Qui ne sait pas qu'il est le principal facteur de risque des maladies cardio-vasculaires, des cancers de la gorge, de l'estomac, des poumons, de la vessie ? Qu'il favorise les bronchites, les infections ORL? Qu'il provoque un vieillissement prématuré de la peau?

Et pourtant, la fine tige d'herbe brûle encore et encore. Sa consommation, si elle décroît chez les hommes, s'amplifie chez les adolescents, les enfants et les femmes. Pourquoi fumer, puisque c'est si mauvais? Tout simplement parce que c'est un besoin et que tous les fumeurs en retirent plaisir et apaisement. Il existe une dépendance physiologique et une dépendance psychologique. Fumer, comme boire un verre d'alcool, apaise l'anxiété et l'angoisse. Mais la nicotine déclenche dans le sang des sécrétions réactionnelles d'adrénaline et de noradrénaline, qui stressent encore plus le fumeur. Tout stress nouveau réclame une nouvelle cigarette, pour apporter une sensation de bien-être. Le piège infernal se referme bientôt. Lorsque les stress extérieurs augmentent, il faudrait diminuer, voire arrêter la consommation de tabac pour y faire face. Le fumeur dépendant va au contraire l'augmenter. Seul compte alors pour lui le calme qu'il ressent dans un premier temps.

Pour avoir dirigé une consultation d'aide au sevrage du tabac dans les hôpitaux de l'Assistance publique pendant de nombreuses années, je sais combien l'arrêt du tabac est difficile, combien cela requiert une motivation importante. Mais, si on accepte l'idée qu'il existe une véritable dépendance, que tout ne se résume pas à une question de volonté, de nombreuses méthodes aident au sevrage. Entretiens, plan de cinq jours, relaxation, acupuncture, médicaments... permettent un jour d'arriver définitivement à l'arrêt complet.

Les médicaments

Qui n'a pas un jour pris un somnifère ou un calmant? Ils représentent aussi des solutions faisant partie de notre panoplie antistress. La France détient d'ailleurs le triste record de leader européen dans la consommation de ces produits.

A dose limitée, et pris de façon ponctuelle, ils peuvent être d'un bon secours chez certaines personnes. Mais il est malheureusement évident que leur utilisation est, dans la grande majorité des cas, inadaptée.

Ces substances n'ont pas autant d'effets secondaires négatifs que l'alcool ou le tabac, mais elles se comportent comme de véritables drogues. Accoutumance et dépendance en découlent. Ce sont en général de mauvaises réponses, car elles ne font que masquer une partie des manifestations du stress et nous empêchent d'agir en profondeur. Celui qui prend ces traitements se trouve dans une phase d'adaptation qui, nous l'avons vu, n'élimine pas pour autant le stress.

Que ces médicaments puissent être utiles, cela ne fait pas de doute, mais ils sont très mal utilisés et un grand nombre de personnes continuent à en prendre alors qu'elles n'en ont plus besoin.

Comment se débarrasser des calmants

— Tous les soirs je prends un demi-Halcion. Sans cela je ne peux pas m'endormir.

— Depuis combien de temps ?

— Je ne sais plus très bien. Au moins dix ans. C'était à l'époque où j'ai eu de sérieux ennuis avec le fisc. Je ne dormais plus. J'étais devenu un véritable zombi.

— Pourquoi n'arrêtez-vous pas ?

— Lorsque j'arrête, je ne dors pas. Je ne sais pas si c'est psychique, mais je constate qu'avec un demi-Halcion je m'endors bien, alors que, s'il m'arrive de l'oublier, je tourne en rond. Une fois, j'ai essayé de tenir bon. C'était pendant les vacances. Au bout d'une semaine j'ai craqué, j'en ai repris. Cela m'ennuie d'être dépendant d'un médicament. Et puis, j'ai quelques pertes de mémoire. Je me demande si ce n'est pas dû à ce somnifère.

Cette conversation se déroule très régulièrement dans mon cabinet et, je suppose, dans tous les cabinets du monde.

Un traitement hypnotique ou anxiolytique a été pris au décours d'une situation stressante. Il s'est prolongé, et la personne est devenue dépendante. A chaque tentative d'arrêt, c'est l'échec. Pourtant, il existe des règles simples qui permettent à tous de s'en libérer progressivement.

Il faut tout d'abord bien comprendre qu'il existe effectivement une dépendance physiologique. La prise de ces substances entraîne un endormissement artificiel en procurant à l'organisme les molécules qu'il ne sécrète momentanément plus, compte tenu de ses problèmes (soucis, angoisses…). Tout se passe alors comme si le cerveau, n'ayant plus besoin de sécréter ces substances d'endormissement, se mettait au repos. Il perd l'habitude de fabriquer ses propres molécules. Le jour où les soucis disparaissent, le cerveau a perdu sa capacité de fabriquer les molécules adéquates, il ne peut plus déclencher l'endormissement.

En règle générale, la personne arrête son traitement mais se rend compte qu'elle ne peut toujours pas dormir. Elle en déduit que son insomnie n'est pas guérie et reprend aussitôt le traitement. En fait, dès que l'on dépasse trois semaines de prise, cette dépendance apparaît. La première précaution, pour ne pas devenir dépendant, est donc de limiter les traitements à deux ou trois semaines. Mais les soucis peuvent parfois persister au-delà de ce temps. Les somnifères peuvent constituer le seul remède disponible. Est-ce à dire qu'on entre alors dans la dépendance de façon définitive ? Bien évidemment non.

Pour se sevrer d'un hypnotique, il faut le vouloir et s'armer de patience, car l'arrêt est progressif : pour que le cerveau réapprenne à sécréter ses propres substances d'endormissement, il lui faut du temps.

Nous considérons bien sûr que la personne est dans un état de stabilité, que les difficultés extérieures sont résolues et qu'elle ne présente plus de troubles du sommeil, mais seulement une dépendance. Si tel n'est pas le cas, il faut d'abord traiter la cause du trouble. Ce n'est qu'une fois les facultés de sommeil retrouvées que l'on peut espérer supprimer les traitements.

Le principe de sevrage est simple : diminution progressive du traitement par paliers suffisamment longs pour qu'il y ait une rééducation simultanée du cerveau. De un comprimé, vous passez par exemple à un demi-comprimé. Deux situations peuvent alors se produire.

Aucun trouble n'apparaît : vous restez à un demi-comprimé pendant une semaine au minimum avant de continuer à diminuer.

Les troubles du sommeil apparaissent : la diminution a été trop importante. Il faut revenir à un comprimé pendant deux ou trois jours puis redescendre, non pas à un demi mais par exemple à trois quarts de comprimé.

Là encore, les deux mêmes situations se présentent. Si cela entraîne encore un trouble du sommeil, il faut revenir comme précédemment à un comprimé pendant deux ou trois jours et diminuer à nouveau, mais en quantité moindre. Toutes les solutions sont bonnes (ciseaux, limes, changement de présentation du produit pour des gouttes plus faciles à doser...). Après un palier d'une semaine, on recommence l'opération, et ce jusqu'à l'arrêt complet. Parfois, les paliers peuvent être plus longs, par exemple quinze jours. Mais avec cette méthode, le sevrage est opéré sans perturbation majeure.

Certains préfèrent avoir recours à la manière forte : arrêt total et définitif. Les troubles du sommeil apparaissent inévitablement tant que la sécrétion des molécules indispensables n'est pas réapparue.

Cela demande en général dix jours. Si la personne accepte de tenir dix jours, elle peut espérer se débarrasser de façon rapide de sa dépendance. Mais cela peut parfois être plus long, et dans tous les cas cela entraîne de lourdes perturbations qui ne sont pas indispensables. La première méthode, plus douce et éprouvée, résout ainsi toutes les dépendances aux calmants, permettant à ceux qui le désirent d'être à nouveau libres.

Une chose est sûre : les tranquillisants ne permettent pas de résoudre le stress. Ils peuvent même réduire la capacité de l'individu d'y faire face. Parfois, ils engendrent somnolence, baisse de concentration, pertes de mémoire. Mieux vaut dans tous les cas prendre le problème à bras-le-corps et le régler avec d'autres solutions.

Les excitants

Une autre réponse inadaptée au stress est la prise d'excitants. Rien d'étonnant à cela puisque la fatigue est souvent le premier symptôme du stress. La prise d'excitants permet d'effacer cette fatigue et de retrouver de l'énergie. En fait, tout se passe comme si la personne puisait dans ses réserves sans être avertie de la nécessité de récupérer. Progressivement, une dépendance s'installe à nouveau. « Je ne peux plus démarrer ma journée sans avoir pris un café serré. J'en bois un au réveil pour pouvoir ouvrir les yeux puis un autre à mon arrivée dans le service, m'explique une infirmière qui travaille depuis cinq ans à l'hôpital Henri-Mondor, dans la région parisienne. Régulièrement, tout au long de la journée, je fais des pauses café. Si je ne les fais pas, je suis incapable de travailler efficacement. C'est devenu une véritable drogue. »

Bien sûr, on court le risque de ne pas s'apercevoir que nos réserves s'épuisent. Mais cela s'accompagne aussi d'excitations psychiques qui favorisent les troubles du sommeil et l'augmentation de la pression artérielle.

Le thé et le chocolat agissent de la même façon. Il n'existe pas de quantité minimale ou maximale adéquate. La seule règle serait, en cas de doute, de se poser deux questions :

— Pourrais-je continuer à être en forme si je n'en prenais plus ?

— Suis-je dépendant du café-chocolat-thé ?

Si vous répondez non à la première question et oui à la deuxième, vous devez casser ce cercle infernal qui masque la cause réelle du stress.

Se jeter à corps perdu dans le travail

«Pierre est un vrai drogué du travail, m'explique Claire, son épouse. Cela devient infernal. Il apporte du travail à la maison, en vacances, il est incapable de se tenir tranquille un instant. Il rentre à des heures impossibles… Nous n'avons plus aucune vie de couple. Je ne sais pas quoi faire.» Pierre fait partie des stressés dépendants du stress ! Lors d'un stress, se produisent de multiples sécrétions endocriniennes comme l'adrénaline, la noradrénaline, le cortisol, mais également (et cela a été mis en évidence depuis peu) des neuroendorphines ou enképhalines. Ces substances sont directement sécrétées par le cerveau et ont une structure et une action proches de celle de la morphine.

Quand une sécrétion d'endorphines se produit, vous ressentez un bien-être, un apaisement, voire de l'euphorie, et cela ressemble étrangement à ce que l'on appelle «bonheur». Cette sécrétion est provoquée naturellement lorsque vous êtes enthousiaste, joyeux, motivé. Elle se produit aussi après un stress pour vous permettre de faire face à l'agression.

Ce flot d'endorphines explique les sursauts d'énergie en cas de détresse, l'anesthésie totale d'une blessure importante, mais également la sensation de bien-être ressentie après une course de fond.

Tous ces stress déclenchent des endorphines dont on peut devenir dépendant. C'est le cas des marathoniens ou sportifs qui sont amenés à aller toujours plus loin pour profiter de cet état. C'est également le cas des personnes qui, progressivement, recherchent les stress professionnels pour ressentir toujours plus cette sécrétion d'endorphines. Cela explique pourquoi nous nous adaptons et pouvons nous accoutumer aux facteurs stressants et aux défis de la vie. Nous sommes alors amenés vers une dépendance. Nous avons besoin de trouver plus de stress, d'une part, pour libérer plus d'endorphines, et d'autre part pour lutter contre l'accoutumance. Car avec le temps, un véritable phénomène d'accoutumance s'installe. A dose de stress égale, l'organisme sécrète moins d'endorphines. Et il faut toujours plus de stress pour déboucher sur la sensation de plénitude. C'est un cercle vicieux. Vous n'êtes plus capable de prendre du repos sans ressentir un véritable manque. Conseiller à un drogué du travail de se reposer, c'est comme proposer à un drogué de drogues dures d'arrêter brutalement.

La dépendance au travail peut être variable selon les individus, mais elle se caractérise toujours par l'incapacité de rester en place. L'individu a besoin d'agir. Pour rompre ce cercle vicieux, il faut se désaccoutumer progressivement. Débuter par des pauses, des demi-journées où l'on ne travaille pas, puis des week-ends entiers du vendredi soir à 20 h au lundi matin à 8 h.

Ce problème pourrait porter à sourire s'il n'était aussi fréquent. Le bilan n° 8 vous permettra de vous situer dans cette dépendance au stress. De nombreuses caractéristiques appartiennent aussi à la personnalité de type A.

Pierre, dont son épouse Claire nous a parlé, a répondu par l'affirmative à toutes les questions.

Bilan n° 8 : suis-je un drogué du stress ?

	Oui	Non
1. Etes-vous toujours en train de courir et dit-on de vous que vous ne tenez pas en place ?		
2. Faites-vous plusieurs activités à la fois ?		
3. Travaillez-vous mieux sous la pression d'une urgence ?		
4. Attendez-vous la dernière minute pour agir ?		
5. Etes-vous plus concentré quand les délais sont courts ?		
6. Etes-vous plus stimulé quand vous êtes stressé ?		
7. Etes-vous plus créatif sous la pression du stress ?		
8. Faites-vous mille choses en vacances ?		
9. Avez-vous le sentiment de ne pas tenir en place ?		
10. Avez-vous horreur de ne rien faire ? Si tel est le cas, cela déclenche-t-il une angoisse ?		
11. Avez-vous horreur de faire la grasse matinée, cela vous angoisse-t-il ?		
12. Avez-vous horreur de rester allongé à la plage, cela vous angoisse-t-il ?		
13. Aimez-vous les sensations fortes (fêtes foraines, films, conduite, sports...) et cela vous procure-t-il du plaisir ?		
14. Aimez-vous aller à la limite de vos possibilités physiques et cela vous procure-t-il une sensation de plénitude agréable ?		
15. Après deux ou trois jours de vacances loin du bureau, ressentez-vous le besoin de téléphoner pour savoir comment cela se passe, et si cela n'est pas possible, vous sentez-vous angoissé ?		

	Oui	Non
16. A votre retour de vacances, vous précipitez-vous à votre travail avec le sentiment apaisant d'être enfin rentré?		
17. Rester à ne rien faire vous procure-t-il des angoisses?		
18. La pratique de la relaxation, le yoga et la méditation vous sont-ils insupportables parce que «ça ne bouge pas assez» pour vous?		
19. Vous ennuyez-vous rapidement dans certaines conversations ou situations peu agitées?		
Total		

Seul élément discordant, il n'aime pas les films ou les jeux procurant des sensations fortes. Au contraire, il préfère les jeux de patience et les films mélodramatiques. Cela ne l'empêche toutefois pas d'être *a priori* dépendant du stress. Pierre a trouvé une solution pour se «sevrer» de son activité presque pathologique. Nous avons décidé d'un commun accord qu'il parte un week-end en thalassothérapie. La moitié de la journée se passerait en soins. L'autre moitié à rester détendu dans sa chambre à lire. Pierre est ravi de cette proposition car il adore lire, mais il n'en trouvait plus le temps. Accompagné de l'ensemble des autres conseils, cela a permis à Pierre de rapidement prendre du recul et d'être à nouveau lui-même avec une efficacité tout aussi grande sinon supérieure. Et cela sans créer aucune frustration ni aucun stress supplémentaire. Sa femme en est ravie.

Les habitudes de vie antistress

Nous avons évoqué un certain nombre de méthodes employées intuitivement pour dépasser le stress. Malheureusement, si elles sont effectivement efficaces, elles génèrent *a posteriori* des inconvénients peut-être encore plus grands que les stress initiaux. Cependant, ce comportement démontre bien la quête innée vers des solutions antistress et le recours à celles dont nous disposons dans notre société.

A côté de ces solutions néfastes, il en existe d'autres beaucoup mieux adaptées et tout aussi accessibles. Encore faut-il les connaître pour pouvoir les appliquer. C'est ce que nous allons aborder maintenant.

L'exercice physique

La pratique régulière, à dose raisonnable, d'un exercice physique est l'un des meilleurs moyens de lutter contre la vie stressante, les chocs affectifs, émotionnels ou professionnels, la vie citadine.

Le corps a besoin de bouger. Nous l'avons vu, le stress est un mécanisme qui prépare à l'action mais qui, dans la plupart des cas, n'aboutit pas. Faire de l'exercice physique permet en quelque sorte d'éliminer le surplus d'énergie accumulée et d'extérioriser l'autoagressivité.

Lors de mes études de biologie et médecine du sport, une étude était conduite dans le service de médecine du sport du CHU Henri-Mondor sur l'intérêt de la pratique sportive chez les spasmophiles. Les résultats positifs ne s'étaient pas fait attendre. Les électromyogrammes* (EMG) avaient rapidement rendu leur verdict. Avec une pratique sportive progressive et régulière, les EMG décelaient moins d'anomalies. Bien évidemment, dans le même temps, les signes cliniques de la spasmophilie s'atténuaient dans la vie quotidienne. Moins de crampes, de tremblements, d'oppressions...

---

* L'EMG consiste à apprécier la vitesse de conduction du message nerveux vers le muscle.

Pour que la pratique sportive porte ses fruits, il faut néanmoins que vous suiviez quelques recommandations :

Ayez une pratique régulière

L'irrégularité conduit à un stress supplémentaire car l'organisme doit subir des contraintes d'adaptation qui sont loin de ne lui apporter que des bénéfices. Croire que l'on peut rattraper, pendant sept jours de ski ou de tennis, l'absence sportive de toute une année est une ineptie dangereuse. On peut ainsi se faire plaisir, c'est entendu, mais certainement pas gommer le stress d'une année ou entretenir sa forme physique. C'est la régularité, à raison de deux ou trois heures par semaine, qui peut procurer un effet positif d'entretien.

Ayez une pratique progressive

Combien d'hommes, âgés de la quarantaine, se réveillent brutalement un matin et s'examinent dans la glace avec inquiétude : « Est-ce bien moi ? » Happés par leur vie familiale et professionnelle depuis vingt ans, il leur a fallu construire et assurer la sécurité. Mais cela au détriment du sport qu'ils avaient si brillamment pratiqué à l'université. « C'est décidé, je m'y remets cette semaine. » Achat de chaussures neuves, d'un jogging et, le dimanche matin, monsieur stoppe sa voiture dans les allées du bois de Vincennes ou de Boulogne. Mais voilà : le temps a passé — vingt ans, ça compte — tellement vite qu'il se croit capable aujourd'hui de reproduire ses performances d'antan. Il a du mal à accepter que ses capacités soient moindres. Ce serait reconnaître qu'il vieillit. Et justement, ce sursaut sportif trouve sa raison dans la négation du vieillissement. Alors, après dix minutes de course à pied au rythme soutenu de sa jeunesse, il s'écroule tristement, revient en marchant, en soufflant, en crachant, tout en se disant : « Ce n'est pas pour moi, c'est trop ridicule. » Si cela s'est produit sur un court de tennis pendant les vacances, on s'est claqué un tendon, on a déclenché une douleur.

Non! Il faut reprendre progressivement en fonction de ses possibilités. Tout changement brutal, ressenti comme excessif par le corps, lui nuit plus qu'il ne lui apporte. Écouter ses réactions, son rythme respiratoire, suivre ses indications est la meilleure façon de savoir comment pratiquer.

Ayez une pratique raisonnable

L'excès nuit toujours. Il en est du sport comme des autres activités. Les sportifs de haut niveau sont des stressés permanents. Un peu de sport est bénéfique, beaucoup de sport est préjudiciable. Un entraînement intense aboutit à une fragilisation du corps : systèmes musculo-tendineux, système cutané, système immunitaire en souffrent les premiers. Ce qui est vrai pour les sportifs de haut niveau, en général des athlètes hors du commun dotés de capacités exceptionnelles, l'est également pour vous, pour moi, pour nous tous. A une différence près : nos limites sont bien plus basses. Combien de cours d'aérobic, pendant les années 80, ont déclenché des pathologies ? Combien de cours de body-building ont détruit des organismes plus qu'ils ne les ont construits ? Entendons-nous bien : ce n'est ni l'aérobic ni le body-building qui sont à remettre en cause, mais l'utilisation exagérée et inadaptée qui en est faite. Une pratique régulière, progressive, sans excès, est une source de plénitude, de meilleure utilisation de ses ressources, et contribue tout à fait à maintenir un équilibre personnel en éliminant de nombreux stress inhérents à la vie.

Un dernier conseil : pratiquez un sport que vous aimez. Ce conseil peut paraître superflu, mais dans ma pratique médicale, combien ai-je vu de personnes qui se décidaient à faire du sport par raison, sans véritablement aimer ce qu'elles allaient entreprendre ? Le résultat est rapide : abandon total et définitif. Choisissez donc un sport qui vous plaît, vous amuse, et avant toute chose faites-en un jeu.

Le sport pratiqué de façon modérée, mais suffisamment et régulièrement, peut véritablement être assimilé à un traitement spécifique autant des maladies fonctionnelles que des maladies organiques liées au stress.

L'activité physique: un véritable médicament

Dès la troisième semaine, après la survenue d'un infarctus, le sport devient un médicament tout à fait bénéfique. Il fait partie intégrante de la rééducation, pour retrouver un cœur sain. Dans ce cadre, comme pour les autres pathologies que nous allons citer, il est évident que la pratique sportive est assujettie à un contrôle médical et peut dans quelques cas être contre-indiquée. Dans le cas de l'angine de poitrine, les bénéfices sont identiques. Dans l'hypertension artérielle labile ou avérée, la pratique sportive régulière, dès le deuxième mois, permet de faire chuter de deux ou trois points la pression. Autant la maxima que la minima. L'intérêt est évidemment considérable, car une personne ayant 17-10, c'est-à-dire devant recevoir un traitement antihypertenseur, verra sa pression artérielle s'abaisser à 15-9, et évitera ainsi le traitement médicamenteux.

Les personnes sujettes au cholestérol ont également tout à gagner à prendre de l'exercice. Par la pratique régulière du sport, le taux de cholestérol est abaissé. En fait, il y a de façon concomitante une élévation du HDL, le «bon» cholestérol, et une baisse du LDL, le «mauvais» cholestérol, celui qui se dépose sur les parois artérielles. Dans ces conditions, la pratique du sport diminue les risques de toutes les maladies cardio-vasculaires. Pour les diabétiques, le sport constitue un complément efficace. Le diabète insulinodépendant n'est pas toujours bien équilibré. Les variations du taux de sucre dans le sang sont permanentes, et les malades risquent tout à la fois les malaises hypo- et hyperglycémiques. Le sport contribue à stabiliser la glycémie et atténue le besoin d'insuline.

Enfin, l'excès de stress provoque parfois des troubles du comportement alimentaire, que le sport peut enrayer. Ces troubles peuvent engendrer obésité ou amaigrissement. Le sport n'a jamais fait maigrir, mais il contribue à la régulation du comportement alimentaire et participe à la reconstruction de la masse maigre.

Dans beaucoup d'autres maladies, en fait toutes celles pour lesquelles le stress est un cofacteur important, la pratique du sport peut être considérée comme un véritable médicament et doit faire partie du traitement. Ce sont les sports d'endurance qui sont les plus bénéfiques (marche rapide, natation, ski de fond, course à pied). Ces sports aérobic développent la capacité de l'organisme d'utiliser directement l'oxygène : ils doivent, pour être efficaces, être pratiqués au moins une demi-heure deux à trois fois par semaine, pendant toute la vie.

La pratique du yoga

Cette méthode, plus que millénaire, est issue du monde indo-européen. Elle s'est essentiellement développée en Inde et propose comme objectif de nous aider à apaiser notre esprit. Son combat est par excellence celui qui est mené dans la gestion du stress. Il fait appel pour cela non seulement à un ensemble d'exercices physiques, mais aussi à des conseils de vie, à des exercices sur le souffle et à tout un ensemble de pratiques psychosensorielles. Ces quatre aspects sont enseignés dans les pays occidentaux, et il est facile de participer à des cours.

Les exercices physiques, appelés asanas, doivent être pratiqués avec un respect extrême de vos possibilités, sans jamais aller au-delà et vous faire mal. Ce principe en fait une méthode parfaitement adaptée à tous ceux qui souffrent de maux physiques, car les postures sont adaptées et les efforts parfaitement dosés.

Que vous désiriez le pratiquer assidûment ou seulement une fois par semaine, le yoga vous permettra de dénouer votre corps physique et votre mental.

« Je n'en ai pas ressenti les effets immédiatement, confie Monique, qui pratique le yoga depuis dix-huit ans. Au début, mon professeur venait même m'encourager, car la première séance a redoublé mes angoisses. Aujourd'hui, quand je vois ma belle-sœur, je me dis que j'étais exactement comme cela. C'est le stress et l'angoisse qui la paralysent et lui provoquent toutes ces douleurs et brûlures. Si elle savait respirer comme je l'ai appris, elle pourrait s'en tirer facilement. Quand il m'arrive de sentir des manifestations de ce genre, je pratique tout de suite quelques exercices de respiration et je les maîtrise sans problème. Je n'imaginerais pas revivre ce que vit ma belle-sœur. J'espère qu'elle va pouvoir s'inscrire à un cours. »

Ce que me confia Monique concorde tout à fait avec ce que m'ont dit les centaines d'élèves que j'ai rencontrés. Ils considèrent tous que le yoga les a particulièrement aidés dans leur lutte contre le stress. Selon plusieurs enquêtes sur la motivation des élèves à la pratique du yoga, dont une que j'ai dirigée au sein de l'association Médecine et Yoga, 40 à 70 %, selon les études, avouent s'inscrire pour des raisons de santé !

Outre les exercices physiques, le yoga a particulièrement développé les exercices sur le souffle. Charnière entre le physique et le mental, entre le conscient et l'inconscient, entre notre monde intérieur et le monde extérieur, le souffle représente pour le pratiquant de yoga l'un des moyens les plus efficaces pour l'aider à développer ses potentiels et ses « énergies ».

Les conseils donnés par le yoga constituent un chapitre essentiel, dans lequel se retrouvent la majorité des conseils évoqués dans les autres chapitres de cet ouvrage : tenir compte de ses possibilités, être sincère, savoir tourner la page... autant de manières d'être et de penser qui vous permettent d'éviter le stress.

Enfin, l'ensemble des exercices psychosensoriels ont inspiré directement ou indirectement toutes les méthodes modernes de relaxation, visualisation, concentration... Depuis des millénaires, toutes ces techniques font partie du yoga.

Le yoga est donc aujourd'hui une excellente méthode globale et complète, praticable par chacun, et adaptable à tous. La formation des enseignants de yoga offre de plus en plus de garanties, et les milliers d'enseignants, en France comme en Europe, sont généralement compétents.

Les rythmes biologiques

C'est là certainement une des révolutions de la science médicale des dernières années : avoir pris conscience des rythmes de la vie. La science qui les étudie s'appelle la chronobiologie, et son initiateur est un Français, le Pr Reinberg.

Dans la vie, tout est rythme. Jours et nuits se succèdent dans une valse interminable, les saisons s'engendrent les unes les autres... et la grande aiguille balaie inlassablement les douze heures du cadran pour recommencer immédiatement après.

A côté du temps physique, du temps psychologique, du temps astronomique, existe le temps biologique. Toutes les sécrétions du corps sont rythmées et variables d'un moment à l'autre de la journée et de la nuit. La sécrétion de cortisol, par exemple, connaît un pic le matin vers 5 h. Ce fut l'un des premiers à être bien connu. Des dizaines d'autres pics du même genre s'entrecroisent. Tout se passe comme si des horloges internes, peut-être deux, peut-être plus, contribuaient à régler, de l'intérieur, ce ballet incessant de la vie, en intime connivence avec les rythmes extérieurs imposés : le lever du soleil, son coucher... Pour mieux faire face aux conditions extérieures, notre organisme prévoit quelles en seront les demandes, de façon à être parfaitement synchrone. Respecter ses propres rythmes permet de mieux faire face aux diverses situations rencontrées. Le rythme essentiel à respecter est celui de l'alternance entre l'activité et le repos, de même que l'alternance entre la veille et le sommeil.

Le sommeil

Nous n'épiloguerons pas sur la nécessité du repos après un effort, et surtout après un stress important. Il est indispensable pour retrouver un état normal et récupérer ses réserves. Voilà qui nous ramène à la dépendance au stress et à l'activisme. Articuler repos et activité est la première règle.

Le sommeil est une fonction essentielle. Curieusement, indépendamment des véritables troubles du sommeil, nombreux sont nos concitoyens qui ne dorment pas assez, sans avoir aucun trouble ni d'endormissement ni de réveils intempestifs. Se coucher tard et se lever tôt engendre rapidement une carence en sommeil, avec toutes ses conséquences néfastes : hypersensibilité aux stress, fatigue, baisse de concentration, pertes de mémoire, troubles relationnels, irritabilité... Le manque de sommeil augmente le risque d'accident, dans les emplois où la vigilance est requise. Les conséquences financières sont incroyablement élevées et ne font que s'accroître au fur et à mesure de l'évolution technologique de nos sociétés. Il y a deux raisons à cela. La première est la mauvaise habitude prise dès l'enfance. Bébé se couche tard car ses parents veulent rester un peu avec lui à leur retour du travail. L'habitude de veiller se prend ainsi très tôt. A l'école déjà, le manque de sommeil se fait ressentir. Il ne faut pas oublier que, statistiquement, le nombre d'heures de sommeil est en relation directe avec les résultats scolaires. Plus l'enfant dort longtemps, meilleurs sont ses résultats. Or que voit-on en général devant les écoles le matin à 8 h 30 ? Des enfants ensommeillés, avec des yeux fatigués. Rien d'étonnant, alors, à ce qu'ils soient excités ou endormis durant les cours ! Les enseignants réclament à juste titre des modifications du rythme scolaire. Mais il est une amélioration simple, à la portée de tous : l'amélioration du sommeil des enfants. Hélas ! elle ne dépend ni de lois, ni des finances publiques, mais de la simple volonté personnelle.

Bon sommeil = bon réveil

Comment savoir si un enfant a assez dormi ? Exactement comme pour un adulte : il doit SE RÉVEILLER SEUL et spontanément. Si un réveil doit sonner ou si les parents doivent le réveiller, c'est qu'il n'a pas suffisamment dormi (sauf cas pathologiques extrêmement rares d'hypersomnie).

La majorité des parents ne sont pas à l'écoute de ce besoin et pensent qu'il est normal de se réveiller artificiellement le matin. La seule solution réside dans le déplacement de l'heure du coucher. Celle-ci doit être avancée en fonction des besoins spécifiques de l'enfant, qui sont extrêmement variables.

Pour vous, le raisonnement est le même : couchez-vous suffisamment tôt pour vous réveiller à l'heure de votre choix en ayant le nombre d'heures de sommeil nécessaire à votre équilibre. Le plus grand ennemi actuel du sommeil est sans conteste la télévision. Assis confortablement dans un fauteuil, nous nous laissons tenter par les programmes qui rivalisent d'ingéniosité pour distraire l'esprit. Les minutes s'écoulent, les films, les émissions et les reportages se suivent, happant notre concentration et nous faisant oublier la fatigue.

Le rythme biologique interne, crucial pour notre bonne santé, doit être scrupuleusement respecté. Le sommeil n'est pas une perte de temps, c'est une phase active de notre vie. Ce n'est en rien une « petite mort », mais au contraire une « réjuvénation ». La mémoire est stockée, les hormones sont sécrétées (surtout les hormones de croissance chez l'enfant), le métabolisme est stimulé, les tensions sont éliminées.

Un bon sommeil est le garant d'une vie dans laquelle le stress est bien géré. Au moindre manque de sommeil, il faut programmer une plage de récupération le plus rapidement possible.

Marcel, qui actuellement doit honorer une importante commande, a une surcharge de travail, qui l'oblige à travailler tard. De ce fait, il rentre chez lui vers 21 h 30 et dîne avec son épouse. Puis, harassé, il allume son poste-écran extraplat pour se détendre. A cette heure, Michel Drucker ou Patrick Sabatier animent une émission de variétés. Cela lui convient tout à fait. Il peut discuter avec sa femme sur fond de musique et de distraction. Une heure après, il zappe pour prendre une autre émission qui le conduit jusqu'à minuit et parfois 1 h du matin. Là enfin, il pense à regarder quelques dossiers qu'il a apportés et ne se couche que vers 2 h lorsque ses paupières le trahissent. Chaque matin, lorsque le réveil sonne trop fort, il se promet de ne plus veiller aussi tard… Sans résultat !

Parfois, il est nécessaire de limiter son sommeil pour faire face à une surcharge momentanée de travail.

Les périodes « coup de feu » existent. Mais elles resteront supportables si elles sont limitées. Quelques rares personnes, exceptionnellement résistantes, supportent un train d'enfer permanent. Mais pour la majorité, les imiter conduit rapidement à la catastrophe. Cela ne veut pas dire qu'il ne faille pas assurer un surcroît de travail, de tensions, de stress pendant une période. Mais ce que l'on peut supporter momentanément ne peut se prolonger indéfiniment. Si vous subissez un surmenage momentané qui effectivement vous fatigue, vous pourrez néanmoins retrouver un équilibre et rétablir un quota de sommeil compatible avec votre détente et votre bon fonctionnement.

Bon rythme = bon sommeil

Mais comment retrouver un bon rythme de sommeil, que ce soit après un rythme d'enfer ou une lente désorganisation du sommeil?

Il existe pour cela un préalable indispensable : se resynchroniser. Il faut, après avoir éliminé les variations irrégulières du cycle, tels les grasses matinées ou le travail nocturne, renforcer l'activité diurne. Cela permet d'amplifier le décalage thermique sur le cycle des vingt-quatre heures, de la température centrale qui conditionne la qualité du sommeil et de l'éveil. Plus ce décalage est régulier, ample et recalé sur vingt-quatre heures, plus la qualité de votre sommeil sera bonne. Une vie régulière avec des horaires de coucher et de lever ne variant pas permet à la température du corps de s'abaisser le soir et de faciliter l'endormissement de façon réflexe.

Lorsque l'on sait à quelle heure on se réveillait spontanément en forme, avant d'avoir des troubles du sommeil, il faut s'efforcer de la retrouver. En effet, l'heure du lever est le synchroniseur le plus important et le plus facile à conditionner.

Au début, si vos réveils sont difficiles, vous pouvez faciliter la remontée de la température en prenant une douche chaude ou en faisant quelques minutes d'activité physique modérée d'abord puis plus intense.

Bien évidemment, vous respecterez des horaires de repas du soir réguliers, vous veillerez à avoir des soirées relaxantes, et vous dormirez dans une pièce calme et légèrement fraîche. Supprimez tout excitant après 16 h et tout alcool le soir. Pratiquez le yoga ou la relaxation le soir.

Les remèdes

La phytothérapie met à votre disposition un choix très important de plantes. La valériane, la passiflore sont les plus utilisées en France de façon traditionnelle, et ce depuis l'Antiquité. La ballote est une alternative vraiment intéressante lorsque ces deux premières sont insuffisantes. De nombreuses préparations sont disponibles en pharmacie, comme le mélange Santane n° 9, Euphytose, Spasmine, Passional, les arkogélules…

Un autre procédé qui donne satisfaction est celui de l'autoacupuncture. On applique de petits cônes en plastique sur le septième point du méridien du cœur, juste au-dessus de la styloïde cubitale au poignet. Ce sont les isocônes. L'acupuncture, les oligoéléments sont abordés plus spécifiquement dans la rubrique des remèdes généraux du stress.

Attention aux fausses préparations phytothérapiques ou homéopathiques incluant des barbituriques comme le phénobarbital. Les barbituriques (Immenoctal, Binoctal) ne doivent pas être utilisés dans les troubles du sommeil. Les benzodiazépines de demi-vie courte ou moyenne (Halcion, Havlane, Mogadon, Normisson, Noctamide) et de demi-vie longue (Rohypnol, Narcozep, Noriel, Nuctalon) modifient les phases du sommeil. Elles en augmentent certaines, et en diminuent d'autres. Elles ne doivent pas être prescrites au long cours, ni de façon chronique, sous peine d'altérer la récupération psychique.

Les neuroleptiques (Nozinan, Texian, Largactil), tout comme les antihistaminiques (Phénergan, Théralène), ne doivent pas être utilisés à cause de leurs effets secondaires neurologiques (dépression, hypotension, indifférence) et endocriniens (perturbation du cycle menstruel féminin).

Quelques nouveaux produits comme l'Imovane ou le Stilnox ne perturbent pas les différentes phases du sommeil. Ils semblent avoir moins d'effets secondaires mais ne doivent être utilisés qu'après les remèdes plus naturels évoqués plus haut.

Observez vos rythmes

Nous sommes tous différents, mais nous avons tous des rythmes. Vous êtes du matin ou du soir selon vos habitudes, votre éducation, votre personnalité. Mais il existe malgré tout des similitudes chez tous les êtres humains. La plus grande efficacité, pour ce qui est du travail intellectuel, se situe vers 10 h du matin. La vigilance est alors maximale. Elle diminue progressivement jusqu'à 13 h pour remonter vers 18-20 h, puis décroître à nouveau et être à son minimum à 3 h du matin.

Que faut-il en retenir ?

D'une façon générale, il y a deux périodes d'efficacité minimale : 3h du matin et 15h. Ces deux creux correspondent au sommeil pour le premier, et vraisemblablement à un reliquat de la sieste pour le deuxième. Car cette baisse de la vigilance en début d'après-midi est indépendante de la prise du repas. Elle est souvent qualifiée de somnolence postprandiale, mais injustement. Chez certaines personnes, cette fatigue prend la forme d'un coup de barre extrêmement gênant. La deuxième leçon à retenir de cette courbe est l'existence de deux périodes où nos facultés cognitives sont maximales : 10 h et 19 h.

Bien connaître ces rythmes permet de tirer un meilleur parti de ses possibilités. Ne prévoyez pas un entretien décisif à 14 h, n'ouvrez pas votre courrier à 10 h. Dans le premier cas, vous risqueriez de ne pas disposer de toutes vos ressources, dans le deuxième, de sous-utiliser vos possibilités.

Toutefois, les processus mentaux diffèrent les uns

des autres. Certaines activités échappent à ce rythme fondamental de base.

Sachez reconnaître vos horaires d'efficacité

D'abord la valeur maximale d'efficacité intellectuelle est fortement influencée par la qualité du sommeil et tout particulièrement du sommeil paradoxal. La vue et l'ouïe ont une meilleure acuité en fin de journée. L'habileté manuelle suit la même courbe en s'améliorant en fin de journée. La mémoire à long terme suit la courbe de l'excitation du système nerveux humain : elle est maximale à 20 h. Ainsi, la mémoire à long terme s'améliore au cours de la journée pour culminer vers 20 h. Pour la mémoire à court terme, il en va autrement. Celle-ci est plus efficace le matin, avec son apogée à 10-11 h, et moins bonne le soir à 20 h. La mémoire à court terme nous sert à traiter des données sans grande importance. A l'inverse, la mémoire à long terme nous permet de mémoriser les événements excitants et intéressants. Tous ces mécanismes sont particulièrement influencés par la personnalité. Les tempéraments extravertis, qui ont tendance à agir avec impulsivité et qui sont plutôt des « couche-tard », connaissent une meilleure forme en fin de journée. A l'inverse, les tempéraments introvertis, plutôt « lève-tôt », seront plus en forme en début de journée. De fait, si les « lève-tôt », qui sont dans un état d'excitation important, prennent un excitant le matin comme la caféine, ils se verront entravés dans leurs capacités, mais pris le soir, le café améliorera leurs performances. C'est le contraire pour les « lève-tard » qui profitent mieux d'une prise de café matinale.

Mais les uns comme les autres peuvent atténuer ces différences en s'entraînant ; plus encore s'ils travaillent ensemble.

Enfin, la motivation, l'intérêt, l'urgence, la volonté peuvent complètement renverser les rythmes et renforcer la vigilance si cela s'impose. N'oublions pas que notre cortex se caractérise par son volume et qu'il peut prendre le pas sur la majorité des fonctions sous-jacentes, même si celles-ci agissent en toile de fond.

Si vous découvrez votre courbe personnelle d'efficacité, vous contrarierez moins votre organisme. Lorsque vous vous acharnez sur un travail créatif, et que votre concentration baisse, demandez-vous si vous n'êtes pas à une période de baisse de vigilance. Si c'est le cas, arrêtez-vous et remettez votre travail à un moment plus favorable. Sinon vous risquez de mettre trois fois plus de temps, de faire plus d'erreurs et d'en tirer de la frustration. Analysez-vous bien, c'est la seule façon de profiter au maximum de vos rythmes.

Si vous êtes à l'écoute de vos rythmes, vous vous réglerez facilement. Ce n'est pas tout : vous connaîtrez vos capacités de résistance à l'effort et de concentration, et vous serez plus efficace dans votre travail.

La durée de travail efficace varie d'un individu à l'autre. Néanmoins, il est rare de pouvoir travailler plus d'une heure d'affilée sans que le rendement en soit durement affecté.

Les dix premières minutes de travail sont, d'après Lothar J. Seiwert, les mieux exploitées. Après cette période, il y a une décroissance progressive jusqu'à trente minutes. On est alors à 70 % de ses capacités. Puis nous abordons un plateau stable jusqu'à cinquante minutes. Alors survient un brutal effondrement pour arriver à une concentration nulle.

Il faut donc prévoir des pauses de dix minutes toutes les heures. C'est une règle bien connue des enseignants. Cela ne peut qu'améliorer l'efficacité de la concentration. Toutefois il ne faut pas dépasser ces dix minutes, sans quoi la reprise du travail s'avérerait trop longue.

Allez boire un verre d'eau, allez aux toilettes, allez porter un document… Dans la majorité des cas, vous vous apercevrez que, spontanément, vous faisiez déjà ces pauses. Ne vous en culpabilisez pas, bien au contraire, car elles vous sont bénéfiques. Mais attention, elles doivent aussi prendre en compte les rythmes des autres. Vous pourriez aller à l'encontre du but à atteindre si vous dérangez en permanence les autres dans leurs rythmes. Certaines tâches différentes peuvent très bien convenir pendant la pause : lire une lettre, y répondre, téléphoner...

Respectez vos rythmes, ne vous surmenez pas

En définitive, mieux connaître ses rythmes conduit à mieux prévoir et mieux utiliser ses ressources. La clé de voûte de cet édifice étant la prévention du surmenage par l'alternance entre repos et activité. Chaque jour, vous êtes différent. Parfois moins en forme, parfois plus. Il n'existe pas de recette magique, comme avait pu le laisser croire à une certaine période la méthode des biorythmes. S'il existe bien des rythmes du vivant, ceux-ci sont infiniment plus complexes que l'association de trois simples courbes invariables.

Etre conscient de vos possibilités, et surtout percevoir les signes précurseurs de fatigue, vous permet de ne plus aller à l'encontre de votre organisme, mais au contraire de faire équipe avec vous-même. Travailler en période de surmenage ne vous conduira qu'à la frustration, aux erreurs et à la maladie.

Les rythmes saisonniers

De même qu'il existe des rythmes circadiens d'à peu près vingt-quatre heures, et ultradiens de moins de vingt-quatre heures, il existe des rythmes circaniens évoluant sur l'année. Quelle personne souffrant de spasmophilie n'a pas remarqué une aggravation de ses troubles au printemps ou à l'automne ?

Myriam, comptable dans une administration depuis seulement deux ans, ressent régulièrement, vers les mois d'octobre et de mars, une fatigue inexpliquée. «A l'examen, le signe de Chwostek est alors systématiquement présent», me dit-elle. Cet examen consiste à taper sur la joue avec un petit marteau à réflexes. Dans le cas d'une augmentation de la sensibilité neuromusculaire, les muscles de cette région se contractent. A chaque petit coup porté, la lèvre supérieure de Myriam se relève effectivement.

L'explosion du printemps

Myriam, qui se connaît bien, me consulte dès les premiers signes pour rétablir sa forme habituelle. Si elle ne le faisait pas, ce serait comme auparavant. Les troubles s'installeraient progressivement, jusqu'à lui interdire les transports en commun à cause de ses angoisses.

Pour d'autres personnes, la baisse de forme peut se manifester à d'autres périodes. Jacques, qui a cinquante-trois ans, vient consulter à la mi-septembre. «Je ne comprends pas, dit-il, je rentre tout juste de vacances, je me suis reposé, je n'ai pas de soucis particuliers et je me sens lourd. J'ai envie de dormir après les repas, je suis ballonné, j'ai l'impression de gonfler à vue d'œil, et surtout je n'arrive plus à me concentrer.»

Jacques exprime très clairement ce que de nombreuses personnes ressentent à cette période de l'année. Les acupuncteurs connaissent bien ce trouble. Il faut alors stimuler leurs ressources pour leur permettre de dépasser le cap difficile de l'entrée dans l'automne. Cette asthénie ne doit pas être confondue avec le prologue d'une autre affection très pénible : la dépression automno-hivernale.

Le manque de lumière

Au centre de notre cerveau siège une glande : l'épiphyse. Elle a pour rôle de nous relier aux rythmes exogènes, principalement le soleil. Cette glande, appelée aussi glande pinéale, se comporte un peu comme un troisième œil et est très sensible à la lumière. Lorsque arrive l'automne, la durée des jours, et donc l'ensoleillement, diminuent. De ce fait, la glande pinéale ne reçoit plus la quantité de lumière nécessaire à son fonctionnement et se trouve déréglée. Tout se passe alors comme si cette glande ne pouvait plus sécréter les substances dont le corps a besoin pour être stimulé. Cette carence provoque une véritable mise au repos qui ressemble à une hibernation. Vous vous sentez fatigué, déprimé même, avec des sentiments de tristesse, de culpabilité, un manque d'objectifs et des troubles du sommeil. Mais contrairement aux insomnies consécutives à la dépression, ces troubles du sommeil se caractérisent par une hypersomnie : vous avez en permanence envie de dormir et vos huit heures habituelles ne suffisent plus.

Ce trouble vous guette d'autant plus que vous travaillez à l'intérieur.

Jacqueline part de chez elle le matin à 7 h 45. L'hiver, il fait encore nuit. De là, elle prend le RER pour arriver directement à la Défense où elle n'a pas besoin de sortir pour atteindre son bureau. Toute la journée elle y reste enfermée. Malgré les murs vitrés, la lumière est nettement insuffisante. Il faudrait que Jacqueline reste le nez collé à la fenêtre pour recevoir les photons nécessaires. Quant à l'éclairage artificiel classique, il est nettement insuffisant. A 17 h 30, Jacqueline repart en sens inverse. Lorsqu'elle sort, à 18 h 30, la nuit est déjà tombée. Total du temps exposé à une lumière naturelle et d'intensité suffisante : dix minutes le midi pour aller rapidement déjeuner au restaurant. Pourtant, le fait d'être à l'extérieur, même s'il y a des nuages, est suffisant pour stimuler l'épiphyse.

Connaître ces mécanismes permet de les prévenir, d'y remédier par l'utilisation de lampes style halogène, ou de prévoir en automne et en hiver des sorties à l'extérieur non seulement pour s'aérer, mais aussi pour se baigner de lumière. Une semaine au ski, comme une semaine au soleil des tropiques en décembre ou janvier, constitue de ce fait un excellent remède.

Si vous êtes de ceux qui connaissent une baisse de forme en hiver, tenez-en compte et prévoyez des vacances ou du sport en extérieur pour ne pas subir ces baisses de ressources.

Cependant, l'hiver n'est pas la seule saison à provoquer des troubles. L'été peut également amener son flot de stress : jambes lourdes, transpiration, rhumatismes inflammatoires s'aggravent à cette période et peuvent être une source de tension supplémentaire.

Stress et déplacements intercontinentaux

Nous sommes de plus en plus nombreux à utiliser des avions qui en quelques heures nous transportent à l'autre bout du monde. Il existe un stress spécifique lié à l'avion, que nous traitons au chapitre des déplacements. Mais ces voyages rapides provoquent aussi des perturbations des rythmes biologiques.

Ces troubles sont liés à l'existence d'horloges internes responsables des multiples sécrétions physiologiques. Il existe au moins deux principales horloges, responsables, l'une, du cycle sommeil-veille, l'autre, du cycle de la température. Chacune est en interaction avec l'autre. Leur rythme spontané est supérieur à notre rythme de vingt-quatre heures (temps que la Terre met à faire un tour sur elle-même par rapport au Soleil). Cette durée est d'à peu près vingt-cinq/vingt-sept heures selon les individus.

Il y a vingt-deux ans, le 5 septembre 1972, Jean-Michel Siffre, géologue français, sort, après six mois d'isolement, de la grotte de Minuit, près de Del Rio, au Texas. Il y était descendu le 14 février et dormait à trente-cinq mètres sous terre, dans une tente en nylon. Il était relié à la surface par un téléphone qui ne lui donnait aucune information quant aux horaires. Il portait des électrodes qui informaient les scientifiques, en surface, du fonctionnement de son cœur, de sa pression artérielle, de son activité musculaire et cérébrale, et bien sûr des différents cycles de son sommeil. Il avait pour nourriture des aliments congelés identiques à ceux utilisés par les astronautes d'Apollo 16. Trois semaines après son isolement, il vivait déjà selon un rythme de vingt-six heures au lieu de vingt-quatre. Et le 30 avril, soit soixante-dix-sept jours après être descendu, Jean-Michel Siffre avait vécu seulement soixante-trois cycles biologiques au lieu de soixante-dix-sept. Après six mois, le cycle moyen d'une «journée biologique» était de vingt-huit heures. Pourtant, il avait véritablement eu le sentiment de vivre des journées d'une longueur tout à fait normale.

Progressivement, les horloges internes de Jean-Michel Siffre avaient dérivé. Sans rappel quotidien des synchroniseurs externes, la nécessaire synchronisation des rythmes ne se fait plus. Et les horloges internes imposent leur propre rythme.

Le cycle de vingt-cinq heures nécessite donc d'être raccourci tous les jours pour être synchronisé aux vingt-quatre heures terrestres. Cette avance de notre horloge se produit le matin, mais il existe des variations individuelles. Ainsi, les «lève-tard» ont une durée moyenne légèrement supérieure, les «lève-tôt» ont une durée moyenne légèrement inférieure. L'existence de ces horloges internes et le fait qu'elles ont un cycle de vingt-cinq heures expliquent nos réactions lors des changements brutaux de méridiens. Ces horloges ont une inertie qui ne leur permet pas de se resynchroniser rapidement. L'horloge responsable du cycle de la vigilance et du sommeil peut se resynchroniser en deux ou trois jours. Les troubles du sommeil se règlent donc habituellement dans ce laps de temps. Mais l'horloge responsable de la température corporelle a une inertie beaucoup plus grande et demande trois semaines pour se rééquilibrer. Ce n'est qu'au terme de cette période que vous serez vraiment en phase avec les nouveaux rythmes du pays.

Pourtant, comme nos cycles internes sont plus longs que les cycles externes, il est beaucoup plus facile de supporter un décalage horaire allant dans le sens d'une extension de la journée, comme un voyage Paris-New York, que l'inverse. En effet, en prenant le vol AF641 de 13 h 51 à Roissy-Charles-de-Gaulle, vous arrivez à l'aéroport John-Fitzgerald-Kennedy à 14 h, heure locale. La différence entre New York et Paris est de six heures, ce qui fait qu'à l'heure de votre coucher américain, vers 22 h, heure locale, il est encore pour votre organisme l'heure de Paris, soit 4 h du matin ! Mais comme votre horloge interne est extensible, elle aura le sentiment qu'il lui manque seulement entre trois heures et demie et quatre heures au lieu de six.

Inversement, au retour de New York, les six heures de décalage seront inversées. Vous devrez vous coucher plus tôt. A Paris, à 22 h, il n'est en fait pour vous que 16 h. Comme de surcroît votre horloge interne vit à un rythme de deux ou trois heures de plus, il vous faudrait raccourcir votre journée de huit heures trente.

Deux leçons sont à retenir : la première concerne la durée des séjours, la deuxième la récupération. Tout séjour inférieur à trois semaines interdit une resynchronisation totale. Si vous restez huit jours à New York, lorsque vous revenez, votre horloge de la vigilance s'est resynchronisée mais pas celle de la température. A votre retour à Paris, l'horloge des rythmes de veille et de sommeil devra à nouveau se rééquilibrer, alors que l'horloge de température ne sera pas totalement désynchronisée. Il faudra un délai de cinq jours à nouveau pour retrouver un sommeil normal, et de trois semaines pour la température.

Un séjour bref, inférieur à deux ou trois jours, est très bien supporté sur le plan de la vigilance. Malgré quelques inconvénients, on peut tout de même effectuer un travail nécessitant toutes nos compétences. Comme les horloges les plus profondes n'ont pas eu le temps de s'adapter, les capacités générales seront rapidement retrouvées au retour.

Pour un séjour long, en revanche, l'adaptation à New York se fera très bien. Mais le retour sera beaucoup plus difficile. Il ne faut donc pas prévoir des réunions ou des travaux importants après un retour du continent américain. Si tel est le cas, il faut absolument prévoir un délai de réadaptation. Le principe est le même, mais inversé, si vous devez aller en Extrême-Orient : Bangkok, Hong Kong, Tokyo… en fait, dès que vous dépassez Karachi, c'est-à-dire plus de trois heures de décalage, votre organisme s'en ressent surtout à l'aller et moins au retour.

Un de mes amis, Jean-Marie, qui est steward à Air France, a résolu le problème très simplement. Les vols l'arrêtaient à Anchorage, en Alaska, puis le conduisaient à Tokyo et à Kyoto. Jean-Marie partait en général une bonne semaine. Pour revenir en pleine forme, il vivait tout le temps de sa rotation à l'heure française. Bien sûr, il vivait à contretemps des Japonais. Armé de boules Quiès, de cache-lumière, il dormait le jour et vivait la nuit ! A son retour, toutes ses horloges se recalaient instantanément puisqu'elles n'avaient pas été perturbées. Après un jour, il était au mieux de sa forme et pouvait continuer à pratiquer le sport, qui était sa passion.

Bien que considérablement plus réduit, le mini-décalage du changement d'horaire de printemps et d'automne agit lui aussi sur notre organisme. Pour les mêmes raisons, le décalage du printemps, qui consiste à se lever une heure plus tôt, est un stress plus intense que celui de l'automne pour lequel nous restons une heure de plus au lit. Les introvertis, c'est-à-dire les « lève-tôt », supportent mieux le changement du printemps, et ce sont les extravertis, c'est-à-dire les « lève-tard », qui supportent mieux le décalage d'automne. Enfin, si vous êtes extraverti, vous supportez deux fois mieux que les introvertis les journées de travail continu qui ont pour effet de rallonger votre journée.

Les règles essentielles à respecter
lors d'un voyage en avion

1. Disposez toujours de boules Quiès et de masques de sommeil, pour pouvoir dormir lorsque c'est nécessaire. Bien souvent, c'est le meilleur remède aux différentes perturbations auxquelles vous serez exposé.

Dans la majorité des classes affaires, Business Class, Classe Club..., les masques et les chaussons sont offerts ; mais dans votre bagage-cabine, glissez toujours ce petit matériel, on ne sait jamais !...

2. Prenez avec vous une bouteille d'un litre et demi d'eau. Dans l'avion, la climatisation provoque une extrême sécheresse. La réhydratation est indispensable pour ne pas ressentir prématurément la fatigue.

Prenez une bouteille avec vous dès le début de façon à pouvoir boire très rapidement. Le personnel de bord est souvert occupé à des préparatifs pendant la première demi-heure. En emportant votre propre bouteille, vous êtes assuré de boire à volonté durant la première heure. Au-delà, demandez une bouteille.

3. Demandez au steward ou à l'hôtesse de ne pas vous réveiller pour le repas si vous souhaitez profiter de votre sommeil jusqu'au bout. Cette précaution est indispensable, surtout pour les vols transatlantiques qui arrivent en fin de nuit à Paris. Qu'il est pénible, en effet, d'être endormi profondément et de se voir réveiller trois quarts d'heure ou une heure avant l'atterrissage pour manger une omelette et boire une tasse de café !

4. Evitez l'alcool. Le goût est dénaturé. Vous ne pouvez apprécier les saveurs et les odeurs des grands vins. Cependant, un peu de vin peut engendrer un état de détente propice au voyage.

5. Méfiez-vous des rhinites avant votre départ. Vous savez que c'est une contre-indication aux vols, car la dépressurisation provoquée par l'altitude risque, à l'atterrissage, de provoquer une otite baro-traumatique. N'hésitez pas à avoir recours exceptionnellement à un vasoconstricteur.

6. Lorsque vous arrivez dans un pays avec un décalage horaire important, ayez recours à des désynchroniseurs comme les excitants, de façon ponctuelle, pour recaler vos rythmes sur ceux du pays.

Vous savez maintenant comment et pourquoi il faut tenir compte de ses rythmes biologiques. Vous savez que votre sommeil peut devenir votre meilleur allié. Il faut à présent aborder un autre domaine, tout aussi important : les besoins du corps.

Les besoins du corps

Ne pas aller au-delà de ses possibilités physiques, ne pas aller au-delà de ses possibilités de résistance au travail et de sa concentration permet de vivre en bonne intelligence avec son corps. C'est ce que nous avons pu voir au cours des deux chapitres précédents.

Cela revient en fait à bien se connaître et à se respecter. Trop longtemps, on a prôné la domination de la volonté sur le corps. Or, s'il y a bien une prééminence de l'esprit sur le corps, il n'en reste pas moins que celui-ci impose certaines exigences que l'on ne peut enfreindre sans conséquences. D'autre part, l'esprit ne se résume pas à la seule volonté, mais inclut également toute une partie faite de besoins et d'émotions. Si, par la seule volonté, vous souhaitez imposer vos décisions, et que celles-ci sont en contradiction avec votre désir et vos besoins profonds, nul doute que vous perdrez la partie !

Comprendre ses limites, c'est connaître ses possibilités. C'est aussi progressivement les repousser. Tenir compte de son corps, c'est prévenir les incidents qui peuvent avoir des conséquences irrémédiables. Nul n'est plus fragile que celui qui se croit invincible. Si vous acceptez vos faiblesses, vous serez véritablement plus fort, car vous prendrez les mesures nécessaires pour pallier ces manques. Vous ne vous aventurerez plus en zone marécageuse, espace de toutes les incertitudes.

Attention : respecter son corps ne signifie pas qu'il ne faille plus prendre aucun risque, qu'aucune aventure n'est possible.

C'est exactement l'inverse. Dans la mesure où nous savons ce qu'il en est, nous pouvons essayer, voire exiger, de nous améliorer. Je me souviens d'une interview du champion du monde de vitesse à skis. A la question que lui posait le journaliste sur sa folie, il répondit : « Pour descendre à plus de 220 km à l'heure sur des pentes ayant un degré tel que les skis touchent la neige moins souvent qu'ils ne volent, il faut tout prévoir. Rien ne peut être laissé au hasard. A cette vitesse, l'accident est mortel. Même cela, il faut le prévoir, car seuls les réflexes parfaitement assimilés peuvent me sauver. Se connaître est le contraire de la folie. »

Il ne vous viendrait pas à l'idée, même avec les meilleurs fixations et skis du monde, de vous faire déposer en haut d'une pente comme ce champion du monde. Vous savez que vous ne pourriez réussir ces exploits qui restent du domaine de l'exceptionnel.

Vous êtes unique, et en ce sens exceptionnel. Vous savez comme moi que vous n'avez pas de pouvoirs particuliers, que vous avez besoin de suffisamment de sommeil et que vous ne correspondez pas à cette image véhiculée du superpatron toujours en forme. En revanche, si vous tenez compte de vos besoins de détente et de récupération, vous serez toujours au mieux de vos capacités.

Respectez votre corps en étant à son écoute. Sachez que vous avez besoin autant d'activité que de repos, d'incertitudes que de certitudes, et surtout d'une alimentation adaptée.

Ayez une bonne alimentation

Vous avez déjà vu l'importance de quelques réponses inadaptées comme le tabac ou l'alcool. Un certain nombre d'aliments prédisposent également à des troubles de santé et au stress : si pendant quelques années le monde médical a hésité, il existe à ce jour de véritables certitudes quant aux aliments stresseurs et à ceux qui garantissent un bon équilibre*.

Vous êtes ce que vous mangez

Le premier point concerne votre relation aux aliments. Votre façon de manger reflète très exactement votre façon d'être. Si vous êtes rigide, sélectif, ou au contraire éclectique, voire laxiste dans vos choix alimentaires, il est hautement probable que vous l'êtes également dans votre vie.

Pour qu'il y ait un changement dans votre comportement alimentaire, il faut que celui-ci soit accompagné d'une modification de votre façon d'être. Sans cela, tout espoir de transformation est vain.

Si aujourd'hui votre alimentation est stressante et si vous souhaitez avoir enfin un mode d'alimentation plus sain, il est indispensable que ce ne soit qu'un élément de tout le puzzle dont ce livre est justement l'objet.

---

* Nous vous conseillons, pour plus de détails, de lire *Mieux manger pour mieux vivre*, que nous avons écrit et publié en 1990 aux éditions l'Age du Verseau.

L'alimentation est aussi
une habitude liée à la culture

Non seulement ce que vous mangez est le reflet de ce que vous êtes mais, d'une façon plus générale, vos habitudes alimentaires prennent leurs sources dans la culture à laquelle vous êtes rattaché. Nous ne mangeons pas la même chose selon les continents, les pays, les régions, voire les familles. Nos goûts et dégoûts sont l'expression plus générale d'une façon de vivre et d'être. La majeure partie de nos habitudes ne se justifie pas d'une façon absolue mais seulement par rapport à des acquis familiaux transmis progressivement, qui ne sont pas pour autant bénéfiques.

Ces traditions, que l'on croit porteuses d'un message, ne le sont pas toujours. Surtout quand l'ère industrielle vient s'y greffer et que le seul mot d'ordre est justement celui du comportement de type A hyperactiviste : toujours plus vite, toujours plus rentable.

Or les recherches épidémiologiques corroborent la relation directe entre alimentation et maladies : insuffisance veineuse, cancers, allergies, maladies cardio-vasculaires... sont autant de pathologies dont l'alimentation est le facteur clé, tout comme le stress, l'hypertension artérielle et la spasmophilie.

Les habitudes du xxe siècle

Notre façon de nous nourrir n'est en fait qu'un héritage récent. Des transformations fondamentales, sources de stress pour notre corps et, par le biais de nos cellules nerveuses, pour notre pensée, se sont produites depuis le début du xxe siècle. C'est l'augmentation des graisses saturées, c'est-à-dire de tous les aliments d'origine animale (viandes, fromages, laitages) ; l'augmentation des sucres d'absorption rapide, c'est-à-dire de tous les aliments et boissons sucrés (Pepsi-Cola, jus de fruits, sodas), et de nombreux produits industriels (glaces, confiseries, Ketchup) ; l'augmentation des produits raffinés allégés comme le sucre blanc, les céréales du petit déjeuner, le riz, le pain, et tous les succédanés du sucre, du beurre ; l'augmentation des produits de synthèse utilisés pour la conservation, la coloration, la production.

Cette augmentation de certains types d'aliments s'accompagne de la suppression d'autres produits : disparition des sucres d'absorption lente avec la raréfaction des céréales complètes, et des légumineuses comme les haricots, les pois, les lentilles...

Les produits industrialisés et la viande ont pris une place démesurée par rapport aux aliments «artisanaux» et aux végétaux (fruits, légumes, céréales...). Cela pour des raisons non médicales mais symboliques, car les aliments de la première catégorie sont signes de richesse, alors que les seconds évoquent la pauvreté ou le refus du progrès.

Si les conséquences ne dépassaient pas la curiosité sociologique, cela prêterait plutôt à sourire. Mais les conséquences de ces changements alimentaires sont réellement dramatiques. Ils engendrent autant de stress que notre avidité de vitesse et en sont indissociables. Il est pourtant possible de maîtriser son alimentation, pour qu'elle devienne source d'harmonie plutôt que de désordre.

Remettez à l'honneur le sens du goût

Pour éliminer les aliments stressants, il faut d'abord réhabiliter le sens des «bonnes choses». Cela nous permettra d'éliminer un grand nombre des produits industrialisés qui modifient complètement les équilibres nutritionnels dont nous avons besoin. Les teneurs en sels minéraux, oligo-éléments, vitamines relèvent du bon vouloir des fabricants. Nous ne pouvons mettre notre santé entre leurs mains.

Le corps a besoin d'un certain équilibre entre les protides, les glucides, les lipides. Celui-ci ne peut pas être obtenu par le simple respect de ce que

147

nous avons évoqué. Il faut aussi respecter les règles de base des bonnes habitudes alimentaires.

Privilégiez les aliments d'origine végétale

Nous fier uniquement à notre goût n'est bien sûr pas suffisant. Il faut aussi veiller à l'excès de graisses et de sucres. Ces aliments apportent une plus grande satisfaction et, en cas de stress, on les préfère généralement! Pourtant ils ne sont pas une réponse adaptée.

Lorsque j'étudie les habitudes nutritionnelles des participants aux cures de remise en forme que j'organise, rares sont les bilans équilibrés. Le verdict de l'ordinateur est sans appel. La très grande majorité des enquêtes sur sept jours montrent un excès de lipides par rapport aux glucides. Et parfois un excès de protides. Lorsque ces deux manifestations sont présentes, on constate un excès de graisses saturées au détriment des graisses mono- ou polyinsaturées. Seule une réhabilitation des aliments d'origine végétale permet de compenser ces déséquilibres. Le recours aux poissons est également une bonne solution pour diminuer l'excès de lipides saturés.

Faites votre bilan

Même sans ordinateur, vous pouvez évaluer de façon très juste comment aujourd'hui se compose votre alimentation.

Relevez, pendant sept jours complets, tout ce que vous mangez et buvez. Au terme de ces sept jours, répartissez les aliments dans les cases correspondantes du bilan n° 9. Totalisez ensuite le nombre de portions pour chaque groupe d'aliments. Ne vous inquiétez pas : il est normal que vous ayez une notion approximative des portions. Ce n'est pas grave!

Bilan n° 9: votre alimentation, source de stress ou d'équilibre ?

Catégorie d'aliments	Nbre de parts/semaine
Crudités (carottes, tomates...)	
Assaisonnement (huile végétale)	
Légumes cuits (artichauts, haricots verts, choux-fleurs, aubergines...)	
Fruits crus ou cuits	
Fruits secs	
Céréales non transformées (riz, blé, orge, sésame, millet, sarrasin...)	
Céréales transformées (pain, pâtes, semoule...)	
Charcuterie (jambon, saucisson, saucisse, rillettes...)	
Viandes maigres (cheval, poulet...)	
Viandes grasses (mouton, porc...) et œufs	
Poissons	
Pâtisseries	
Laitages, entremets (crèmes...)	
Fromages	
Matières grasses animales (beurre, saindoux...)	
Jus de fruits	
Sodas	
Vins, bières	
Alcools	
Confiseries (sucres, bonbons, chocolat...)	

Dans la mesure où vous avez :

— plus de 7 portions de crudités, plus de 7 portions de légumes cuits, plus de 7 portions de fruits frais ou cuits, plus de 7 portions de céréales, légumineuses ou dérivés ;

— et moins de 3 portions de charcuterie, moins de 3 portions de viandes grasses, moins de 4 portions de viandes maigres, moins de 7 portions de laitages et fromages, moins de 14 portions de beurre ou équivalents,

vous avez vraisemblablement un bon équilibre protides-lipides et au sein des lipides un bon équilibre des différents acides gras, surtout si vous avez au moins 3 portions de poisson dans la semaine en remplacement de la viande.

Dans la mesure où vous avez :

— plus de 7 portions de crudités, de légumes, de fruits et de céréales ;

— et moins de 5 portions de pâtisseries, moins de 3 portions de jus de fruits ou sodas ou confiseries,

vous avez vraisemblablement un bon équilibre glucides lents-glucides rapides.

Ce test a, bien sûr, ses limites. Mais il permet de bien différencier les aliments stresseurs des aliments équilibrants. Il permet d'apprécier les proportions et surtout, comme tous les bilans, de comparer, à deux moments différents, l'évolution de votre alimentation.

Dans ce bilan, bien d'autres éléments peuvent être appréciés, dont entre autres la consommation de vin, de bière et d'alcool.

Une fois cet équilibre de glucides-protides-lipides atteint, vous pouvez déjà être sûr que vous apportez le meilleur équilibre à votre cerveau. Mais cela ne suffit toujours pas.

Pour assurer un bon fonctionnement à chaque cellule, il faut aussi passer le test en « vitamines et en oligo-éléments ». Nous avons dressé pour cela sept questions figurant dans le bilan n° 10.

Bilan nº 10 : oligo-éléments et vitamines

	Oui	Non
1. Les proportions entre les divers nutriments énergétiques, c'est-à-dire protides, glucides, lipides, sont-elles respectées? (Réponse positive préalable nécessaire pour continuer le bilan n° 10. Dans le cas d'une réponse négative, il est certain qu'il y a déséquilibre entre oligo-éléments, sels minéraux et vitamines.) Référez-vous au test précédent pour le savoir.		
2. La part représentée par les aliments «vides» est-elle très faible? (Sucre blanc, allégé, produits raffinés comme le riz blanc, les céréales sucrées... moins de 3 fois par semaine.)		
3. Vos aliments, surtout les fruits et légumes, sont-ils de première fraîcheur le jour de l'achat? Le délai entre leur achat et leur consommation est-il réduit? (Tenez compte des délais de transport. Les surgelés et congelés sont considérés comme frais.)		
4. Est-ce que vos aliments sont essentiellement d'origine agrobiologique? C'est le mode de culture qui respecte au mieux la teneur des oligo-éléments, des vitamines et des sels minéraux, c'est-à-dire des nutriments non énergétiques dans les aliments.		
5. Votre mode de cuisson respecte-t-il la teneur en nutriments non énergétiques? La vapeur, les cuissons rapides la respectent, le mijotage la défavorise.		
6. Votre consommation de médicaments, qui augmente les besoins en vitamines, est-elle limitée et exceptionnelle? (Pilule, calmants.)		
7. Votre consommation de tabac ou vin-alcool est-elle limitée?		

Si vous répondez par la négative à seulement deux de ces questions, c'est que vos apports en vitamines et en oligo-éléments ne sont pas suffisants.

Au terme de ce bilan, vous pouvez savoir si votre alimentation vous sert ou vous dessert. Nous avons jugé utile de nous résumer en mentionnant une liste des aliments antistress, avec un léger commentaire pour chacun, que vous trouverez dans les pages suivantes à la rubrique «Les aliments forme».

Les repas d'affaires

La convivialité, la possibilité d'échanger autour d'un repas, font qu'il est devenu presque indispensable de se réunir autour d'une table pour déjeuner ensemble. Ces repas sont nécessaires, tant avec des clients qu'avec des collaborateurs. Ils permettent des échanges informels et contribuent à lutter contre les stress internes d'une entreprise et à améliorer les relations avec les clients.

La fonction symbolique des repas nous pousse à y participer, tant en famille que professionnellement. Cependant, les repas-réunions font inévitablement appel à la richesse et à la profusion des mets. Le décor est très important, mais les aliments le sont plus encore. C'est ainsi que l'on se doit d'offrir ce qu'il y a de meilleur : vins, alcools, sauces, plats multiples sont présents pour la fête. Cela n'est pas en soi préjudiciable. Ce qui le devient, c'est la répétition de ces repas riches. Car ils réunissent tous les aliments pièges : graisses saturées, sucres rapides, alcools, calories. Ils apportent sur le moment détente et satisfaction mais ont rapidement un effet pervers. En résumé, les repas d'affaires sont des moments privilégiés, mais par leur répétition et leur composition, ils peuvent devenir nuisibles.

Comment s'y préparer

Les objectifs sont clairs : améliorer les relations avec les invités. L'ambiance du lieu de restauration est l'élément sur lequel vous devez investir le plus.

Choisissez un cadre propice à la détente. Plus le lieu sera calme et relaxant, moins vous aurez besoin d'alcool et de repas riches pour détendre l'atmosphère. La musique est un élément fondamental pour créer une ambiance agréable. *A contrario*, fuyez tout lieu bruyant et surpeuplé.

Pensez à votre invité

Vous êtes là pour lui faire plaisir. Peut-être n'a-t-il pas les mêmes goûts que vous. Peut-être aime-t-il la bonne chère ? Peut-être est-il végétarien ? Arrangez-vous pour ne pas le forcer à se mettre à votre diapason, ce qui n'irait pas dans le sens de vos objectifs.

Attention aux non-fumeurs

Les fumeurs ne peuvent pas toujours se rendre compte du désagrément que les non-fumeurs ressentent dans un espace enfumé. Arrangez-vous toujours pour respecter un espace aéré.

Décideurs nouvelle vague

De plus en plus, hommes et femmes d'affaires font attention à leur ligne. Ne les obligez pas à faire des repas trop riches. Allez dans un restaurant qui offre l'opportunité de commander des poissons. C'est souvent une solution judicieuse.

Si vous-même êtes confronté à ces repas fréquents, optez pour les remèdes simples que nous allons maintenant énoncer.

Les sept règles d'or

1. Ne partez pas à votre repas la faim au ventre. Mangez au préalable un aliment forme. La pomme convient parfaitement. Elle se glisse facilement dans un sac ou un attaché-case. Pauvre en calories, riche en fibres et en vitamines, elle vous évitera de sauter sur les amuse-gueule salés ou sucrés et riches en calories.

Vous pouvez aussi avoir recours à des leurres. Ce sont des graines et des plantes qui diminuent la sensation de faim en gonflant dans l'estomac. Le konjac, une plante japonaise réduite en poudre, convient tout à fait. Enfin, les produits à base de protéines de lait comme l'alburone calment particulièrement l'appétit. Prenez-le une demi-heure avant le repas.

2. Ne buvez jamais d'alcool à jeun. Ayez recours à des solutions du paragraphe précédent ou différez simplement le premier verre d'alcool. Assumez votre mode de vie et n'hésitez pas à prendre en apéritif des boissons non alcoolisées.

Dans un cocktail, respectez particulièrement les deux premières règles. Faites attention à tous les sandwiches, canapés... N'hésitez pas à aller vers la corbeille de fruits, s'il y en a une.

3. Commencez toujours votre repas, dans la mesure du possible, par des aliments à faible teneur en calories et à faible densité calorique : crudités, fruits. Délaissez les charcuteries. Préférez les fruits de mer, aliments forme par excellence. Mais attention, certains sont riches en cholestérol, comme le crabe ou la coquille Saint-Jacques.

4. Ne lisez pas l'ensemble du menu ou de la carte, vous risqueriez de «craquer». Allez directement au paragraphe présentant les mets qui vous conviennent, le poisson étant le plat le plus judicieux.

5. N'hésitez pas à prétexter les conseils de votre médecin. Chargez-le de toutes vos forces : «Je suis désolé mais mon médecin m'a déconseillé de manger du mouton plus de trois fois par semaine», ou : «Il m'a interdit l'alcool. Je n'ai plus droit qu'à un verre de vin par repas.» Vous pouvez même en rajouter : «Ne vous faites jamais suivre par un médecin qui s'intéresse aux lipides ! Le mien m'a fait un bilan de routine et bien sûr il m'a trouvé du cholestérol (des triglycérides, de l'acide urique, du sucre...). Depuis, il m'a conseillé de ne plus man-

ger gras, de ne plus boire d'alcool, de manger des légumes, de ne plus prendre de sucreries. Ce n'est pas vraiment amusant, mais je m'y fais assez bien. »

Ces arguments sont en général bien respectés par l'ensemble des personnes, et vos hôtes comme vos invités ne vous forceront pas. Si tel était le cas, orientez la discussion sur le corps médical qui dit tout et n'importe quoi : « Ah ! ces médecins, ils ont leurs dadas, mais appliquent-ils eux-mêmes ce qu'ils disent ? » Vous êtes certain que votre interlocuteur partira à bride abattue sur son médecin qui fumait et était alcoolique ou sur l'exemple de son grand-père « qui buvait et mangeait comme quatre et qui est décédé à soixante-dix-huit ans d'un accident de la route ».

6. Ne prenez pas au même repas de la viande et du fromage.

7. Si vous avez dû participer à un repas de fête, riche et bien arrosé, compensez par une diète le lendemain.

Enfin, évitez d'aborder des sujets stressants pendant le repas et de mettre les autres dans l'embarras. Et surtout, rappelez-vous qu'entre 14 et 16 h tout le monde connaît une baisse de vigilance. Méfiez-vous donc des décisions que vous pouvez prendre à ce moment-là.

Les aliments forme

Les aliments antistress et sources de pleine forme sont souvent les aliments laissés pour compte. Remettez-les à l'honneur, vous serez en bien meilleure forme.

— Les germes de blé, très riches en vit. E et vit. B et sélénium.

— La levure de bière, riche en vit. E, en vit. B et en protéines.

— Les yoghourts, riches en calcium.

— Les épinards, choux de Bruxelles, brocolis, riches en calcium, en vit. C (attention, les épinards, même s'ils sont riches en calcium, nuisent à l'assimilation du calcium, mais ils sont riches en vit. A, en fer).

— Les légumineuses (tofu, lentilles…) riches en glucides lents, en vit. B ainsi qu'en protéines.

— Les céréales, riches en vit. B et bien équilibrées sur les plans lipides-glucides-protides.

— Les pommes de terre, les carottes, riches en vit. C, en fibres, et pauvres en calories.

Prenez soin de vous

Dans le chapitre précédent, vous avez appris des habitudes de vie plus saine qui vous permettent de mieux faire face au stress.

Activité, alimentation, rythme de vie vous aident chaque jour à construire votre vie de façon harmonieuse et équilibrée. Malheureusement, cela n'empêche pas l'irruption d'un certain nombre de stress. C'est pourquoi, dans nos habitudes, il faut aussi prévoir du temps pour prendre soin de soi.

Béatrice est responsable d'une grande marque de montres. Elle doit s'occuper, dans un contexte difficile, de toute la commercialisation de ses produits. Les difficultés extérieures ont augmenté sa charge de travail. A la suite de nombreux licenciements, les tensions internes à l'entreprise n'ont fait qu'augmenter son stress. Tout cela explique qu'au premier jour de sa cure de remise en forme elle ne savait plus très bien ce que signifiait «s'occuper de soi». Durant la première demi-heure de ce séminaire, tous les responsables avaient le même visage que Béatrice : fatigué, crispé et fermé. Que pouvait-on leur dire ? Il ne fallait pas parler, mais agir.

Faites-vous masser

«C'est avec un peu d'appréhension que je m'étais rendue à ce stage, m'explique Béatrice. Qu'allait-on pouvoir faire pour mieux gérer notre stress et nous remettre en forme? J'étais fatiguée, tendue. Les deux heures passées dans ma voiture pour me rendre sur le lieu du stage n'avaient rien arrangé à mon état. Après l'introduction, je suis allée me changer. J'avais enfilé un peignoir pour me rendre directement en salle de massage. En poussant la porte de la salle, je fus immédiatement saisie: les odeurs et la musique, une atmosphère douce et paisible me firent basculer soudain dans un autre espace et dans un autre temps. Les parfums m'enveloppèrent et me guidèrent jusqu'au fauteuil où je m'allongeai.

«Etendue, je me laissai caresser par la musique et envelopper par les senteurs. Après quelques minutes, je sentais déjà mes muscles se relâcher et ma respiration se calmer. Comme c'était agréable! S'arrêter quelques instants, s'abandonner et se laisser porter. Enfin, pour une fois, je prenais un peu de temps pour moi-même, je prenais soin de moi.»

Richard acquiesça. Il avait ressenti exactement la même réaction. Béatrice reprit: «Les massages ont vraiment parachevé l'ensemble. Allongée sur la table, le visage calé contre une serviette, j'ai senti mon corps devenir très lourd. Yvonne, qui me massait, a su trouver un à un les muscles qui maintenaient emprisonnés les tensions, les soucis, les diagrammes, les tableaux de comptes. Je compris très vite d'où venaient les odeurs. Yvonne utilisait un mélange d'huiles végétales et d'huiles essentielles, pour détendre ou pour tonifier. Chaque vertèbre fut explorée méticuleusement, puis les épaules, les bras. Parfois, une sensation vive me rappelait que je n'étais pas au paradis, mais bien sur terre, avec mon lourd fardeau de stress. Après un temps qu'il me serait impossible de préciser, je sentis pourtant en moi une circulation de vie impensable quelques heures auparavant.

«Je retournai m'allonger dans le fauteuil qui m'accueillait moelleusement. Des chuchotements rendaient la pièce encore plus irréelle. A nouveau étendue, je savourai par tous mes sens ce nouvel état. Chaleur, douceur pénétraient par tous les pores de ma peau. Les mains d'Yvonne m'avaient donné cette présence qui apaise. Ce contact rassurant me laissait dans tout le corps une présence bénéfique. La lumière éclairait quelques bouquets de fleurs, les parfums mélangés apportaient leurs fragrances. Les huiles pénétraient lentement à travers ma peau. Et sous les couvertures chaudes, je me rendais compte qu'une étrange alchimie se produisait en moi. J'étais moi-même, j'étais bien. »

Le massage peut prendre de multiples formes : profond, californien, shiatsu…, mais déclenche presque systématiquement ce merveilleux sentiment de détente. Rappel de notre état de bébé dans les bras de nos parents ? Peut-être. Mais ce contact dont le bébé a besoin pour grandir est toujours présent en nous. Il suffit de constater l'effet prodigieux d'un massage pour conclure à sa réelle action dans le traitement du stress.

Se faire masser ne consiste pas seulement à être réconforté, mais aussi, grâce à une pression extérieure, au savoir-faire d'un toucher, à faire disparaître les crispations musculaires. Les soucis et les stress se localisent dans diverses zones du corps : la nuque, le dos, le bas du dos, les jambes, le ventre, la poitrine… Une main posée permet très rapidement de lever ces obstacles à la bonne circulation des sensations corporelles.

Les huiles essentielles, âme des plantes : les oléations

Les massages que nous venons de décrire sont potentialisés par l'application d'huiles essentielles. Ces huiles sont issues de la distillation de plantes aromatiques. Les fleurs ou les feuilles sont plongées dans un réservoir d'eau portée à ébullition. La vapeur qui s'en dégage entraîne avec elle les essences des plantes. Une fois l'eau refroidie, un «surnageant» apparaît. Plus légères que l'eau, les huiles essentielles sont donc facilement recueillies. Pourtant, certaines molécules ne pourront jamais être séparées de l'eau. Ce mélange devient alors l'eau aromatique ou hydrolat aromatique.

Les huiles essentielles sont utilisées depuis des milliers d'années. Les Egyptiens les connaissaient particulièrement bien. Lavande, romarin, thym, eucalyptus, sarriette, basilic, armoise, sauge... permettent d'obtenir des molécules aux vertus thérapeutiques remarquables. Elles sont proposées en complexes de deux ou trois plantes, mélangées avec de l'huile d'amande douce. On les choisit en fonction des besoins : détendre, tonifier, désintoxiquer, drainer, calmer une inflammation ou une douleur articulaire, nourrir la peau...

Ces extraits très concentrés sont indiqués dans de nombreuses pathologies, ainsi que dans les états de stress : insomnies, fatigue, troubles digestifs... Ce sont même d'excellents antibiotiques et antiviraux! Pour ce qui nous intéresse, elles se révèlent être des traitements idylliques dans les soins de remise en forme.

En application sur tout le corps, les huiles essentielles mélangées à des huiles végétales prennent le nom d'oléations. Ces soins sont considérés par l'une des plus anciennes médecines, la médecine indienne ayurvédique, comme le traitement préalable à toute autre forme de soins. L'huile a toujours été symboliquement le vecteur de la guérison. L'enveloppement associe l'efficacité à la sensation de bien-être.

La sudorification

L'ayurvéda, qui se traduit par science de la longévité, est la médecine millénaire de l'Inde. Elle s'appuie sur une vision totale et globale de l'homme et dispose d'un arsenal thérapeutique très important et très efficace. Cette médecine considère, à juste titre, depuis des milliers d'années, que l'oléation doit être complétée par la sudorification. Celle-ci se fait de deux manières. Soit une sudorification après oléation, ce qui permet aux huiles de pénétrer encore plus profondément. Soit une sudorification sans oléation : vous êtes dans une cabine où de la vapeur et des huiles essentielles sont en suspension. Ce mode de soin est complémentaire du premier. Oléation et sudorification sont les remèdes les plus instantanés dans le traitement du stress.

Ayez recours à des soins naturels

Dans tous les cas, avant de vous précipiter sur les remèdes chimiques, ayez recours aux soins naturels. Laissez anxiolytiques, bêtabloquants, antidépresseurs pour plus tard, en espérant que vous n'en aurez jamais besoin, et prenez tout d'abord soin de vous par les méthodes dites douces.

Vous avez déjà vu tout l'intérêt des plantes sous forme d'extraits très concentrés : huiles essentielles et hydrolats aromatiques. Ces derniers sont particulièrement bien adaptés à la forme orale. En effet, les molécules d'huiles essentielles sont intimement liées à l'eau et ne peuvent en être dissociées. Comme votre organisme est composé à 70 % d'eau, il est facile de comprendre que ces hydrolats peuvent se disperser dans tout l'organisme. Malgré la faible concentration en produits actifs, ceux-ci pénètrent sans difficulté jusqu'à leur site d'action et agissent très facilement. Comme les huiles essentielles pures, les hydrolats peuvent être mélangés pour obtenir des compositions à effets multiples.

Voici une formule recommandée dans un premier temps pour tonifier l'organisme fatigué et surchargé (trop de travail, de nourriture…). Vous pouvez la commander à votre pharmacien.

Formule tonifiante:
(*HA = hydrolat aromatique*)
HA *Thymus vulgaris* à thymol
HA *Laurus nobilis*
HA *Juniperus communis* à baies pures
HA *Mentha sylvestris*
HA *Salvia officinalis*
HA *Rosmarinus officinalis* à verbénone
HA *Cupressus sempervirens*

âa qsp
90 ml

Prendre une cuillerée à café dans un verre d'eau le matin pendant trois semaines.

Préparation relaxante: cette deuxième formule est recommandée pour détendre en cas de nervosité. Elle décontracte et apaise avant de s'endormir.
(*HA = hydrolat aromatique*)
HA *Lavandula stoechas*
HA *Tilia vulgare*
HA *Anthamobis nobile*
HA *Lavandula vera*
HA *Mentha sylvestris*
HA *Thymus vulgaris* à linalol
HA *Hypericum perforatum*

âa qsp
90 ml

Prendre une cuillerée à café dans un verre d'eau le soir avant le coucher pendant trois semaines.

Voici maintenant quelques huiles essentielles qui peuvent être prises sur un sucre ou un comprimé neutre (comme les pastilles de charbon du Dr Belloc), qui sont particulièrement recommandées dans le traitement du stress:

Ocinum basilicum: à raison d'une goutte sur un sucre, c'est un merveilleux calmant qui facilite l'endormissement.

Lavandula vera: elle est apaisante, réconfortante, calmante.

Citrus aurantium feuille: elle lève les angoisses.

Nous vous invitons à prendre conseil auprès d'un spécialiste, car ces produits efficaces doivent être néanmoins manipulés avec prudence. Il ne faut pas dépasser la dose de dix gouttes par vingt-quatre heures sous peine d'effets secondaires graves. Ces exemples de prescription sont réservés aux adultes et en aucun cas aux enfants.

L'acupuncture

Cette méthode millénaire n'a plus à faire ses preuves. La stimulation de points bien précis, localisés sur le derme, déclenche la production endogène de substances qui rééquilibrent le corps. Particulièrement intéressante, l'acupuncture dispense dans la majorité des cas de toute prise médicamenteuse. Elle stimule vos propres ressources. Le choix des points est très variable et dépend des manifestations cliniques. Il n'existe pas à proprement parler un point « antistress », car les manifestations du stress sont multiples. L'acupuncture est basée sur la notion d'énergie yin et yang. L'énergie solaire, ou yang, correspond à l'aspect dynamique, à la force qui permet la diffusion, la dilatation. En complément et en opposition relative, se situe la force lunaire, ou yin. Elle correspond à la concentration et au drainage. Le yang correspond à l'aspect le plus superficiel et le yin à l'aspect le plus profond. Cette notion de bipolarisation de l'énergie est la base de la pensée énergétique*.

Dans le cadre du stress, le yang réagit pour protéger l'organisme. Ce sont ses manifestations qui sont perceptibles au début. Sans réduire l'aspect yang au système sympathique, il est néanmoins possible d'établir une certaine analogie entre les deux. Dans le stress, tous deux sont hyperstimulés. Dans le *Nei Jing Su Wen*, l'ouvrage de référence de l'acupuncture, il est mentionné que « le yin nourrit le yang, le yang protège le yin ». Si bien qu'une agression courte permet de stimuler et de dynamiser l'organisme, alors qu'une agression permanente épuise

* Voir mon livre *L'Acupuncture, médecine énergétique*, aux éditions Minerve, 1984.

l'énergie nourricière yin dont les réserves ne peuvent plus se reconstituer. Apparaissent alors des manifestations de type yin. L'organisme n'a plus de résistance, il ne peut plus récupérer. Le sujet a du mal à s'endormir, il s'épuise.

Sur ce tableau de fond, des réactions violentes se produisent parfois par à-coups : l'énergie yin ne retient plus l'énergie yang qui se mobilise brutalement. Cette vision, qui correspond à un modèle énergétique ou holistique, permet de comprendre comment le praticien intervient auprès d'un patient présentant des manifestations pathologiques du stress, déclarées ou non.

Bien souvent, la mobilisation brutale de l'énergie yin vers le yang domine la scène. Cela correspond dans le jargon acupunctural à « l'énergie du bois, associé à l'organe foie ». Ces phénomènes sont directement liés à la colère tant intériorisée qu'extériorisée, à l'agressivité et à l'irritabilité. L'élément bois caractérise la montée de l'énergie vers le haut. C'est l'élément le plus yang de l'organisme avec celui du feu.

• Terrain et énergie

Valérie souffre depuis plusieurs années de migraines atroces qui régulièrement lui gâchent la vie. Par ailleurs, des oppressions thoraciques, qui s'accompagnent de serrements de la gorge, viennent la perturber en dehors des crises migraineuses. Aucun médicament ne parvient à supprimer ces malaises. Il faut dire que depuis dix-huit mois elle se consacre à l'éducation de sa petite fille et elle « n'a plus du tout de temps pour elle ». Elle a « le sentiment de ne plus maîtriser sa vie, les événements, le temps. Il faut aller chercher l'aîné à l'école, préparer les repas, faire les courses, assurer le ménage, tenir la maison... ».

Valérie souffre d'une insuffisance de la loge foie. Cette insuffisance, liée à un terrain familial, est également due à une frustration importante et prolongée qui a débouché sur une colère rentrée. C'est pourquoi Valérie est particulièrement sensible au vent, alors que l'humidité ne lui déclenche ni migraines ni douleurs. Le froid ne déclenche pas de sensations de vertige ni d'épuisement. Dans son cas, les stress externes qui déséquilibrent son terrain sont le vent, le printemps, les colères, les frustrations, car tous ces éléments sont en résonance avec l'élément bois auquel appartient la loge énergétique foie-vésicule biliaire. L'acupuncture agira donc non seulement sur la manifestation, mais aussi sur la cause liée au terrain. Les points sélectionnés auront pour effet de renforcer la loge et de faciliter la circulation de l'énergie dans le méridien foie ou vésicule biliaire.

• Les stresseurs correspondant aux cinq terrains

Elément	Dynamisme énergétique	Climat	Saison	Sentiment	Saveur
Bois	Montée	Vent	Printemps	Colère Jalousie Orgueil	Acide
Feu	Superficialisation	Chaleur	Eté	Joie Anxiété	Amer
Terre	Harmonisation	Humidité	Intersaison chinoise	Soucis Rumination	Sucré
Métal	Drainage	Sécheresse	Automne	Tristesse Angoisse	Piquant
Eau	Concentration	Froid	Hiver	Peur Dépression	Salé

Dans le tableau ci-dessus sont répertoriés les différents stresseurs en fonction de leur résonance sur les cinq terrains essentiels. Ainsi, dans le cas de Valérie, il faut s'intéresser aux stresseurs de la loge foie-vésicule biliaire.

Dans le deuxième tableau sont répertoriées quelques pathologies en fonction des terrains. Ce classement n'est donné qu'à titre indicatif, car il est possible par exemple de distinguer des gastrites liées au bois ou à la terre, ou des infections pulmonaires liées au feu ou au métal.

Ces tableaux expliquent cependant pourquoi certains stresseurs agiront sur les uns et non sur les autres.

Eléments	Loge	Maladies	Douleurs sur le trajet du méridien	Tissu
Bois	Foie Vésicule biliaire	Nausées Allergies Cervicalgies	Migraines Sciatiques (L4, L5)	Muscle
Feu	Cœur Intestin grêle	Hypertension artérielle Palpitations Précordialgies Eczéma	Epitrochleïte	Vaisseaux
Terre	Rate Pancréas Estomac	Gastrites Ulcères Polyarthrite rhumatoïde Œdèmes	Halux valgus Gonalgies	Tissu conjonctif
Métal	Poumon Gros intestin	Infections pulmonaires Troubles cutanés Colopathies	Epicondylite Périarthrite scapulo-humérale	Peau Muqueuses
Eau	Rein Vessie	Ostéoporose Cystites	Sciatiques (L5, S1) Dorsalgies Lombalgies	Os

Robert approche de la cinquantaine. Il a un tempérament plutôt intériorisé, mais il est poussé, dans le cadre de ses activités professionnelles, à nouer de nombreux contacts humains. Il souffre d'eczéma depuis six à neuf mois ; de brûlures d'estomac qu'il attribue à la prise de repas trop rapides au restaurant de l'entreprise ; de douleurs des épaules qu'il pense liées à une arthrose visible à la radio ; d'un sommeil irrégulier dont le trouble caractéristique est une difficulté d'endormissement, et surtout de troubles intestinaux.

« La fatigue prédomine le matin et je ne me sens plus aucune force pour pratiquer mon jogging que je faisais pourtant sans difficulté », précise-t-il. Selon le principe de l'acupuncture, Robert souffre selon toute vraisemblance d'une modalité réactionnelle, liée à la loge du métal, en relation avec le gros intestin et le poumon.

Dans le cas de Valérie, qui souffre d'une insuffisance de la loge foie, le traitement sera différent de celui de Robert, alors que tous deux souffrent en fait de stress. Il repose sur la puncture de points comme le deuxième ou le troisième du méridien du foie, le quatrième du méridien de la vésicule biliaire pour Valérie.

En quelques séances, Valérie retrouve son sourire. Quant à Robert, après chaque séance, il a le sentiment de flotter sur un nuage. L'acupuncture, sans rien apporter de l'extérieur, leur a permis d'être à nouveau eux-mêmes sans qu'aucun changement extérieur survienne, en développant leurs ressources qu'ils n'utilisaient plus. Cette thérapeutique millénaire, qui repose sur une expérience et un esprit très pragmatiques, est un remède de choix dans l'arsenal des soins à utiliser contre les méfaits du stress.

La phytothérapie

Le traitement par les plantes offre de nombreuses possibilités, à côté même des moyens offerts par l'aromathérapie. Les remèdes sont très nombreux dans le cadre du stress. Nous nous contenterons d'en étudier trois, car ils sont méconnus dans leur usage antistress.

Le ginseng (*panax ginseng*) se caractérise par son action de recharge en profondeur. Ce n'est pas un excitant ou un stimulant, comme le café ou le kola, qui se contentent de mobiliser l'énergie. C'est un tonifiant qui, traditionnellement, dans la pharmacopée chinoise, renforce le yin, c'est-à-dire la réserve. Mieux nourrir le yin pour mieux alimenter le yang, telle est la vocation du ginseng. Son action est durable grâce à ses effets rémanents. Il est très utilisé dans les fatigues associées aux symptômes de «dégagement de yang» décrits précédemment. Ainsi, ce traitement permet une détente tout en apportant de l'énergie.

L'éleuthérocoque est un équivalent du ginseng qui permet de renforcer le yin.

L'aubépine est une plante particulièrement indiquée en cas de stress avec manifestations préférentielles sur le système cardio-vasculaire. Troubles du rythme, palpitations, bouffées de chaleur sont associés à l'anxiété et caractérisent le dégagement de yang. L'aubépine (ou *crataegus*) est un excellent calmant qui permet d'éliminer ces symptômes yang. Elle complète ainsi parfaitement le traitement précédent.

A côté du ginseng, de l'éleuthérocoque, de l'aubépine, de très nombreuses autres plantes sont utiles : romarin, passiflore, valériane, camomille, verveine...

L'homéopathie

Nombreux sont les remèdes homéopathiques adaptés au stress. Il convient toujours de les prendre en fonction non pas d'un symptôme mais du terrain et des modalités réactionnelles de chacun. A titre d'exemple, nous allons énumérer les cinq principaux remèdes que j'utilise en pratique courante et que vous pourrez vous-même employer en toute tranquillité.

• Aconit

L'aconit est un remède prescrit en cas d'angoisse et de peur. La personne est agitée, inquiète, et tous les prétextes sont bons pour qu'elle exprime sa peur, surtout sa peur de la mort.

• Arsenicum album

Le sujet susceptible de prendre *Arsenicum album* étouffe dans sa vie. Il n'a jamais assez de temps et est perpétuellement en retard. C'est le stressé type, qui n'arrive pas à s'organiser. Il déplace beaucoup de vent sans grande efficacité. Il a besoin d'air frais et de boire de l'eau froide. S'il se réveille la nuit, c'est à 1 h ou 2 h du matin, et il se lève aussitôt pour respirer.

• Nux vomica

C'est le remède typique de la personne active, mais obligée de rester derrière son bureau. Elle est congestive, mange trop, travaille trop et se sent épuisée. Le sommeil est lourd et pesant. Le réveil précoce, vers 4-5 h, s'accompagne d'une sensation de fatigue matinale intense. La somnolence post-prandiale est à son comble et peut durer de 14 h à 17 h. Souvent, l'ensemble de ces signes s'accompagne de nausées et d'hypersensibilité aux bruits et à la lumière.

• Gelsemium

Le sujet, timide et réservé, a une nette tendance au trac et appréhende d'être avec d'autres personnes. Les stress déclenchent des tremblements et une paralysie de l'action. Les troubles de l'endormissement sont directement liés à la peur de ne pas s'endormir.

• Ignatia

La personne est hypersensible et éprouve le besoin d'être entourée et consolée. Les larmes viennent facilement et les soupirs sont fréquents. Il existe souvent des douleurs mal localisées qui aggravent l'inquiétude. En fait, elle est triste.

La nutrithérapie

C'est la branche médicale qui s'occupe de l'utilisation des nutriments à visée thérapeutique.

Elle se différencie de la nutrition en ce que l'on utilise les micronutriments, comme les vitamines, les oligo-éléments, les sels minéraux, à des doses supraphysiologiques, très nettement supérieures aux doses apportées par l'alimentation. Le système nerveux a besoin, plus que tout autre organe, d'un apport constant en nutriments parfaitement équilibrés. En période de stress, veillez à apporter un supplément en vit. C et vit. B. Elles sont particulièrement importantes pour l'équilibre du système nerveux et participent au fonctionnement des glandes surrénales, si sollicitées dans le stress. Par ailleurs, la vit. C a, comme la vit. A et la vit. E, un pouvoir antioxydant qui nous protège contre bien des agressions chimiques dues à la pollution tant alimentaire qu'atmosphérique. Les nitrites alimentaires, le tabac, le *smog*, les radiations sont ainsi en partie neutralisés. De plus, associée au zinc, elle bloque l'absorption du plomb. Mais attention : la vit. C ne peut être stockée. Elle est très sensible à la chaleur, la lumière, l'air et l'eau. Il faut donc la renouveler quotidiennement. Absorbez aussi du zinc et du manganèse. Certaines préparations pharmaceutiques apportent ces éléments comme le complexe diffusé par le Laboratoire d'étude et de recherche sur les oligo-éléments (LÉRO) sous forme de capsules DNV.

Le tableau, page suivante, vous montre cas par cas les besoins selon les stress auxquels vous êtes soumis.

Les oligo-éléments

Les spécialistes décrivent cinq tempéraments cliniques de base, qui recoupent les différents tempéraments évoqués précédemment. Ils présentent un réel intérêt, car non seulement ils caractérisent un

Si vous...	Vous avez besoin de...
êtes stressé	vit. C, vit. B, calcium
fumez ou êtes entouré de fumeurs	vit. A, vit. E, vit. C, vit. B, calcium, K (1 cigarette détruit 25 mg de vit. C)
buvez de l'alcool	vit. A, vit. C, vit. B, calcium, Fe, K
buvez du café	vit. C, vit. B (thiamine), calcium, Fe, K
prenez des œstrogènes	vit. C, vit. B
prenez de l'aspirine	vit. C
prenez du fer	attention à la carence en vit. E
consommez des sucres raffinés	vit. B, calcium (car il y a beaucoup de phosphore dans les boissons sucrées)
suivez un régime trop riche en protéines	calcium (car cette alimentation est riche en phosphore, surtout si vous mangez beaucoup de viande rouge)
vivez dans la pollution atmosphérique	vit. A, vit. E, vit. C
consommez des graisses en excès	vit. E
êtes soumis aux radiations solaires	vit. E
mangez des aliments riches en nitrates ou nitrites	vit. E
prenez des diurétiques	K

comportement, mais ils s'associent à des pathologies qui sont corrigées et améliorées par la prise d'éléments trace.

• Le syndrome superactif

Il est en rapport avec la loge foie en acupuncture.

Le sujet présente tous les symptômes en « hyper », d'apparition brutale et capricieuse : palpitations avec début net, paroxystiques ; phénomènes allergiques ou inflammatoires (eczéma, urticaire, œdème de Quincke, rhinites, algies rhumatismales erratiques, parfois inflammatoires, gastrites…) ; manifestations à type d'hyperthyroïdie, dysménorrhées ; migraines fronto-orbitaires.

Si tel est votre cas, votre comportement est celui d'un hyperactif, optimiste, émotif, vif. Vous devenez irritable lorsque vous êtes surmené. Si vous présentez ces troubles, vous devriez prendre du manganèse.

• Le syndrome dystonique

Il est en rapport avec la loge feu en acupuncture.

Ici, le tempérament précédent a « vieilli ». Il présente toujours des phases « hyper », mais il subit facilement des contrecoups. La fatigue est cyclique, alors que le tempérament est fondamentalement optimiste et tonique. La dystonie neurovégétative présente toutes les manifestations de la sympathicotonie : oppression, ballonnements, spasmes coliques, congestions pelviennes. Les troubles circulatoires sont plus nettement marqués, autant les troubles veineux, en particulier des membres inférieurs, que les artériopathies, l'hypertension artérielle. Les troubles digestifs sont concentrés vers la sphère gastro-duodénale (gastrites, ulcères…) ou vers le côlon ascendant. Enfin, des troubles du rein, comme l'oligurie, peuvent se manifester.

Si tel est votre cas, sur le plan psychologique, vous êtes émotif, anxieux, angoissé. Vous alternez euphorie, abattement, voire dépression. Votre remède sera l'association du manganèse et du cobalt.

• Le syndrome de désadaptation

Il est en rapport avec la loge terre en acupuncture.

La cyclothymie du syndrome précédent est plus nette encore, avec des phases d'excitation intellectuelle et de pesanteur psychique.

La tête est lourde, le corps pesant, la fatigue colle à la peau. La colopathie fonctionnelle, les états diabétiques sont des pathologies en rapport avec ce syndrome. Des dysfonctions endocriniennes, faisant intervenir l'axe hypothalamo-hypophysaire et incluant les gonades ou les surrénales, se manifestent par des troubles d'insuffisance ou de retard de développement. Le sujet a des problèmes sexuels, impuissance, frigidité. Les troubles du poids, en excès ou en insuffisance, signent également une atteinte de ce terrain.

Si tel est votre cas, sur le plan psychologique, vous êtes très méticuleux, soucieux, pour ne pas dire obsessionnel. Vous réfléchissez beaucoup. Les soucis que vous ruminez sont la source essentielle de tous vos troubles.

Les ions zinc-cuivre et zinc-nickel-cobalt sont les deux associations de fond qui permettront de réadapter votre tempérament.

• Le syndrome hypotonique

Il est en rapport avec la loge métal en acupuncture.

Dans ce cas, le sujet économise son énergie. Il a besoin de beaucoup de repos et de sommeil. Son organisme fonctionne au ralenti.

Les signes respiratoires sont souvent au premier plan, avec toutes les infections concernant l'ensemble des voies aériennes supérieures (sinus, oreilles, gorge, nez). Les troubles digestifs affectent essentiellement le côlon transverse et descendant. On trouve aussi des pathologies comme l'eczéma, l'acné...

Si tel est votre cas, sur le plan psychologique, vous êtes plutôt pessimiste, triste. Vous êtes un secondaire, porté à subir les expériences du passé qui vous bloquent beaucoup plus qu'elles ne vous encouragent à aller de l'avant. Le passé agit comme un frein.

Les oligo-éléments manganèse et cuivre forment une association qui concourt au bon fonctionnement de ce syndrome ; ils vous rééquilibreront.

• Le syndrome anergique

Il est en rapport avec la loge eau en acupuncture.

Ce syndrome se présente comme l'aggravation du précédent. La pathologie rhumatismale est au premier plan, autant l'arthrose que les rhumatismes inflammatoires ou les maladies auto-immunes. Des troubles intestinaux engendrent une mauvaise absorption des nutriments. Les syndromes infectieux sont prononcés, car le sujet n'a plus de capacités de défense. Les surinfections sont fréquentes. Il a aussi des maladies dégénératives, ainsi que des troubles neurologiques qui entraînent des manifestations de vide et de vieillissement prématuré.

Si tel est votre cas, sur un plan psychologique, vous vous sentez également épuisé. A l'extrême, s'y associe un désintérêt complet pour l'entourage et la vie, avec un besoin de solitude. Vous connaissez des sentiments de peur, de blocage, voire de paralysie dans l'action et les idées.

Les ions cuivre-or-argent sont indiqués pour traiter et prévenir l'aggravation de l'ensemble des syndromes se rapportant à ce terrain.

La connaissance de ces cinq tempéraments de base permet de mieux se comprendre, de mieux prévoir les conséquences des stress et de les prévenir par le choix judicieux des oligo-éléments. Ceux-ci permettent, par une action catalytique, d'optimiser le fonctionnement des organes déficients et de ne pas se laisser déborder par les stress.

Rechargez-vous et dynamisez-vous par la relaxation

S'il ne fallait retenir qu'une seule application pratique de toutes ces méthodes, ce serait ce septième point : la relaxation. Elle est remarquable par sa simplicité, sa profondeur et sa durée d'action.

Je vous propose, avant même d'expliquer son intérêt, de vous en présenter directement la pratique.

Allongez-vous sur un plan dur, les jambes légèrement écartées, les pieds retombant de chaque côté, les bras le long du corps, les paumes des mains tournées vers le ciel, la tête dans l'axe du corps. Portez votre attention sur les zones de contact entre votre corps et le sol. Prenez conscience des talons... ressentez bien le contact entre les mollets et le sol... les cuisses et les fessiers... ressentez bien tout votre dos... le milieu du dos, les omoplates... le dos de vos mains, les avant-bras, les bras... le crâne... tout votre corps repose lourdement sur le sol. Veillez à relâcher votre visage. Vos yeux sont fermés et vos paupières reposent lourdement sur les globes oculaires... Les lèvres et les mâchoires sont relâchées... avalez votre salive. Les lèvres et les dents ne doivent plus se toucher. Portez votre attention sur le point médian entre les sourcils... veillez à bien relâcher, à bien détendre ce point... prenez conscience de la ligne des sourcils... Au-delà de la ligne des sourcils vous apparaît le plan frontal... plat... lisse... sans rides... comme l'eau d'un lac ou d'un étang... parfaitement immobile... puis la pensée se porte sur tout le visage... parfaitement relâché, calme, apaisé... Puis vous inspirez par le visage... et vous expirez par le cou, par les épaules, les bras, les avant-bras... les mains... vous inspirez à nouveau par le visage... vous expirez par le cou... la poitrine... le ventre... le bassin... les cuisses... les genoux... les jambes... les pieds... Inspirez à nouveau par le visage... expirez dans tout votre corps... le cou... les bras... la poitrine... les avant-bras... le ventre... le bassin... les mains... les cuisses... les jambes... les pieds... A nouveau, vous portez votre attention sur le visage... relâché... calme... détendu... puis vous portez votre attention sur le bras gauche... parfaitement relâché... détendu... lourd... pesant... puis vous portez votre attention sur le bras droit... parfaitement relâché... lourd... pesant... puis la jambe gauche relâchée... lourde... détendue... très lourde... puis la jambe droite... très relâchée... très lourde... très détendue... lourde... pesante... Tout votre corps est relâché... lourd... pesant... comme un paquet de linge humide... projeté sur le sol... vous sentez votre corps s'enfoncer dans le sol... Très pesant... chaque muscle est détendu... Chaque muscle pèse une tonne... Vous sentez votre corps s'enfoncer dans le sol... comme dans du sable chaud... Vous êtes sur une plage... Vous sentez les rayons du soleil... se poser sur votre peau... Tout votre corps est chaud... relâché... puis vous vous asseyez... Vous sentez votre corps assis sur le sol... vous voyez la plage... la mer... à l'horizon, le soleil se couche... lentement, il descend... les rayons du soleil se reflètent sur les vagues... comme des fils d'argent, ils viennent jusqu'à vous... le ciel est embrasé... rouge... orange... puis le soleil disparaît lentement... vous appréciez le calme... l'équilibre... la paix... vous sentez les parfums... les odeurs... vous percevez le murmure des vagues océanes... vous vous laissez bercer... vous êtes bien... détendu... en paix... Restez ainsi quelques instants.

Maintenant vous allez quitter cette relaxation... Vous portez votre attention au niveau de votre ventre... vous observez le ventre qui monte et qui descend... comme le ferait un bouchon sur l'eau au gré des vagues... puis vous inspirez profondément... vous ouvrez la cage thoracique... les côtes s'écartent... à nouveau, vous inspirez... vous ouvrez bien la cage thoracique... vous gardez l'air dans vos poumons, encore... puis, lentement, vous expirez... très lentement... en contrôlant parfaitement la sortie de l'air par les deux narines...

Lentement, à l'inspiration suivante, vous ouvrez les yeux... Vous êtes bien... vous portez les bras en arrière, vous étirez tout votre corps... et vous vous redressez...

Dans cet exemple de relaxation, qui comporte deux phases, tous les éléments sont réunis pour, en quelques minutes, vous décontracter complètement.

La pratique

La première phase consiste en une prise de conscience de tout son corps, membre par membre. Pour bien des personnes, la première fois, c'est une véritable découverte. La majorité des débutants s'exclame : «C'est incroyable, je vivais depuis tant d'années avec moi-même et je ne me connaissais pas ! Cette relaxation m'a permis de sentir que j'avais un corps !» Essayez vous-même avant de juger cette remarque naïve.

La deuxième phase de cette relaxation permet de renforcer la détente par une visualisation. A partir d'un certain moment, la simple concentration sur les muscles ne suffit plus. Il faut avoir recours à la sensation vécue dans une situation plaisante et relaxante.

Pour l'expérimenter véritablement, enregistrez vous-même* le texte de cette relaxation sur une cassette et écoutez-la : repassez-la dans des conditions adéquates. Veillez à ce que personne ne vienne vous

---

* Ou procurez-vous ma cassette de relaxation.

déranger et laissez-vous porter par les mots. La relaxation guidée par une cassette est bien plus efficace au début qu'une relaxation faite par soi-même mentalement, car cela demande un long entraînement pour arriver à se guider seul. Il faut tout à la fois être bien concentré et bien relaxé. Mais avec la pratique, la venue de l'état de calme est très rapide. Encore plus efficace, au début, est la relaxation guidée par une tierce personne. La voix et la présence extérieures permettent immédiatement de renforcer la puissance de la relaxation et d'en percevoir les bénéfices.

Renforcez vos circuits neuronaux de la réussite

La myorelaxation, c'est-à-dire la détente musculaire de tout le corps, est le prélude indispensable à toute lutte contre le stress et plus encore à toute remise en forme.

La relaxation devient ainsi non seulement un exercice limité dans le temps, mais un véritable art de vivre. Seuls les muscles nécessaires au maintien de la posture ou des mouvements sont utilisés. Pas de froncement de sourcils, pas de contracture des épaules, pas de serrement de mâchoires ou de poings. Tous les muscles sont vivants et permettent à la vie de s'écouler librement. Parallèlement, il n'existe plus de contractions ou de tensions psychiques. L'appareil psychologique n'est pas entravé dans son fonctionnement.

La relaxation est aussi un véritable laboratoire au sein duquel vous pouvez rééduquer vos pensées en apprenant à utiliser des circuits inhabituels. N'avez-vous pas remarqué qu'en général tout sourit toujours aux mêmes personnes ? Et qu'inversement ce sont toujours les mêmes qui ont des problèmes ? Henri Laborit en a merveilleusement expliqué la raison. Nous avons tendance à utiliser de préférence certains circuits neuronaux. Les uns sécrètent des substances apportant joie et satisfaction.

Cela se produit dès qu'il y a sentiment de réussite. Les autres sécrètent des substances engendrant au contraire le mal-être, dès qu'il y a situation désagréable.

Comme l'eau qui descend d'une colline s'écoule de préférence à l'endroit où elle est déjà passée, nous utilisons spontanément les circuits neuronaux déjà bien rodés. Ceux-ci, en fonction de l'habitude, sécrètent des substances euphorisantes ou anxiogènes, tout en renforçant la prédisposition à réenclencher ce même circuit.

Nous pourrions conclure hâtivement que nous n'avons pas de liberté, puisque telle habitude entraîne inéluctablement la même manifestation : «On ne prête qu'aux riches», les gens heureux le resteront, ceux qui réussissent réussiront et ceux qui perdent continueront à perdre. Alors à quoi bon ?

C'est là justement qu'intervient votre libre choix. Il peut orienter des réactions instantanées et prédéterminées.

Et la visualisation en état de relaxation permet de renforcer cette capacité.

Vous vivez réellement ce que vous imaginez

Lorsque vous êtes en état de relaxation, vous êtes particulièrement sensible à toute suggestion. Vous pouvez en profiter pour introduire dans votre inconscient des sensations bénéfiques. Lorsque vous imaginez que vous êtes sur la plage, votre corps tout entier ressent véritablement la chaleur. Lorsque vous voyez le soleil se coucher, votre corps ressent les lumières, les couleurs... Comme lorsque vous dormez et qu'un rêve vous met en sueur, lorsque vous imaginez vivre une situation agréable et paisible, votre corps ressent ces sensations. Lorsque artificiellement, dans votre relaxation, chez vous, vous expérimentez une situation de réussite, vous utilisez des circuits qui, si vous étiez stressé, ne seraient plus utilisés. Ainsi, à force d'entraînement, vous approfondissez de plus en plus cet état et vous sensibilisez de plus en plus vos circuits de la joie et du bonheur. Lorsque ceux-ci sont assez stimulés, ils peuvent concurrencer les circuits de l'anxiété qui étaient habituellement utilisés dans votre vie quotidienne.

Après un certain temps, spontanément, vous serez en mesure de réagir différemment. Vous serez plus à même de choisir la situation la plus favorable au lieu de choisir la plus mauvaise.

Votre vie se construit sur une succession d'instants et de décisions. Elle sera peu à peu orientée positivement si vous pouvez à chaque instant tirer bénéfice de la situation.

Vous pouvez prévoir et réviser mentalement un événement

Outre la possibilité d'être bien détendu, de renforcer votre potentiel de joie et de réussite, la relaxation offre aussi un merveilleux outil pour diminuer le stress d'une situation prévisible.

Après vous être parfaitement relaxé, imaginez la situation qui vous préoccupe. Mais attention : pas avec le sentiment d'anxiété qui l'accompagne dans votre tête, mais au contraire avec un sentiment de plénitude (par exemple le sentiment que vous aurez ressenti en visualisant la plage). Cette sensation de plénitude et de maîtrise parfaite se greffera dans votre cerveau et sera prête lors du déroulement réel de l'événement prévu. Supposez que vous deviez affronter une négociation difficile avec un interlocuteur peu aimable. De cet entretien découle la signature d'un contrat qui peut faire vivre votre société pendant six mois. L'enjeu est important. Vous savez qu'en étant anxieux vous diminuez vos chances. Vous savez qu'en gardant votre calme, en étant maître de vos idées, vous les augmentez. Mais voilà… vous êtes anxieux, et vous vous imaginez bredouillant et incapable de répondre à votre interlocuteur. Alors pour renverser la vapeur, mettez-vous en relaxation. Imaginez-vous détendu, comme sur la plage. Vous arrivez serein, votre interlocuteur est souriant... vous êtes bien... il est même particulièrement admiratif... vous respirez calmement, vous lui expliquez... peut-être à un moment tente-t-il de vous piéger... vous avez la réponse adéquate... dans tous les cas, vous gardez votre calme... vous l'avez séduit... vous signez... puis vous vous imaginez rentrant à votre bureau et faisant part des résultats...

Cette scène, vous la répétez mentalement... vous la gravez dans votre mémoire. Cette répétition n'est pas une garantie de succès, mais je vous assure qu'elle en augmente les chances !

Le concurrent précédent est déjà parti... Il a filé à plus de 100 km à l'heure sur la piste de Val-d'Isère. Les chronomètres vont rendre leur incontournable verdict. Tout au long de cette descente, des taches de couleurs sont comme pétrifiées : les spectateurs ont armé leurs appareils photo et attendent. Dans la station, la vie continue. Mais tout en haut, sur la ligne de départ, les yeux fermés, en parfait état de relaxation, le prochain finaliste est extrêmement concentré. Il visualise à nouveau le circuit. Il se penche à droite puis à gauche. Son bras s'est étendu puis rapproché rapidement. Une contraction musculaire dans sa cuisse a trahi un dernier effort. Puis il se relève de sa position fléchie, ouvre les yeux et se trouve fin prêt. Il a répété mentalement l'épreuve qu'il attend depuis toujours. Physiquement, tout est au point, depuis longtemps déjà. C'est sa force de concentration qui fera la différence, sa croyance dans la réalisation possible de l'exploit. C'est cette force mentale qui départagera les médailles d'or, d'argent et de bronze des champions olympiques.

Comme une flèche, les skis glissent dans la trace d'une victoire...

Cette application de la visualisation a toujours été utilisée et plus encore en pédagogie depuis quelques années. En pédagogie sportive, bien sûr, mais

180

aussi dans le domaine des arts, de la santé... C'est ce que vous faites en utilisant la méthode de révision mentale avant un événement.

Vous souhaitez modifier une habitude de vie

Une autre application, très pratique, de la relaxation concerne le changement des habitudes de vie. Nous fonctionnons au travers d'habitudes. Il est possible de les modifier grâce à la relaxation. Vous avez remarqué combien la vie est une véritable jungle ! Personne ne vous attend pour vous aider, bien au contraire. Nous ne sommes donc pas dans les meilleures conditions pour nous entraîner à lutter contre le stress !

Vous pouvez avoir recours à la relaxation, comme à un espace de tranquillité pour expérimenter des changements dans vos habitudes. Pour cela, il faut opérer en deux temps.

Après vous être relaxé, visualisez la situation que vous ne souhaitez plus vivre. Imaginez-la véritablement. Ressentez tous les éléments à transformer. Puis imaginez symboliquement la fin de cette situation. Par exemple, vous mettez tout dans un sac que vous jetez à l'eau, ou vous barrez avec une croix la scène que vous voyez. Peut-être aurez-vous d'ailleurs visualisé cette scène dans un cadre noir pour bien signifier le changement. Une fois dissocié de cette scène, vous vous projetez dans la visualisation positive. Répétez la scène en l'imaginant sous son aspect le plus favorable. Vous réussissez là où vous aviez des difficultés. Peut-être visualisez-vous cela dans un cadre lumineux pour renforcer l'effet positif.

Tout repose sur votre capacité de vous dissocier de la première situation d'abord, et de vivre véritablement ce que vous souhaitez être ensuite.

La première partie est sans nul doute la plus difficile à réaliser. En effet, depuis toujours, nous avons eu la confirmation de ce que nous pensions être. Nous avons sélectionné dans notre vie les seuls messages qui nous convenaient et qui allaient dans le sens de notre vision du monde. Nous sommes donc intimement persuadés que nous sommes mauvais en mathématiques, que nous ne savons pas dessiner, que nous avons peur de l'eau, que nous ne pouvons pas parler en public... Parfois, cette image est si forte que la simple évocation de la situation nous rend malades. Parfois c'est une situation précise qui a déclenché cette croyance. Il faut alors la retrouver pour s'en dissocier. Une situation déclenchante même ancienne a pu vous faire douter de vous. Par son association intime à votre mémoire, elle oriente à chaque instant vos réactions.

Qu'il s'agisse d'une situation ancienne ou d'une situation répétitive, le processus est le même : il faut vous en dissocier. S'en dissocier, cela signifie ne plus la vivre et ne plus éprouver sensations ni sentiments lors de l'évocation de la scène.

On connaît bien ces processus de dissociation en programmation neurolinguistique ou en yoga-nidra.

Une fois cette opération incisive réussie, il faut combler le vide par une réaction positive. Imaginez alors la scène telle que vous la souhaitez. Vous devez mettre en action le maximum de sens : visuel, auditif, kinesthésique, gustatif, olfactif... pour véritablement vivre l'événement et vous créer une nouvelle mémoire. Ainsi, vous disposerez dans votre cerveau d'une nouvelle façon de réagir et vous pourrez y avoir recours dans la circonstance attendue.

Voltaire résumait très bien tout cela lorsqu'il disait : « Pour être un héros, pensez et vivez en héros. »

Je vous invite à suivre le conseil de Voltaire. Même sans vouloir être un héros, il est des circonstances que l'on souhaiterait changer. La relaxation peut nous y aider.

Le principal handicap de la relaxation: elle paraît trop simple pour être vraiment efficace

Elle ne nécessite ni matériel sophistiqué ni contraintes physiques. Il suffit de s'étendre (mais nous verrons qu'il est possible de le faire assis) et de penser. La simplicité extérieure peut faire croire qu'il ne se passe pas grand-chose à l'intérieur. Erreur! C'est exactement l'inverse. N'oubliez pas que tout ce qui est imaginé est, pour votre organisme, réellement vécu. Ce phénomène est d'ailleurs à double tranchant, car vous pouvez imaginer des situations négatives, interpréter et déformer vos perceptions et réagir devant des événements normaux comme s'il s'agissait d'agressions. C'est ce qui se produit généralement si vous êtes anxieux et pessimiste.

Cette pratique présente une autre difficulté : elle demande une entière disponibilité et un investissement total. Il ne suffit pas de prendre un comprimé! La relaxation oblige à se repenser complètement, à se remettre en question, ce qui n'est pas toujours facile ni agréable.

Mais si vous souhaitez vous débarrasser d'une vieille peau, si vous acceptez de vous projeter vers un avenir meilleur, alors cette méthode vous apportera sûrement de très grandes joies et de sérieux résultats.

La méditation

Malheureusement pour cette méthode millénaire et extraordinairement efficace, la méditation a été et est encore souvent assimilée aux quelques sectes orientalisantes. Cela lui a fait beaucoup de tort. La méditation n'est pas réservée à quelques personnes mal dans leur peau, en quête de silence. Ce n'est pas une fuite du quotidien réservée à des yogis retirés du monde. Elle n'est pas synonyme de « procédé inadapté à notre civilisation et à notre culture ».

Alors qu'est-ce que la méditation? En fait, il

existe toute une graduation dans la pratique de la méditation. Les premières marches sont facilement compréhensibles, lorsqu'on connaît la relaxation. Ces deux méthodes sont très proches l'une de l'autre. Il existe plusieurs niveaux de méditation très bien décrits par Patanjali dans *les Yoga-sutras*. Il est possible de considérer les premières phases de la méditation comme une relaxation assise. Dans une attitude de parfaite détente, jambes croisées, dos redressé sans effort, on doit se sentir en parfaite stabilité. On peut également pratiquer assis sur une chaise ou, pourquoi pas, à genoux.

Il ne faut pas comprendre la méditation dans son sens humaniste de «vagabondage des pensées». Au contraire, tout comme la relaxation, la méditation ne consiste pas à réfléchir mais à canaliser les pensées avec le corps et les sentiments.

La relaxation permet de développer la concentration. Lorsque vous êtes en état de concentration, votre pensée est fixée sur un seul élément et n'est plus perturbée par les autres stimuli. Ce peut être, pour reprendre la relaxation évoquée tout à l'heure, une partie du corps, le souffle, l'image de la mer… Puis un glissement imperceptible se produit vers la méditation. Nous sommes alors, sans effort aucun, en concentration prolongée dans le temps. Aucune vague ne survient, aucune distraction. En pratiquant, on arrive à un sentiment d'unité avec l'objet de la concentration.

L'ensemble de ces trois états, concentration, méditation, union, constitue la méditation véritable. Dans cet état, vous vivez réellement ce que vous méditez : vous êtes pleinement votre corps, vous êtes pleinement votre souffle, la mer, le soleil, le paysage tout entier.

Nous retrouvons là ce qui avait déjà été expliqué pour la relaxation, et nous voyons bien la similitude qui existe entre ces deux méthodes. Mais la méditation débouche très rapidement sur deux autres étapes : la disparition des processus cognitifs (vous êtes sans pensées mais dans un sentiment d'être) ; la disparition du processus temporel (vous êtes en dehors de toute notion de temps ou d'espace).

Certes, parvenir à ces deux dernières étapes requiert une pratique assidue. Mais pour l'avoir expérimentée, et savoir combien elle est bénéfique, je ne puis m'empêcher de vous inviter à la pratiquer. Le silence est extrêmement riche, surtout à notre ère de stress permanent !

L'expérience vivante, par tout votre corps, d'un état de paix, de joie et de sérénité s'accompagne d'un enrichissement de votre potentiel. Cela permettant de vivre mieux chaque seconde du quotidien. Une sensation de ressourcement, d'assise et de confiance se développe, vous donnant à la fois confiance dans la vie et en vous-même. Vous sentez vos potentiels de réalisation et de communication s'agrandir et s'exprimer. Enfin, la possibilité de mieux conduire votre vie à travers les multiples pièges se fait plus nette. Ce n'est pas par hasard si, depuis des milliers d'années, des millions de personnes pratiquent régulièrement ces exercices. Sans vouloir devenir des champions, nous pouvons tous en retirer des bénéfices. Comme on peut pratiquer le vélo, sans vouloir gagner le Tour de France ! Certaines sociétés réservent, au sein de leurs locaux, un espace propre à la relaxation et à la méditation. «Depuis que nous pouvons nous y rendre une demi-heure par jour, au moment qui nous convient, les relations ont considérablement changé ! Les tensions et les conflits sont beaucoup moins fréquents et nous pouvons mieux nous consacrer à notre travail de création», explique Éric, un jeune homme de vingt-cinq ans, designer dans une petite entreprise de communication.

La méditation se manifeste extérieurement par des enregistrements électroencéphalographiques bien spécifiques : ondes alpha et ondes delta signent une relaxation superficielle puis une relaxation profonde ; sans neutraliser les ondes bêta, de vigilance, qui ne disparaissent pas pour autant. Elles définissent un état d'hypervigilance, ce qui correspond bien à la pratique décrite par les expérimentateurs. Ainsi, en méditation, vous pouvez vivre des états dans lesquels vous expérimentez l'absolu. Essayez et vous verrez !

Sachez retrouver votre calme en toute circonstance

Prenez l'habitude de pratiquer* un certain nombre de trucs qui vous permettront de neutraliser les effets du stress au quotidien. Faites en sorte qu'ils deviennent de véritables réflexes. Vous avez tout à y gagner.

A chacune de ces sept situations correspondent des exercices tout à fait adaptés. A votre bureau, devant votre ordinateur, en voiture, en avion ou dans le train, en prévision d'une situation stressante, dans le feu d'une action, et enfin après une journée difficile.

Mais avant de les détailler, je vous propose d'abord quatre exercices à pratiquer chez vous quotidiennement, au calme, et qui compléteront la relaxation précédente : c'est ce que j'appelle le training. Ils vous déstresseront très efficacement et rapidement en vous apportant du calme en prévision des stress à venir.

Pour un certain nombre de personnes, la relaxation, que nous venons de voir et qui par définition est immobile, peut engendrer l'effet inverse en déclenchant un sentiment d'angoisse. Cela se produit en particulier lorsqu'il y a une hyperactivité compensatrice de l'inquiétude. Courante chez les individus de type A, on la rencontre aussi chez les

---

* Aidez-vous avec ma cassette vidéo, *Stress mode d'emploi*, parue aux éditions Ellebore.

personnes dépendantes du stress. C'est pourquoi, si c'est votre cas, vous avez intérêt à préparer la relaxation, et *a fortiori* la méditation, par un ensemble de mouvements dynamiques qui forment l'ensemble de ce chapitre.

Les quatre exercices fondamentaux: le training

S'ancrer et s'étirer : la liaison entre le ciel et la terre

Placez-vous debout, les pieds légèrement écartés, les bras le long du corps. Inspirez lentement en levant les bras vers le ciel. Retenez quelques instants le souffle puis expirez en vous accroupissant. Restez à nouveau quelques instants à vide avant de vous redresser en inspirant et en levant les bras vers le ciel. Refaites cet exercice entre trois et neuf fois de suite.

Veillez à bien relier le souffle et le mouvement. Veillez à allonger le souffle et surtout l'expiration. Veillez à rester à vide et à plein quelques instants. Concentrez-vous sur le mouvement et la sensation de légèreté en montant, sur la sensation d'ancrage et de densité en vous accroupissant.

Cet exercice est difficile à effectuer en cas de rétraction des tendons d'Achille. N'hésitez pas à placer une épaisseur (un livre) sous vos talons pour que ceux-ci restent bien en contact avec un plan dur. Débutez cet exercice rapidement, puis ralentissez progressivement le rythme.

Vous pouvez également, en vous redressant, faire une étape intermédiaire tout en inspirant. Au lieu de passer directement les bras écartés vers le ciel, développez-les à l'horizontale — en croix. Ainsi, les bras vont s'ouvrir vers les côtés puis vers le haut, mobilisant totalement la région thoracique.

Ce mouvement dynamique nous permet de passer sans heurt d'une phase d'activité à une phase de détente, en mobilisant la respiration dans sa totalité.

Laissez-vous bercer par la vague

Allongez-vous sur un plan dur. Comme pour la relaxation, gardez les jambes légèrement écartées, les bras le long du corps et les paumes des mains tournées vers le ciel. Puis vous basculez le bassin d'avant en arrière et d'arrière en avant. Essayez de faire disparaître la cambrure du bas du dos en touchant le sol avec les lombaires. Puis, cambrez un peu plus le bas du dos pour ne plus faire toucher cette région. Lorsque le mouvement est bien intégré, joignez-y le souffle : à l'inspiration, creusez le bas du dos, et à l'expiration, plaquez le bas du dos au sol.

Faites un mouvement doux, régulier, coulé. Continuez plusieurs fois l'exercice en portant votre attention sur tout le bassin : muscles, pièces osseuses, sensations... Puis étendez l'observation à tout le dos et en particulier à la colonne vertébrale. Remarquez ses mouvements : est-ce que la nuque bouge également ? Est-elle immobile ? Si elle bouge, est-ce en même temps que la région lombaire ?

Observez l'unité de tout le rachis : lorsque vous creusez le bas du dos, votre nuque s'allonge. Lorsque vous plaquez le bas du dos au sol, votre nuque se creuse... Ce mouvement de la vague est un exercice fondamental. Il permet, en quelques secondes, d'atteindre une myorelaxation très profonde de tout le dos. A la fin d'une journée harassante, lorsque votre dos est moulu, qu'il vous tiraille dans tous les sens, avec des douleurs comme des morsures, n'hésitez pas à vous allonger quelques instants et à faire le mouvement de la vague. Vous pourrez repartir en pleine possession de tous vos moyens.

Le chien et le chat

Une autre version de la vague se fait à quatre pattes. Dans ce troisième exercice, nous retrouvons aussi un mouvement d'ondulation de tout le rachis. Une extension suit une flexion. Ouverture, fermeture permettent une mobilisation complète de tous nos muscles crispés sous le coup des tensions et des stress tant psychiques que physiques (bruits, lumière...).

Placez-vous tout d'abord à genoux : assis sur les talons, sans que vos fesses quittent les talons, allongez vos bras sur le sol devant vous et posez le front au sol. Vous avez ainsi déterminé la distance à laquelle vous devez placer vos mains. Puis placez-vous à quatre pattes en inspirant. Dans cette posture, faites successivement le dos rond et le dos creux. Exécutez cet exercice plusieurs fois. Il doit se faire avec facilité. Puis associez le souffle au mouvement : à l'inspiration, vous creusez le dos ; à l'expiration, vous arrondissez le dos. Refaites l'exercice plusieurs fois. Veillez à bien allier souffle et mouvement. Veillez à bien allonger les respirations. Portez votre attention sur l'alternance ouverture/fermeture, et sur le sentiment d'équilibre. Veillez à faire partir le mouvement du bassin. C'est la bascule du bassin qui entraîne le reste du rachis dans sa course, comme le ferait une roue dentée avec une chaîne.

Cette alternance chien et chat permet une parfaite prise de conscience de tout le rachis, du dos et de la face abdominale, ainsi que de la poitrine. L'ouverture de la face avant permet une redistribution des équilibres musculo-tendineux. Elle nous aide à nous débarrasser des serrements, des boules à la gorge, des oppressions de poitrine...

Comme les deux premiers, cet exercice de base est à pratiquer en fin de journée pour se recharger, ou en début de journée pour se préparer une réserve interne de calme.

La respiration alternée

Le dernier exercice particulièrement harmonisant consiste en une respiration alternée, avec une narine puis l'autre.

Asseyez-vous confortablement et observez votre

souffle quelques instants. Ainsi installé, fermez la narine droite avec le pouce de la main droite. Par la narine libre, inspirez lentement. Après une pause, fermez la narine gauche avec l'index de la main droite (vous ferez toujours cet exercice avec la main droite) et expirez avec la narine droite. Puis inspirez à droite, et expirez à gauche.

Ce cycle inspir gauche/expir droite/inspir droite/expir gauche forme un cycle respiratoire. Enchaînez plusieurs cycles et terminez par une expiration à gauche.

Veillez à prendre tout votre temps. Veillez à faire une petite pause poumons pleins et poumons vides. Veillez à ne pas créer de crispations musculaires. Veillez à ne jamais être essoufflé.

Cet exercice, vieux comme le monde, est l'un des plus efficaces pour rééquilibrer complètement un organisme fatigué. Sa pratique régulière, jusqu'à trois fois par jour, déclenche un processus anti-stress salutaire, qui permet de lutter contre les processus morbides.

Jean, contrôleur de gestion, présente depuis cinq ans une hypertension artérielle (HTA) vraie. Il a dû débuter un traitement antihypertenseur car sa maxima était à 18 et sa minima à 10. Il avait entrepris un régime sans résultat. Après six mois, la tension artérielle ne se modifiant pas, son médecin s'était résolu à le traiter. Aujourd'hui, Jean n'a plus de traitement. Depuis six mois, sa pression s'est normalisée à 15-9, parfois même à 14,5-8,5. Jean pratique régulièrement la respiration alternée, calmement, posément. Comme il le dit : « Matin, midi et soir, je prends mes sept cuillerées à soupe d'air rythmé, et avec cela je vais bien sans aucun effet secondaire. »

Vous voilà maintenant en possession de quatre exercices fondamentaux : la liaison entre ciel et terre, la vague, le chien et le chat, et la respiration alternée. Ils sont associés à la relaxation. L'ensemble de ces exercices prend à peu près quinze minutes. Avec la relaxation, le temps nécessaire sera un peu plus long. Mais quel gain d'énergie et de temps pour votre soirée et pour le jour suivant!

A votre coucher et à votre réveil

Développez des projets positifs et enthousiasmants. C'est mon dernier conseil à ajouter à votre programme quotidien! Vous connaissez la force de l'inconscient. Ne le laissez pas vous dominer. Ne vous endormez jamais sur des pensées moroses; cultivez des pensées positives, gaies, agréables. Imaginez lors d'une relaxation un immense soleil levant qui vient éclairer tout votre corps. Pendant la nuit, cette sensation sera présente et influencera positivement tout votre être.

Au réveil, développez des pensées agréables. Ayez envie de vous lever, imaginez les points forts, enthousiasmants de votre journée. Laissez-vous gagner par l'énergie qui vous habite lorsque quelques événements passionnants sont présents. Cela vous préparera merveilleusement et sera d'autant plus efficace qu'à l'endormissement et au réveil l'inconscient est beaucoup plus sensible et influençable. Les images pénètrent merveilleusement au plus profond des cellules.

Inversez donc le processus que la majorité des gens subissent: les pensées négatives qui s'auto-alimentent et qui finissent par vous décourager et vous anéantir. Renversez la vapeur! Matin et soir, soyez attentif à développer des sentiments positifs.

Sachez vous détendre en toute circonstance

Vous allez maintenant étudier et pratiquer des exercices qui, fondamentalement, vous procureront une réserve permanente de calme et vous permettront de vous recharger, même en période intense de stress. Pour qu'ils soient efficaces, il faut les pratiquer dès à présent et régulièrement en dehors de toute crise. Heureusement, ces exercices sont agréables à exécuter et déclenchent un état de bien-être immédiat, vraisemblablement grâce à leur capacité de déclencher la sécrétion d'endorphines et de renforcer le fonctionnement du système para-sympathique.

Le résultat que vous pourrez en retirer est directement lié à votre pratique. Il ne suffit malheureusement pas de les faire une fois de temps en temps pour effacer les méfaits du stress en période de surmenage intense.

Vous pourrez toujours à un moment donné vous sentir débordé. A cet instant plus qu'à tout autre, il ne vous faudra réagir ni par un excès d'émotivité ou d'agressivité ni par un réflexe d'inhibition. Il vous faudra non pas maîtriser ou bloquer votre stress, mais le conduire et le canaliser en développant des sensations de détente.

Conserver votre sang-froid aura pour vous une signification bien différente des autres.

Vous allez donc avoir à votre disposition toute une panoplie de «trucs» qui vous aideront. Vous gardez peut-être déjà votre calme dans la plus grande partie des situations. Vous pourrez approfondir encore cette possibilité. Peut-être utilisez-vous déjà spontanément certains de ces exercices? C'est très possible car ils n'ont rien de secret et sont universels. Beaucoup de managers m'ont déjà fait part de l'utilisation intuitive de ces méthodes.

Maîtrisez parfaitement les bases de la relaxation-minute: assise, souffle et pensée

Que se passe-t-il quand vous êtes stressé? Vous vous contractez inconsciemment. Certains groupes de muscles se contractent, entraînant tensions, douleurs et baisse d'énergie tout en vous déstabilisant dans votre attitude et posture.

Le premier principe des exercices de relaxation-minute est de vous amener à une contraction extrême et consciente, suivie d'une relaxation inévitable. La majeure partie des exercices proposés est fondée sur ce principe contraction/détente et vous ramènera dans votre véritable équilibre physique.

Aucune réelle relaxation et aucun réel état de détente ne peuvent être atteints si vous n'êtes pas confortablement installé.

A tout instant, sachez retrouver votre aplomb. Tous les exercices ont cet objectif. Ils vous permettront d'être installé dans une attitude stable et confortable. Si tel est le cas, bien assis ou bien campé sur vos deux jambes, nul stress ne pourra vous désarçonner.

Que se produit-il encore lorsque vous êtes sous la dépendance d'une émotion : peur, colère, joie…? Votre respiration se perturbe. Elle se bloque, se superficialise, ou s'accélère. Votre fréquence respiratoire — de même que l'amplitude de votre respiration — est intimement liée à votre état émotionnel. Elle en est le reflet exact. Lorsque vous respirez calmement, profondément, vous générez un état de calme. Cette constatation est à la base de la **méthode de conduction des émotions**.

Enfin, que se passe-t-il quand vous êtes sous l'empire du stress ? Vos pensées sont négatives et bousculées. Le dernier principe sur lequel repose la relaxation-minute fait appel aux ressources inépuisables de votre cerveau. Vous l'avez déjà expérimenté dans la relaxation : il s'agit d'imaginer une situation agréable.

Peut-être reprendrez-vous un exercice dont vous avez l'habitude en relaxation, par exemple celui de la plage. Dans tous les cas, sachez, dans les moments difficiles, vous évader mentalement. Grâce à cela, vous déclencherez des sensations de calme et de bien-être.

Le premier exercice d'application du premier principe consiste à vous asseoir bien droit sur votre chaise ou dans votre fauteuil. Placez vos pieds bien en contact avec le sol. Sentez le contact de vos fessiers sur votre chaise et basculez légèrement votre bassin pour redresser le bas de votre dos vers le ciel. Puis ressentez la bonne position de toute votre colonne vertébrale et surtout l'équilibre et la détente qui en résultent. Enfin prenez conscience de la sensation de stabilité qui émane de cette attitude, c'est cela qu'il faut retrouver le plus souvent possible pour être stable physiquement et psychiquement.

Le deuxième exercice d'application concerne la prise de conscience du souffle.

Vous devez, après un entraînement en dehors de toute condition stressante, être capable de porter votre attention sur votre souffle dans n'importe quelle circonstance. En prenant conscience de la respiration, vous allez instantanément déclencher un réflexe qui en ralentit la fréquence. Au début, votre souffle sera un peu perturbé, vous éprouverez le besoin de respirer plus profondément une ou deux fois. Mais peu à peu, celui-ci se régularisera, vous apportant calme, détente. Les émotions qui vous gagnaient seront ainsi neutralisées.

Pour cela, portez dès maintenant votre attention à l'entrée de vos narines. Observez l'air qui entre et qui sort... Peut-être éprouvez-vous le sentiment que votre respiration se coince... n'hésitez pas à respirer profondément... inspirez profondément... et expirez lentement, comme pour vider, lâcher, vous débarrasser de vos tensions... reprenez la concentration à l'entrée des narines... à l'inspiration, sentez le contact de l'air sur les muqueuses du nez... à l'expiration, écoutez le bruit que produit l'air en sortant.

Suivez l'air qui pénètre dans votre corps... sentez-le dans l'arrière-gorge... imaginez-le qui rentre et qui sort des poumons... puis encore plus profondément, imaginez l'air qui pénètre dans le ventre... Bien sûr, c'est le diaphragme qui repousse l'abdomen et qui entraîne le gonflement du ventre... mais imaginez que le souffle entre dans votre ventre... A l'inspir, ressentez l'air qui suit le trajet du nez... arrière-gorge... poumons... ventre, et à l'expir en sens inverse… ventre… poitrine… arrière-gorge… nez…

Vous avez remarqué que vous avez très bien pu lire ce texte tout en vous concentrant sur le souffle.

Cet exercice d'observation est très riche. Il débouche sur une multitude d'applications dont la première est la conduite de ses émotions à tout instant.

Dès que vous aurez bien maîtrisé cet exercice, vous pourrez même vous contenter de porter votre attention soit dans le ventre, soit à l'entrée des narines. Par réflexe conditionné, vous prendrez conscience de l'air qui entre et sort, et vous déclencherez une fréquence basse liée au calme.

C'est ainsi qu'en toute occasion vous saurez ne plus vous laisser dépasser par vos émotions, ou par la fatigue.

Enfin, le troisième exercice de base pour induire instantanément la relaxation concerne la visualisation que nous avons développée dans le chapitre précédent.

A votre bureau

Il se peut que vous disposiez d'un bureau ou d'une pièce calme où vous pouvez être seul. Dans ce cas, en plus des trois éléments fondamentaux de la relaxation-minute vus précédemment: assise stable, souffle calme et pensées agréables, il vous est possible d'avoir recours à d'autres exercices qui requièrent un peu plus d'espace.

Tout d'abord, si vous pouvez vous mettre debout, l'exercice le plus efficace est l'hémicontraction. Cet exercice mobilise à lui seul l'ensemble de tous nos muscles. Il est à la portée de chacun et d'une simplicité extrême. Il m'a été rapporté par l'un des pionniers du yoga en France, mon ami Philippe de Méric.

Mettez-vous debout et écartez les pieds. Tenez-vous bien droit pour débuter, puis fléchissez une jambe... la droite par exemple. Tout le poids de votre corps repose sur cette jambe dont tous les muscles sont contractés. Dans le même temps, pliez votre bras droit et contractez-le de toutes vos forces. Tout le côté droit se retrouve ainsi contracté au maximum. Mais attention : vous pouvez négligemment contracter quelques muscles à gauche. Or, il faut absolument garder cette partie du corps parfaitement lâche et détendue. Après quelques secondes, vous changez de côté pour contracter à gauche et relâcher à droite.

Veillez à associer la respiration au mouvement. Veillez, au moment de la contraction, à mettre toutes vos tensions dans ce geste. Ne vous contentez pas de faire l'hémicontraction machinalement, de façon réflexe. Soyez très présent : « Je mets toutes les tensions dans ce côté, je contracte très fort, de plus en plus fort, encore... encore... puis je laisse tout disparaître, s'évanouir... les tensions laissent place à un sentiment de liberté... » Après ces contractions que vous pouvez répéter plusieurs fois, accordez-vous quelques respirations profondes et complètes. Vous pouvez très bien l'associer à l'exercice de liaison ciel-terre vu dans le cadre du training.

Et si vous vous en moquiez ?

En clair, toute la philosophie de la gestion du stress repose sur votre capacité de vous détacher, de prendre du recul par rapport aux événements sans en être affecté.

Le corps physique est la fidèle réplique de votre corps plus subtil, émotionnel et mental. Toute tension à un niveau se transmet à l'autre niveau. C'est ainsi que se constitue une gangue, qui caparaçonne vos muscles, ne les laissant plus libres de leur vie. L'un des meilleurs exemples de ce processus est le syndrome d'Atlas.

Qui dit stress dit souvent sensation d'être dépassé par les événements et de devoir porter le monde sur ses épaules. Lorsque cette sensation existe, elle s'accompagne souvent d'une tension musculaire importante de la région cervicale. La nuque, les épaules sont alors contractées et très douloureuses.

Tout comme Atlas, qui, dans la mythologie grecque, est condamné à porter l'univers sur ses épaules, vous avez le sentiment de porter une véritable chape de plomb. Parfois, cette ankylose n'est pas perçue directement mais seulement à l'examen clinique, à la pression ou à la palpation. Parfois, ce n'est qu'à minima que ce processus se déclenche. Mais dans tous les cas, vous pouvez vous en débarrasser par un exercice, encore une fois très simple.

N'avez-vous jamais observé les attitudes des uns et des autres lorsqu'ils décident de ne plus être affectés par un sujet et donc de s'en moquer? Que font les enfants quand quelque chose ne les intéresse pas? Ils haussent les épaules!

Tout simplement, ils contractent les épaules pour les soulever, puis les relâcher. Par ce geste, ils signifient qu'ils ne sont plus concernés par ce qui vient d'être dit ou de se produire: cela n'a pas d'importance, ils s'en moquent. Faites de même: debout, inspirez en levant les épaules puis relâchez-les en expirant par la bouche. Après deux-trois contractions/relaxations, vous ressentez déjà une différence notable. Les muscles se décontractent, et psychologiquement vous êtes plus disponible.

Vous pouvez parfaire l'exercice en y ajoutant deux autres pratiques. D'abord, continuez physiquement à éliminer les petites tensions musculaires. Écartez les bras à l'horizontale en inspirant, retenez le souffle quelques instants en poussant les bras de chaque côté, les mains tirées vers vous. Sentez toute la charge que vous portez dans vos bras à cet instant, puis relâchez en expirant. Vous pouvez faire de même à la verticale. Toute la ceinture scapulaire sera comme essorée: contractée, étirée, relâchée, dans tous les sens, progressivement. S'il restait quelques myofibrilles encore crispées, elles ne peuvent que s'aligner sur le fonctionnement des autres.

Ensuite, une fois debout, vous pouvez continuer mentalement à éliminer les tensions musculaires. Vous aurez recours pour cela à un intermédiaire symbolique. Les bras le long du corps, les jambes toujours écartées, imaginez-vous tout d'abord bien ancré dans le sol. Puis, je vous invite à vous débarrasser de votre «sac à dos». La charge que vous avez sur les épaules glisse parfois le long du dos et engendre des douleurs sur toute sa surface.

«J'en ai plein le dos, j'ai les reins brisés, je n'ai plus les reins solides, il m'en a trop fait porter...» Toutes ces expressions reflètent le langage imagé du corps qui localise très bien les zones de fragilité dans certains stress. En haussant les épaules, vous avez appris à associer geste et pensée. De la même façon, vous allez symboliquement vous décharger de ces sensations en imaginant que tous ces poids sont un sac à dos trop lourd. Il ne vous reste plus qu'à le déposer au sol. Mentalement bien sûr!

Bien installé, debout, vous fermez les yeux. Vous portez toute votre attention dans votre dos. Vous ressentez cette charge, ces poids qui vous gênent dans vos activités. Ils sont en fait un sac que vous portez sur votre dos et vos épaules. Lentement, vous le déposez de côté, vous libérez une courroie, puis une autre, et vous vous retrouvez libre. Enfin, vous vous sentez léger, et capable d'avancer sans être retenu par cette gangue qui a maintenant disparu.

Après ces trois exercices, hémicontraction, haussement des épaules et abandon du sac, que vous avez pratiqués debout, vous pouvez dès lors vous rasseoir à votre bureau. Lorsque vous vous étirez spontanément à votre bureau, n'avez-vous pas remarqué que vous faites les mêmes gestes? Vous luttez contre tous ces blocages d'énergie qui sont particulièrement néfastes et qui emprisonnent les tensions. La prochaine fois, étirez-vous, bougez les épaules, marchez un peu et associez les trois exercices précédents. Imaginez-vous débarrassé de tout ce qui vous gêne... et vous serez déjà mieux.

Parfois, il sera malvenu de faire ces exercices dans un bureau. Alors toutes les heures, levez-vous et allez marcher un peu. Vous pouvez même, par exemple, aller dans les toilettes, pour vous isoler et faire ces quelques exercices.

Si cela s'avère impossible, vous pouvez avoir recours à quelques exercices qui se pratiquent assis. Certains requièrent de grands gestes qu'il peut être délicat de pratiquer si des collaborateurs vous observent. D'autres sont plus abordables. Certains exercices d'étirement ressemblent aux gestes que ferait un chat pour retrouver sa souplesse et son énergie. Ils peuvent être pratiqués même dans un bureau paysager. Nous les décrirons dans les chapitres suivants.

Pourtant, suite à l'un des stages de gestion du stress Holios, un des participants, qui travaille dans un espace sans parois opaques, a continué à pratiquer certains exercices. Toute la direction le voyait s'étirer, bâiller, souffler. Peu à peu, comme un mot d'ordre, la pause antistress s'est propagée à l'ensemble de l'étage. Un souffle nouveau s'est répandu sur l'ensemble du personnel, et le fait d'être plusieurs devint une stimulation et un encouragement au lieu d'un frein.

Pratiquez les gestes conscients de dispersion du stress

Un geste conscient est un geste pratiqué avec une grande présence, en s'impliquant totalement, corps et âme. Pour en renforcer l'effet, on y associe le souffle.

De tels gestes vous engagent totalement, et lorsque ce sont des gestes symboliques comme le haussement des épaules, ils vous permettent de vivre pleinement la réalisation de ce geste.

Ces exercices reposent parfois sur des gestes très

précis. Voyons le premier de ces gestes conscients. Vous êtes assis sur votre chaise ou dans votre fauteuil. Vous vous installez confortablement, sans tension, le dos droit. Vous tendez vos bras devant vous : les poings fermés, avec juste le pouce redressé, comme pour dire « tout va bien » ou pour faire de l'auto-stop.

Dans cette position, vous vous concentrez fermement sur vos pouces en y canalisant tout votre stress. Vous imaginez que toutes les tensions de votre corps s'y réunissent. C'est à cet instant que se joue l'efficacité de l'exercice. Vous devez véritablement sentir que tous vos stress se déversent en ce point. Répétez-vous mentalement : « Je sens toutes les tensions se fixer en ce point sur lequel je me concentre. »

Puis, vous expirez progressivement en faisant dessiner à vos bras une courbe qui plonge vers le bas avant de se relever de chaque côté. A ce moment, vous ouvrez les mains et écartez les doigts comme pour laisser filer tous les stress à l'extérieur. Ainsi, après avoir concentré en un même point toutes les tensions, vous les faites s'envoler. D'ailleurs, vos bras s'ouvrent un peu comme deux ailes, vers l'infini.

La spirale et la sinusoïde,
autres gestes symboliques

Le premier geste symbolise l'éclatement d'un processus de tension. Après avoir fait disparaître ce qui était négatif, la place est libre pour y implanter des sensations bénéfiques. C'est important car la nature a horreur du vide. Si vous n'y déposiez pas une graine de calme, très vite les tensions vous submergeraient à nouveau.

Toujours installé confortablement, vous allez tendre vos bras et dessiner avec chacun d'eux une spirale centripète qui part de l'extérieur vers le centre. Vous dessinez des cercles de plus en plus petits pendant que vous inspirez. Puis vous vous immobilisez, les bras tendus devant vous, en ressentant consciemment la concentration. Vous êtes disponible pour vous remettre au travail.

Si vous avez plutôt besoin de vous harmoniser, vous ferez un mouvement de vague avec les bras en dessinant une sinusoïde. L'inspiration et l'expiration seront rythmées par le mouvement. Veillez à être véritablement conscient. Soyez présent dans les gestes, habitez de toutes vos sensations votre corps et surtout vos bras.

Une fois encore, faire des moulinets avec les bras, même assis, peut ne pas être toujours pratique si vous êtes avec d'autres personnes. C'est pourquoi nous vous proposons aussi des exercices invisibles.

Relaxation-minute invisible

Assis à votre chaise, vous allez appliquer les bases fondamentales de ces pratiques : contraction intérieure de vos muscles pour entraîner par voie réflexe leur profonde relaxation.

Attrapez les bords de l'assise de votre chaise, inspirez à fond en contractant de plus en plus vos doigts et en exerçant une traction avec vos bras de haut en bas, comme pour vous clouer à votre chaise. Retenez votre souffle quelques secondes, puis expirez dans un soupir. Refaites le même exercice avec votre table : attrapez-la furieusement et serrez-la très fort. Dans le même temps vous pouvez contracter tout le visage au maximum... si cela n'inquiète pas vos collaborateurs. Enfin, pour faire circuler l'énergie bloquée dans vos membres inférieurs, posez vos pieds bien à plat sur le sol, avec les jambes suffisamment repliées pour qu'elles soient à peu près à la verticale des cuisses. Posez vos avant-bras sur la table qui est devant vous, bras parallèles. Inspirez lentement en soulevant les fesses de la chaise. Vous vous retrouvez en équilibre, jambes fléchies, légèrement basculé en avant et prenant appui sur la table. Comme pour la plus grande partie de ces exercices, restez quelques instants dans cette position, puis expirez en vous asseyant à nouveau.

Redécouvrez le bâillement

Vous n'avez sans doute pas attendu la lecture de cet ouvrage pour bâiller ! Mais savez-vous vraiment utiliser les bénéfices que peut vous apporter un bâillement ? Essayez dès maintenant : inspirez profondément, puis en expirant, écartez très grand les mâchoires. Refaites deux ou trois fois l'exercice. Vous allez déclencher après quelques instants un bâillement naturel. En augmentant l'amplitude respiratoire, en contractant les muscles de la face, vous allez vous déstresser et vous défatiguer immédiatement. En règle générale, cet exercice provoque une succession de bâillements qui ont une répercussion bénéfique sur l'ensemble de votre corps. Ce « truc » peut être utilisé dans la majeure partie des circonstances de votre vie.

Grâce à ces quelques exercices, vous pouvez déjà, en toute sérénité, affronter des journées longues et pénibles. Quand !a prévention et l'organisation ne suffisent pas pour éviter les stress, il faut savoir, dans l'épreuve, y faire face et les dissiper. Vous disposez maintenant de quelques armes supplémentaires. Peut-être ne seront-elles pas tout à fait adaptées à votre personnalité, à vos possibilités ? Cela n'a aucune importance si vous en trouvez d'autres qui vous conviennent mieux. L'essentiel est que vous trouviez vos propres méthodes. Ces exercices vous sont donnés à titre indicatif, parce qu'ils ont été depuis longtemps expérimentés et qu'ils ont fait leurs preuves.

Palming et massage devant l'ordinateur

Il existe encore de nombreuses situations où le stress peut vous gagner. Lorsque vous êtes devant un ordinateur par exemple, que pouvez-vous faire ?

Vous avez certainement déjà ressenti, après avoir passé un certain temps les yeux fixés sur votre écran, non seulement une fatigue oculaire, mais aussi une fatigue générale. Heureusement il existe des exercices pour contrer ces perturbations. Ils sont indispensables aujourd'hui, tant nous sommes fréquemment concernés par ce fait d'époque.

Le premier exercice concerne la relaxation oculo-motrice. Vous devez, après avoir frotté vos mains et les avoir ainsi chargées en «énergie», les appliquer sur les yeux. Attention : il ne suffit pas de les poser machinalement. Voici la technique du palming : posez les mains l'une sur l'autre, de façon qu'elles soient à la perpendiculaire l'une de l'autre. Le cinquième doigt de la main droite vient se poser exactement à la racine des doigts de l'autre main. Les paumes sont bien sûr tournées vers vous, et le dos des doigts de la main droite se trouve en contact avec la face palmaire des doigts de la main gauche. Vous avez ainsi une équerre formée de deux branches. Vous déposez alors cet ensemble sur votre nez tout comme vous chausseriez un binocle ; la tranche interne des mains se trouve en contact avec le nez, tandis que les paumes recouvrent les orbites. Les autres côtés épousent parfaitement les reliefs du front et des tempes. Vous êtes alors dans le *noir absolu*. Si ce n'est pas le cas, faites en sorte de l'obtenir. Dans cette position, vous devez garder les yeux ouverts. C'est l'absence de lumière associée à l'ouverture des yeux qui engendre la détente. Pour rester dans cette position sans fatiguer vos bras, vous pouvez poser les coudes sur une table ou un bureau.

Veillez bien à garder les yeux ouverts dans un noir absolu. Veillez à le faire régulièrement. Si possible toutes les heures. Au moins une à deux fois par jour.

Le deuxième exercice s'effectue après s'être lavé les mains. Frottez vos mains comme précédemment et posez-les chacune sur la moitié de votre visage.

Appréciez bien ce contact apaisant, puis faites un léger massage par pression rotative, en remontant du bas vers le haut. N'oubliez pas le front, les tempes, les paupières, le cou. Terminez en glissant le long du cou jusqu'à la nuque que vous empoignez légèrement pour la masser.

Au volant de votre voiture

Vous allez maintenant apprendre à retrouver votre calme dans une situation non moins fréquente aujourd'hui : la conduite automobile.

Lorsque vous vous trouvez dans la circulation urbaine, vous affrontez d'innombrables sources de stress. D'autant qu'en général vous êtes en retard, ou pour le moins pressé. Comment aborder ce temps et ce lieu, sources de tant de tourments ? Indépendamment de l'ambiance confortable, de l'option boîte automatique, de la diffusion de quelques huiles essentielles dans l'habitacle, de nombreuses autres méthodes sont propices à vous déstresser.

En premier lieu, observez une coupure. Ne vous précipitez pas au volant pour démarrer sans prendre le temps de respirer. Une fois assis, saisissez le volant. Ne mettez pas encore le contact. Agrippez-vous au volant. Inspirez lentement. Serrez vos mains de toutes vos forces, puis expirez calmement et profondément en relâchant votre prise. Recommencez deux ou trois fois, puis secouez légèrement vos bras.

Enfin, respirez profondément trois fois en prenant bien conscience de votre souffle. Ce n'est qu'après avoir repris vie que vous pourrez, détendu, introduire la clé de contact et démarrer. Si c'est nécessaire, vous pouvez tout à fait recommencer l'exercice, à un feu rouge par exemple. Ainsi, ces déplacements, qui pour beaucoup sont une perte de temps considérable, deviendront une occasion agréable de prendre du temps pour vous. Personnellement, mon domicile est à une quinzaine de kilomètres de mon cabinet. Ce serait peu si j'habitais à la campagne. Mais ce sont quinze kilomètres de banlieue et de traversée de Paris ! Il me faut compter une bonne heure, voire une heure et demie le matin, et un peu moins d'une heure le soir. En règle générale, on considère que cela correspond à deux heures ou deux heures et demie de stress quotidien. Je m'inscris en faux ! Pour moi, ce temps passé en voiture est au contraire un temps de repos et de calme. Comme je l'évoquais précédemment, ma voiture possède une boîte automatique. Condition *sine qua non* pour ne pas s'énerver, surtout dans Paris. Ainsi, loin de moi la préoccupation de passer sans cesse d'une vitesse à l'autre. Instinctivement, seul mon pied droit agit. De plus, mon autoradio est réglé sur une fréquence qui ne diffuse pas de rythmes endiablés. Enfin, un petit flacon d'huiles essentielles contenant en règle générale de la menthe (*mentha piperita*) est disponible pour me rafraîchir et me tonifier. Une goutte, que je verse sur mon index, diffuse rapidement et se répand dans l'atmosphère. Enfin, si jamais je sors d'une réunion où certaines tensions se sont manifestées, j'utilise la respiration pour me « nettoyer » complètement.

Je me souviens d'une élève, il y a de cela une dizaine d'années, qui avait assisté à un stage à Libourne. Je lui avais conseillé cette pratique pour bien séparer les différentes actions de sa vie et se libérer des tensions d'une situation avant de passer à une autre. Quelle n'a pas été ma surprise lorsqu'elle me dit, trois mois plus tard, que depuis cette période sa 4 L démarrait du premier coup ! Avant, elle arrivait à toute vitesse, se précipitait pour tourner la clé de contact, et en général noyait le moteur. En hiver, sa voiture avait des difficultés à démarrer. Depuis qu'elle prenait le temps de respirer profondément avant de tourner la clé de contact, la voiture partait du premier coup. Il n'y a en cela aucune magie. Auparavant, l'excitation ne lui permettait pas de coordonner efficacement pieds et mains. Aujourd'hui, elle peut, avec calme, démarrer rapidement. En investissant trente secondes, elle gagne plusieurs minutes et s'évite bien des angoisses.

Dans les transports en commun

D'autres exercices sont plus indiqués si vous devez voyager en train ou en avion. Si vous êtes amené à vous déplacer fréquemment, vous savez que cela représente une perte de temps importante. Dorénavant, ces temps de déplacement deviendront de véritables investissements pour votre détente et votre forme. Profitez-en pour vous relaxer. Emportez avec vous un baladeur. Il existe des écouteurs très discrets qui vous permettront d'écouter ce que vous voulez sans que personne le remarque. Surtout si vous prenez soin au préalable de faire passer le fil par une manche ou dans votre chemise, jusqu'à la ceinture où est accroché le lecteur. Ecoutez alors des cassettes de relaxation, des musiques relaxantes...

Si, malgré tout, vous ressentez encore du stress, alors ayez recours aux exercices suivants.

Oui-non

Vous vous en êtes rendu compte, les tensions se placent en priorité dans la région cervicale. Pendant deux ans, j'ai organisé des cours de relaxation et de yoga dans un service de rééducation fonctionnelle. Il s'agissait du service du Pr Hammonet, au sein duquel étaient hospitalisés des malades gravement atteints : hémiplégiques, tétraplégiques, malades amputés des membres inférieurs... Tous venaient au cours en fauteuil roulant. Les possibilités de mouvements étaient bien limitées. Et pourtant, moi-même comme les autres professeurs qui participaient à l'expérience avons pu accomplir avec ces élèves des exercices extraordinaires qui, pour certains, ont été d'une aide très précieuse.

C'est avec émotion que nous évoquons cette période avec les autres professeurs, tant cela leur apportait un bénéfice important.

C'est de cette expérience que sont tirées les pratiques du «oui-non» et la circumduction de la tête. Vous pouvez les pratiquer en toute discrétion, et personne, dans une cabine d'avion ou un compartiment de train, ne vous les reprochera.

Inspirez en portant la tête en arrière, expirez en portant la tête en avant. Attention : ne vous contentez pas de casser la tête en arrière ou de la basculer en avant. Lorsque vous portez la tête en arrière, veillez à étirer le cou vers le ciel. Lorsque vous portez la tête en avant, veillez à étirer la nuque vers le ciel. De cette façon, vous ne créerez pas de cassure au niveau des vertèbres, en allongeant le rachis vers le haut.

La deuxième phase de l'exercice consiste en une rotation de la tête par rapport aux épaules. Là encore, veillez à ne pas tasser la nuque. Ne forcez pas. Faites une très légère rotation, très très douce. N'oubliez pas que vous la faites pour détendre, assouplir, nourrir, et non l'inverse. Vous pouvez en même temps introduire la respiration : inspiration en tournant la tête de l'avant vers l'arrière, expiration de l'arrière vers l'avant.

Dans le train ou l'avion, n'hésitez pas à utiliser également les méthodes vues précédemment comme la relaxation des épaules qui consistait, tout en haussant les épaules, à se dire mentalement : «Je m'en moque, je m'en moque.» Il existe un exercice encore plus discret. Il consiste à fermer un poing, par exemple le droit, et à appuyer avec celui-ci contre la paume de la main gauche qui lui résiste. Les deux avant-bras sont dans un même prolongement et la contraction se répercute essentiellement sur les pectoraux. Cette contraction contre résistance, outre son effet de musculation, permet comme toutes les autres contractions de faire exploser les tensions en les concentrant avant de les relâcher.

Veillez à inspirer pendant le début des contractions, puis expirez. Veillez à respirer calmement trois fois après l'exercice.

Le dernier exercice est à pratiquer les bras croisés. Vous inspirez en croisant les bras, puis vous retenez le souffle en contractant fortement toute cette zone. Après avoir relâché les bras, veillez encore une fois à respirer profondément.

Tous ces exercices, bâiller, prendre conscience du souffle, hausser les épaules, faire des rotations de la nuque, contracter les jambes, les bras, se frotter les mains... peuvent bien sûr se faire n'importe où. Ils réduisent le stress installé et vous rechargent lorsque vous êtes fatigué.

Avant un stress prévisible

Nous devons maintenant aborder une situation non moins fréquente : la prévision d'un stress qui vous perturbe par anticipation.

L'hémicontraction

Jean-Guy n'est pas à l'aise dans les réunions. Pourtant il doit diriger des groupes. Ce simple élément le rend anxieux. Que lui conseiller de particulier ? Non seulement les exercices ci-dessus, qui lui apporteront tonus et confiance, mais aussi quelques exercices supplémentaires, à faire juste en prévision de ces réunions.

Pour se préparer à affronter ces épreuves, Jean-Guy doit se ménager un moment d'isolement avant les réunions. On peut toujours trouver un petit coin calme, les toilettes par exemple, ou sa voiture. L'idéal est de se passer un peu d'eau fraîche sur le visage, et tout de suite après, de pratiquer l'hémicontraction décrite plus haut. Cet exercice offre l'avantage de contracter chaque muscle de votre corps et de le relâcher complètement. De cette façon, aucune région n'est oubliée.

Le hara

Une fois l'hémicontraction pratiquée, installez-vous bien sur vos deux jambes à la façon d'un cavalier. Les jambes sont un peu fléchies et vous ressentez la pesanteur et la densité s'installer dans votre organisme. Votre corps est solide et votre mental l'accompagne. Puis vous laissez de côté les membres inférieurs pour porter votre attention dans le ventre. Installez-vous vraiment dans votre ventre. C'est le lieu d'équilibre de votre corps. Pensez à ces spécialistes des arts martiaux qui développent leur «hara», cet espace situé entre le nombril et le périnée.

Lorsque toutes vos pensées, toutes vos émotions sont ramenées dans cette zone, il n'y a plus de place pour l'énervement ou le stress. Vous êtes vraiment présent, stable, autant physiquement que mentalement.

Je me souviens d'une démonstration d'arts martiaux. Le maître s'était allongé sur le sol. Ses élèves lui avaient déposé des parpaings de béton sur le ventre. Tout autour, la foule s'était amassée. J'étais le médecin chargé de suivre le déroulement des opérations. Champion du monde de marche sur le feu, il arrivait à des prouesses étonnantes. Ses élèves saisirent une impressionnante massue. L'un d'eux s'approcha et lui demanda s'il était prêt. Puis l'un et l'autre lancèrent un cri… L'élève souleva la masse et l'abattit sur les parpaings. Ceux-ci se cassèrent en un bruit sec, libérant le ventre de notre ami.

Pendant ce temps, il avait su amener toute son énergie dans son centre de gravité pour créer une protection surhumaine.

En ce qui nous concerne, il n'est pas question de nous amuser à faire de la «casse», comme le disent les karatékas. Il s'agit seulement d'être plus présent et de développer un peu plus de force pour ne plus avoir le trac ni être paralysé par la peur. Inutile donc de faire du karaté pour donner et prendre des coups. Il suffit de s'entraîner à être dans son ventre. Bien installé dans votre ventre, vous verrez que tout prend une autre dimension.

Prenez du recul

Une autre attitude mentale très efficace, lorsqu'on doit affronter une rencontre ou un discours devant des milliers d'individus, consiste à se mettre en arrière de soi. Imaginez-vous un peu en recul, dans votre dos. Si vous y parvenez, imaginez-vous dans votre colonne vertébrale. En vous plaçant ainsi, vous vous décalez face à l'action. Vous êtes en situation de recul et vous serez moins stressé.

Pensez toujours à vous placer ainsi avant des situations périlleuses ou tâchez de rétablir cette sensation dès que vous vous sentez déstabilisé.

Parfois, avant une négociation, un cours, une conférence, vous pouvez avoir une telle appréhension que vous avez du mal à vous mettre dans cette attitude mentale. Vous devez alors utiliser au préalable une respiration tout à fait particulière dont le nom est évocateur : « ce qui fait briller le cerveau ». Le nom nous renseigne sur sa fonction : éliminer toutes les pensées parasites qui génèrent anxiété et angoisses.

Ne vous laissez pas submerger

La seule difficulté réside dans la capacité de ne pas se laisser dépasser, ce qui annihilerait toute volonté pour la pratiquer.

En effet, il est fréquent de constater que, malgré l'efficacité de ces exercices lorsqu'on les exécute en dehors de toute situation de crise, on a du mal à les mettre en pratique dans le cas d'une crise importante. Même en sachant que ce serait salvateur, vous ne pouvez déclencher le petit « truc » qui vous ferait basculer dans la bonne direction et vous vous laissez emporter, sans pouvoir réagir, par le flot des perturbations. Pourtant, juste un tout petit exercice pourrait vous remettre d'aplomb.

C'est pourquoi il est important de ne pas se laisser dépasser par quelque événement que ce soit et, dès les premiers dérapages, d'appliquer ces méthodes pour revenir au calme.

Une méthode pour éliminer
les pensées parasites du cerveau

La respiration qui nettoie le cerveau est un exercice qui reste très efficace même lorsque le stress est déjà bien installé. N'hésitez pas à l'utiliser pour récupérer votre centre de gravité.

Il vous faut être bien assis, le rachis redressé, sans tension. Expirez de façon active, en rentrant le ventre. Inspirez lentement, profondément, retenez votre souffle… Expirez rapidement et sèchement en rentrant l'abdomen grâce à la contraction instantanée des abdominaux.

Puis laissez l'air rentrer tout seul et le ventre se regonfler. Lorsque l'air a de nouveau rempli les poumons, expirez à nouveau dans les mêmes conditions.

Refaites l'exercice une dizaine de fois en veillant qu'à aucun moment la tête ne vous tourne. Il s'agit d'une hyperventilation qui a pour effet d'abaisser notablement le taux de gaz carbonique dans le sang, ce qui entraîne de petits vertiges, voire de véritables crises de spasmophilie. N'en faites pas trop. A la fin de ce cycle, inspirez et retenez l'air dans les poumons durant plusieurs secondes, aussi longtemps que vous le pourrez, avant d'expirer.

Enfin, reprenez une respiration normale, calme, détendue, et appréciez la sensation de présence, de calme, et l'arrêt des agitations mentales qui vous habitaient.

Cette suspension du souffle, outre qu'elle déclenche une modification intense de tout l'appareil psychique, permet de reconstituer un taux de CO_2 suffisant pour retrouver un bon équilibre gazeux.

Veillez à bien expirer de façon active et à inspirer de façon passive. Veillez à ne pas bouger les muscles de la poitrine, les épaules, la tête. Votre dos reste droit, seul l'abdomen évolue. Veillez à ne pas dépasser vos possibilités. Cet exercice est contre-indiqué en cas d'existence de crises comitiales ou d'antécédents non traités.

Je ne m'étendrai pas plus sur les effets de cette merveilleuse purification du cerveau que je vous laisse découvrir par vous-même. Rappelez-vous simplement qu'on peut la pratiquer en cas de stress amorcé difficile à maîtriser. Et maintenant... entraî-nez-vous !

Un chuintement très doux

Le deuxième exercice respiratoire intense est très différent.

Il s'agit de respirer beaucoup plus lentement puis d'expirer le plus lentement possible en produisant un son de la glotte.

D'abord, observez votre souffle comme vous avez appris à le faire. Puis, un peu comme une personne endormie, produisez avec votre langue et la glotte un petit chuintement très doux. Il n'est pas question de produire un ronflement désagréable ! Portez toute votre attention sur ce léger bruit créé par l'arrière-gorge, et laissez-vous bercer par ce mas-sage auditif. Veillez surtout à allonger l'expiration. Ce très lent mouvement respiratoire provoque un apaisement très profond qui n'a rien à voir avec l'endormissement, mais qui procure une sensation de détachement face aux soucis et aux inquiétudes.

La pratique régulière de tous ces exercices vous apporte une réserve de calme intérieur. En cas de survoltage, quelques exercices vous ramènent détente et calme. Mais cela serait compter sans les stress qui peuvent faire irruption durant une négo-ciation, un rendez-vous, ou tout simplement une discussion.

Que faire dans le feu de l'action ?

Soudain, alors que la mer vous paraît calme, une remarque vous affecte. Tout chavire. Vous pensiez avoir tout prévu, même l'imprévisible, mais voilà que vos jambes se dérobent, que votre bouche devient pâteuse, que... que... les mots ne viennent plus.

STOP.

Pas de panique, rien n'est perdu, il existe encore des solutions.

Vous les avez étudiées pour la plupart. Il faut vite les réactualiser, les faire resurgir pour qu'elles vous sauvent.

Le souffle, encore le souffle, toujours le souffle

Reprenez contact avec votre souffle. Portez à nouveau votre attention à l'entrée des narines, inspiration... expiration... inspiration... expiration... Laissez-vous absorber par cette concentration double : le souffle d'un côté, la situation de l'autre avec les inquiétudes et le stress qu'elle provoque. Mais l'attention portée sur le souffle vous donne un point de repère. Elle vous assure une base stable et solide.

En un éclair, le réflexe conditionné va jouer son rôle. La prise de conscience du souffle, de l'air au niveau des narines, va automatiquement ralentir la fréquence respiratoire et orienter la respiration vers le ventre. A ce ralentissement, cette amplification des mouvements du diaphragme, s'associe un sentiment de quiétude immédiat.

Un groupe de médecins nordiques a étudié l'intérêt de ces exercices dans les syndromes d'attaque de panique. Ces méthodes de contrôle des émotions via le souffle étaient enseignées aux malades, de façon qu'ils puissent disposer d'un entraînement solide. Il leur était bien expliqué que ces syndromes d'attaque de panique (on les appelle ainsi dans les pays anglo-saxons, mais on les nomme spasmophilie en France) perturbent la respiration. Auparavant, dès les prémices de la crise, les médecins conseillaient aux malades de respirer dans un sac en plastique pour diminuer les méfaits de l'hyperventilation. Comme nous l'avons expliqué, l'hyperventilation diminue le taux de CO_2 dans le sang et prédispose à l'hyperréactivité neuromusculaire, avec son cortège de contractions et spasmes musculaires. Respirer dans un sac permet de rétablir l'équilibre acido-basique et de diminuer les troubles. Mais cette pratique a des conséquences fâcheuses. Elle entraîne un supplément d'anxiété chez un certain nombre de personnes. De plus, il n'est pas toujours pratique de sortir un sac en plastique et de respirer dedans. C'est pourquoi ils ont eu l'idée d'étudier les effets de la maîtrise du souffle sur les malades. Au terme de l'étude, elle se montra concluante. Depuis, de nombreuses études furent reprises, y compris en France, sous la direction du Dr Mirabel Sarron dans le service du Pr Lajeunesse à l'hôpital Sainte-Anne.

La prise de conscience du souffle peut tout à fait s'associer par la suite à la prise de conscience du ventre. Placez votre conscience dans votre ventre et dans votre dos comme nous l'avons vu précédemment. Le double sentiment de stabilité et de recul apparaît instantanément.

Canalisez vos tensions

Enfin, il peut être bon de temps en temps, si la pression est très forte, de canaliser vos tensions vers une zone unique. Si vous le pouvez, plongez une main dans une poche et contractez très fortement le poing. Associez cette contraction à une grande respiration. A l'inspiration, contractez fort le poing... retenez quelques instants le souffle, puis expirez lentement en relâchant la main.

Tous ces exercices peuvent être pratiqués dans le feu de l'action, même en cours de conversation.

Un dernier conseil. Si vous devez faire un discours alors que vous êtes ému (vous devez parler d'une personne décédée qui vous était chère, vous devez remercier pour une promotion), et si l'émotion, autant que le trac, vous empêche de vous souvenir de votre texte, ne vous alarmez pas. Dans ces cas, comme dans toutes les autres situations, vous avez toujours des sensations physiques. Accrochez-vous à cela en les décrivant : « Je vous remercie pour l'honneur que vous me faites, mais je suis très ému, les mots m'échappent... Cela me donne une sensation de serrement dans la poitrine, de jambes molles... Je crois bien que je n'ai jamais été aussi touché... » Cela vous permet de combler le vide, le blanc, et de repartir en ayant à nouveau amorcé le processus du discours.

Que faire après un stress ?

Comme tous les soirs, Yvon rentre chez lui après une journée bien remplie. Il a pris l'ascenseur, est descendu au rez-de-chaussée. Les hôtesses sont déjà parties, mais le veilleur de nuit les a remplacées. « Bonsoir... Bonsoir. » Yvon échange les salutations de rigueur puis franchit le seuil de l'entreprise. Dehors, le vent est très froid. Yvon remonte le col de son manteau et se dirige vers la bouche de métro la plus proche. « C'est stupide ! Comment ai-je pu ne pas lui répondre que c'était important ? Pourquoi me suis-je laissé avoir ? J'aurais dû m'en douter, avec son air sirupeux... et puis ces chiffres, ils sont de plus en plus... Oh, je préfère ne plus y penser. Ce soir il y a un bon film... mais comment ai-je pu bafouiller à ce point ? » Yvon s'est engagé dans l'escalier. La bouffée d'air chaud avec son odeur métallique et son atmosphère épaisse le réconforte malgré tout. Cette odeur, il la connaît depuis toujours. Il fouille dans sa poche, en sort un ticket chic et l'introduit dans un avaleur de tickets. Dix minutes plus tard, Yvon, qui n'habite qu'à deux stations de là, se replonge dans le noir et le froid. Les idées ne s'arrêtent pas. Les reproches, au contraire, se densifient.

« Allez, je me débarrasse de toutes ces pensées négatives... justement je passe devant le canal Saint-Martin, c'est le moment ou jamais... » Yvon s'approche et s'imagine déversant dans le canal la grosse hotte de ses soucis. Maintenant, tous les soirs, lorsque Yvon passe à cet endroit, il s'imagine qu'il y laisse ses problèmes et son stress. Et de fait, il a constaté une différence notable. Tout se passe comme si, à chaque fois qu'il passe là, un réflexe se produisait, lui rappelant de changer ses pensées.

Yvon souffrait simplement d'un manque de concentration. Si tel est votre cas, vous avez remarqué que plusieurs pensées viennent se télescoper. Vous n'arrivez pas à bien classer les événements. Vous continuez à penser à la réunion alors que vous revenez chez vous. Vous pensez déjà à votre voyage alors que vous rédigez un rapport. L'excès de mémoire, l'excès d'anticipation ne vous permettent pas de vivre dans le présent. Votre concentration vacille et les pensées multiples vous assaillent. Outre le développement de la concentration pure, il existe trois méthodes pour se resituer complètement dans le présent.

Elles sont à pratiquer systématiquement, à la fin de toute situation, pour tourner la page et passer à autre chose. Elles sont encore plus recommandées le soir, lorsqu'on rentre chez soi, pour se dissocier des stress professionnels. Mais bien sûr, vous pouvez être amené à les pratiquer en vous rendant à votre travail pour bien vous dissocier d'une éventuelle ambiance désagréable qui régnerait chez vous.

Videz votre sac

Le premier principe est de se débarrasser de toute son agressivité, de ses peurs, de ses colères. Le meilleur procédé consisterait à dire franchement ce que l'on pense, mais... ce n'est pas toujours facile ! Alors ayons recours à l'imagination. Mettez-vous avant tout à l'abri des regards indiscrets... puis transformez-vous en un tigre rugissant. Mimez vraiment le tigre. N'hésitez pas... vous n'êtes pas ridicule, personne ne vous regarde. Sentez comme c'est facile et comme cela vous fait du bien. Vos doigts sont des griffes acérées, vous déchirez l'air comme vous le feriez avec votre proie. Vous rugissez pour faire sortir toutes vos tensions. Les énergies bloquées se déversent dans cette scène pour vous permettre de retrouver votre liberté. Cet exercice est amusant à pratiquer et vraiment bénéfique.

Une fois toute votre agressivité déversée, elle ne vous rongera plus.

Tournez la page

Le deuxième principe consiste à effectuer symboliquement un geste qui ponctue chaque fois la fin d'une situation. Je me souviens d'un ami, Pierre, qui était chirurgien. Après chaque situation stressante, il se lavait les mains. Certes, il était un peu obsessionnel. Mais ce lavage des mains, dont il avait bien sûr pris l'habitude en salle d'opération, était un signal qui lui disait : « Voilà, c'est terminé, tu passes maintenant à autre chose. » L'eau le lavait symboliquement de son passé et lui permettait d'être neuf pour la suite, tout comme l'eau du baptême, dans la religion chrétienne, rend symboliquement neuve la personne en la lavant de ses péchés originels. Pour bien d'autres personnes, c'est la mythique bouteille d'eau minérale posée sur leur bureau qui remplit cet office. Pour d'autres, c'est une bouffée d'air frais respirée à la fenêtre, ou de l'eau sur le visage... ce qu'il faut, c'est avoir la capacité de passer d'une phase de la journée à une autre, sans qu'elles s'interpénètrent ni se nuisent. Le soir, en rentrant chez vous, faites comme Yvon, repérez sur votre trajet un panneau, un bâtiment... Lorsque vous passez devant, déchargez-vous totalement. C'est le signal qui vous rappelle que la journée est terminée. Même si vous avez du travail à faire chez vous, cela n'est pas contradictoire. Vous en avez terminé avec le stress de la journée, vous êtes en train de vous détendre, profitez-en.

Vivez dans le présent

Pour vous détendre, faites appel à vos sensations présentes. Resituez-vous toujours dans le présent. Pour vivre au présent, soyez conscient de la sensation que vous expérimentez. Cela, personne au monde ne peut vous l'enlever. La sensation de votre poids, la sensation du contact de vos fesses, de votre dos sur le siège, la vision du monde qui vous entoure, les bruits, les sons qui vous parviennent… En développant les sensations, vous ne laissez aucune place pour les pensées parasites et vous êtes ici et maintenant. Les pensées non désirées ne peuvent plus vous assaillir car vous vivez dans le présent. Si vous avez besoin de vous projeter dans le passé ou le futur, cela sera volontaire et vous n'en pâtirez plus.

7

Changez votre façon
de voir le monde

Vous avez maintenant des habitudes de vie plus saines qui ne sont plus sources de stress mais d'harmonie. Vous prenez soin de vous, vous vous chouchoutez lorsque vous en avez besoin et surtout vous avez à votre disposition toute une palette de méthodes prêtes à vous servir pour éliminer les tensions et vous apporter plus de calme.

En filigrane dans ces premiers chapitres, vous avez découvert une certaine façon de voir le monde, et de concevoir les relations qui vous lient à lui. C'est ce que nous allons maintenant détailler. Car c'est sur cette toile de fond, cette philosophie, que vous pourrez en fait greffer tous les conseils pratiques passés et à venir.

La carte n'est pas le territoire

J'ai été frappé, lorsque j'ai pour la première fois consulté un ouvrage de programmation neuro-linguistique, de constater combien il corroborait des textes aussi anciens que les *Yoga-sutras* de Patanjali écrits il y a deux mille ans. Dans l'un comme dans l'autre cas, la notion fondamentale réside dans la relativité du réel.

Il existe bien une réalité tangible, définie physiquement et indépendante de notre esprit comme de notre conception du monde. Mais ce que nous en percevons est particulièrement déformé. La réalité est filtrée au travers de plusieurs prismes. L'image finale est en fin de compte très appauvrie. Reprenons l'exemple de notre homme dans la jungle, vu au premier chapitre. De quoi a-t-il besoin pour survivre ? De percevoir les dangers auxquels il s'expose directement. Chaque être vivant n'a pas besoin de comprendre le monde tel qu'il est mais surtout tel qu'il est potentiellement dangereux. Chaque animal s'adapte ainsi en fonction de ses besoins et développe la perception la plus utile, au détriment des autres. La niche écologique joue un rôle prépondérant et, inversement, les capacités influencent le milieu dans lequel l'être peut évoluer.

La limitation du réel

Chaque être vivant se voit ainsi limité par les caractéristiques propres à son espèce. L'audition n'est pas la même pour le chevreuil et pour l'homme. L'odorat n'est pas le même pour l'homme et pour le chien. La vision n'est pas la même pour la chauve-souris et pour l'homme… Chaque espèce possède ainsi sa propre idée du monde et ne peut accéder à l'ensemble des perceptions possibles. Nous le savons si bien que nous n'avons de cesse de prolonger nos sens pour repousser les limites de notre perception de l'univers : radars, télescopes, microscopes, caméras à infrarouges…

A ce premier prisme déformant s'en ajoute un deuxième, directement lié à l'éducation et au milieu culturel dans lequel nous vivons.

Selon l'utilisation de nos ressources de base, nous percevons différemment les objets extérieurs. Vous le savez bien, l'enfant élevé par les loups n'a jamais pu apprendre à parler. Après un certain âge, les centres sont irrémédiablement perdus. Il faut, en temps voulu, développer les ressources physiologiques liées à l'espèce. C'est la culture qui permet de promouvoir ces qualités. Mais inversement, elle peut aussi limiter certaines possibilités, olfactives, visuelles, gustatives...

Enfin, chacun de nous possède un prisme déformant, lié à son histoire personnelle. Les événements que nous vivons au quotidien sont empreints d'une coloration très différente selon la façon dont nous les avons préalablement vécus. Nous ne percevons pas les mêmes éléments d'un tableau selon que nous sommes versés dans l'art pictural, ou qu'au contraire nous ne le connaissons pas. Si nous avons été habitués à goûter le vin, nous pourrons le commenter pendant de longues minutes. Sinon, nous ne pourrons pas analyser ses qualités ni ses défauts. Si nous sommes mélomanes, nous pourrons dissocier les instruments d'une symphonie. Dans le cas contraire, nous ne pourrons rien distinguer.

Mais à cette capacité de percevoir le monde physique s'ajoute celle de réagir à l'environnement. Elle est fonction non seulement de l'apprentissage, mais aussi des émotions et des sentiments liés à la situation.

En fin de compte, nous sommes en relation avec le monde par l'intermédiaire de nos sens. Ceux-ci nous transmettent une information assez neutre mais déjà limitée, qui dépend de l'espèce. Cette information est traitée par le centre de la mémoire. Elle est comparée à nos apprentissages et à notre vécu. C'est seulement après ces transformations que nous est livrée l'information. C'est à partir de cette information modifiée que nous nous adapterons et réagirons. Parfois c'est bénéfique, parfois c'est négatif. L'information devient alors source de stress, et ce stress est alors la conséquence directe de notre vision du monde.

Progressivement, nous nous constituons des repères dans le monde qui nous environne, en cataloguant, classant, nommant... Cette réalité n'est plus la réalité brute, comme la carte n'est pas le territoire. Nous nous déplaçons dans le monde grâce à une vision qui correspond beaucoup plus à une carte qu'au territoire lui-même. C'est en fonction de cette idée que nous réagissons.

Malheureusement, trop souvent, le cerveau et tout l'ensemble du système nerveux, qui sont des outils merveilleusement programmés pour cette survie, outrepassent leurs attributions. Ils engendrent alors des perturbations, et limitent le monde lui-même. Nous ne sommes plus capables de reconnaître quelque chose que nous n'avons jamais vu. Les conséquences peuvent en être dramatiques. Elles se vérifient en permanence. Si quelque chose ne figure pas dans notre représentation du monde, nous ne le voyons pas. Si ce n'est pas noté sur notre carte, nous ne pouvons le retrouver sur le terrain et inversement. Nous vivons dans un monde limité selon trois modes. Nous généralisons, nous sélectionnons, nous interprétons. Chaque fonction a sa raison d'être biologique. Elle nous aide à être efficaces et à réussir. Mais le revers de la médaille peut se manifester, nous rendant alors moins compétents et moins adaptés.

Les trois modes de limitation

Vous généralisez

C'est nécessaire pour ne pas avoir en permanence à tout réapprendre. Mais les effets négatifs sont colossaux ! Car nous généralisons aussi de façon restrictive des faits qui pourraient être positifs : tous les hommes politiques sont magouilleurs ; toutes les femmes sont possessives ; tous les hommes sont égoïstes ; tous les chefs veulent le pouvoir et abaissent les autres ; tous les fonctionnaires, les Arabes, les Juifs, les Allemands, les Français...

Malheureusement, ces généralisations sont inévitablement abusives. La fonction de généralisation est utile pour vous permettre de réagir rapidement en associant des éléments qui se ressemblent. Mais l'excès de généralisation conduit à des erreurs. Il est utile de savoir qu'un lieu est dangereux, ou de conclure que le lion l'est aussi et qu'il vaut mieux ne pas tendre votre bras au travers des barreaux de la cage. De même qu'il vaut mieux prendre la passerelle de l'autoroute que de traverser à pied les deux voies.

Mais considérer systématiquement que les hommes bruns à moustaches avec des sourcils épais sont autoritaires, ou que toutes les jeunes femmes rousses sont extravagantes et superficielles relève de la fantaisie absolue. Ces généralisations donnent très souvent une idée négative et restrictive du monde, en nous empêchant de profiter de sa richesse, surtout dans le domaine relationnel et affectif. Elles ouvrent ainsi la porte à tous les stress, en nous faisant voir des dangers là où il n'y en a pas.

Vous sélectionnez

Lorsque vous ne voyez qu'un aspect du monde ou que vous ignorez une partie des événements qui ont jalonné votre journée, vous sélectionnez les images fortes qui correspondent à votre façon de voir le monde. Si vous êtes persuadé que vous n'avez jamais eu de chance, vous verrez dans votre journée uniquement les faits qui corroboreront cette façon de voir. Vous avez loupé le train, puis vous êtes tombé dans l'escalier et enfin votre rendez-vous a été annulé. Certes, ces éléments ne sont pas agréables, mais ils sont peu importants. Pourtant ils sont perçus en priorité par votre système nerveux qui les utilise pour renforcer ses croyances. A côté de ces trois événements futiles, vous oubliez la chance qui vous a souri à d'autres moments de la journée, y compris les compliments formulés par vos collègues...

Cette sélection a un objectif biologique bien précis : ne pas surcharger notre perception du monde et ne tenir compte que de ce qui nous concerne. Malheureusement ce but est souvent dépassé et nous conforte dans notre représentation *négative* du monde, source de stress.

Vous interprétez

Vous créez une distorsion de la réalité lorsque vous tirez d'éléments réels des conclusions fausses. En règle générale, cette distorsion se fait aux dépens de la pensée des autres à qui vous prêtez des sentiments qu'ils n'ont pas. Votre collaborateur vous apporte un dossier en vous disant qu'il manque un document : vous interprétez ses propos comme un reproche personnel. Dans votre tête vous avez l'impression qu'il vous disait : « Décidément, vous n'êtes pas capable de faire les choses correctement ! » Vous avez interprété les sentiments de l'autre. Au stade ultime, cela confine à la paranoïa. La personne a alors le sentiment d'être attaquée en permanence : tout le monde lui en veut ! Si votre collègue a écrit un article, c'est qu'il vous a pris vos idées... Autant de sentiments de peur, de jalousie, de colère, qui vont s'amasser pour vous stresser davantage.

Le syndrome de don Quichotte

Pourtant, vous vous rendez bien compte que l'interprétation d'éléments objectifs peut constituer une aide : l'attitude jambes croisées, bras pliés renseigne sur le repli de votre interlocuteur ; la dilatation de ses pupilles, sur l'intérêt qu'il porte à votre conversation... Toutes ces interprétations vous permettent d'anticiper et de mieux vous adapter. Mais une fois de plus, vous avez tissé des relations parfois trop hâtives et vous concluez que tout est danger par une interprétation inadaptée.

Dans chacun des trois modes de fonctionnement : généralisation, sélection, interprétation, vous modifiez la réalité du monde. Dans le premier cas, vous étayez la généralisation sur un fait réel que vous étendez à toute la situation. Dans le deuxième cas, vous vous appuyez sur certaines situations, en en éliminant d'autres tout aussi réelles. Dans le troisième cas, vous tirez des conclusions en partant d'un unique fait réel. Chaque fois, vous courez le risque de ne plus être en phase avec la réalité et de fonder vos réactions sur des mémoires anciennes et inadaptées à la situation présente. Progressivement, vous construisez une image du monde qui n'est plus le monde lui-même.

Pour ne plus vivre stressé, il faut savoir, à un moment donné, changer votre vision du monde. Il faut parvenir à vous en faire une autre idée, pour le voir avec plus de recul, en connaissant bien vos travers. Surveillez, dans votre langage et vos pensées, ce qui trahit vos modes de pensée. «Toujours, jamais» révèlent des généralisations, des sélections. Pour changer votre façon de voir le monde, posez-vous le plus souvent possible les questions suivantes : «N'y a-t-il pas un cas contraire ?» ; «N'y a-t-il pas des fois où cela se passe bien ?»

«Je l'ai bien senti», «je l'ai bien compris» révèlent une interprétation. Demandez-vous alors : «Sur quel argument est-ce que je m'appuie pour en être certain ?» ; «N'a-t-il pas prouvé le contraire en d'autres circonstances ?»

Ne vous contentez pas de voir le monde négatif et malveillant. Cherchez à trouver la solution positive, de façon à vous adapter au mieux. Sinon, vous vous battez contre vous-même en mobilisant vos forces, comme don Quichotte contre les moulins. Don Quichotte était persuadé que les moulins étaient de terribles ennemis. Que d'énergie perdue ! C'est exactement ce que vous faites lorsque votre vision du monde est faussée par des généralisations, sélections, distorsions. Si bien que le stress n'est ni plus ni moins qu'un combat inutile dans lequel vous perdrez toujours, faute d'adversaires.

Entraînez-vous à percevoir vos prétendus ennemis de chaque jour comme des moulins sans danger. Ne vous laissez pas avoir par vos vieux réflexes en considérant que votre voisin, votre collègue, votre employé, votre patron, votre mari, votre sœur… sont vos ennemis. Enrichissez toujours votre vision du monde, et développez une perception plus optimiste. Plus votre confiance sera grande, en vous-même comme dans la vie, plus vous serez efficient.

Rompez les chaînes qui vous entravent

Pensez à tourner la page. Bien souvent, nous restons attachés à des situations passées qui sont enkystées en nous-mêmes et ne nous permettent plus de réagir librement. Des sentiments destructeurs les accompagnent, déclenchant un stress sournois et profond. Reproches envers vous-même et envers les autres vous ancrent dans le passé et vous limitent. Savoir vous détacher de tels sentiments est toujours bénéfique et salvateur, car vous disposez alors d'une palette plus large de solutions.

Relativisez les événements, dégagez l'essentiel

Lorsqu'une situation se présente, essayez toujours de la replacer dans un contexte plus général. Vous avez certainement tendance à vivre intensément chaque instant en vous investissant totalement, comme s'il s'agissait toujours d'une question de vie ou de mort.

C'est encore un défaut de votre système nerveux, qui vous croit toujours en pleine jungle entouré de mille dangers. Cessez de tout prendre à cœur et prenez du recul. Comparez les situations de votre existence entre elles. « Certes, j'ai eu une contravention ; certes, j'ai perdu un marché… mais qu'est-ce que cela signifie par rapport à l'ensemble de ma vie ? » Lorsque vous vous sentez affecté par un stresseur déplaisant, pensez fermement que demain ou après-demain tout cela sera balayé. Tous les autres échecs que vous avez essuyés sont maintenant bien loin !

Ne vous perdez pas dans l'inutile

Relativiser, c'est aussi savoir ce qui est essentiel pour vous, à cet instant. Définissez bien ce qui est important pour vous. Ne vous contentez pas d'éliminer l'inutile. « Du jour au lendemain, raconte Pierre, j'ai ressenti ma vie différemment. C'est vrai, je ne savais plus trop où j'allais et de ce fait tout me paraissait insurmontable. Quand j'ai défini avec sincérité ce qui était important pour moi, j'ai pu me libérer d'un ensemble de petites choses dont je m'étais chargé et qui m'empoisonnaient la vie. C'est dur de dire non ! De refuser des activités, des responsabilités. J'acceptais toujours tout et j'étais littéralement noyé. Dès que j'ai vraiment compris que j'allais gâcher l'essentiel, j'ai éliminé tout ce qui était autour pour le vivre plus pleinement. Du jour au lendemain, j'ai pu redéfinir l'essentiel de ma vie et le vivre ! »

Le cas de Pierre est très fréquent. Pierre n'est pas un de mes patients mais un ami que j'ai rencontré en vacances. A cette époque, il était vraiment mal. Il débutait une dépression. Nous avons parlé pendant quelques jours, et c'est au téléphone qu'il me confia tout cela.

Équilibrez votre vie

Vie professionnelle, vie familiale, vie culturelle, vie sentimentale, vie sociale et vie amicale : pour ne pas subir le stress ou tout au moins pour mieux le vivre, il ne faut pas mettre tous ses œufs dans le même panier.

Ce n'est absolument pas en contradiction avec le conseil précédent, car il est primordial de se faire

une vie équilibrée. Méfiez-vous si vous vous iden-
tifiez à votre travail. Si vous y investissez tout, de
7 h du matin à 22 h, y compris le samedi et le
dimanche, c'est le moment d'être prudent. Que
deviendrez-vous le jour de votre retraite ? Le jour
où une maladie vous forcera à tout arrêter ?
Lorsqu'un stress important survient, si vous n'avez
pas la possibilité de compenser et de relativiser ce
qui se passe, vous le vivrez encore plus mal.

Pour cela, lorsque vous mettez au clair vos objectifs, comme cela sera vu au chapitre concernant
l'organisation du temps, ne faites pas une seule
liste. Vous risqueriez d'hypertrophier votre vie professionnelle, aux dépens des autres facettes de votre
personne. Répartissez un temps égal pour vos différents «visages», afin de savoir ce qui est essentiel
pour vous dans chacun d'eux.

Je vous propose pour cela un petit test. Reprenez
votre agenda et calculez combien de temps vous
avez passé sur les douze derniers mois pour chacune des différentes activités : vie professionnelle,
vie familiale, vie personnelle (sportive, culturelle,
spirituelle, développement personnel…).

Non seulement le nombre d'heures passées dans
chaque cadre est important, mais la qualité l'est
plus encore. Votre vie sentimentale est-elle épanouie ou source de stress ?

Équilibrez toujours vos différentes facettes pour
rester vous-même équilibré. Toutes ces facettes doivent bien s'articuler. Il faut éviter les frictions entre
les unes et les autres. Pour cela, il existe un remède
plus qu'efficace, qui a fait ses preuves depuis des
millénaires, c'est savoir ce que l'on fait de sa vie.

Donnez un sens à votre vie

Cela permet tout à la fois d'éliminer l'inutile, de
relativiser les événements et de ne pas être tourné
vers le passé, mais vers le futur.

Lorsque vous avez le sentiment d'avoir une mission à remplir, vous vous dirigez vers cet objectif et vous ne vous laissez plus atteindre par les petites perturbations quotidiennes. Ce sens que vous donnez à votre vie peut revêtir divers visages : l'éducation de vos enfants, une promotion sociale, votre mariage, ou le bonheur de votre famille. Ce peut être l'accomplissement d'une création artistique ou sociale. Ce peut être humanitaire. Bref, vous pouvez avoir mille raisons de vivre. Mais si vous donnez un sens général à votre vie, toutes ces facettes s'articuleront par rapport à ce sens. C'est à partir de lui que vous définirez l'important et l'inutile...

La religion donne généralement un sens à la vie pour qui est croyant. Mais en dehors de toute religion, vous pouvez trouver une raison métaphysique à votre vie. Il ne fait aucun doute que, lorsqu'on possède la foi, on arrive beaucoup plus facilement à dépasser certains drames de l'existence. Mais c'est également valable pour les petits aléas quotidiens.

Celui qui se sent mû par la foi soulève des montagnes, c'est bien connu ! Pour donner un sens à votre vie, il faut en premier lieu vous poser la question : qu'est-ce qui, pour moi, est le plus important dans ma vie ? De cette façon, vous établissez des principes qui vous permettent d'être vous-même. Ces principes font en général partie du code moral ou du code d'honneur. Ils inspirent les lois : ne pas tuer, ne pas voler, être sincère.

Lorsque vous avez établi ces principes au plus profond de vous, vous savez ce qui est important à vos yeux. Plus vous vivez en harmonie avec ces principes, plus vous êtes en accord avec vous-même, et moins vous êtes stressé. Lorsqu'il y a adéquation entre les principes et les actions, on se sent centré et stable. On est habité par une confiance intérieure. Dans ce cadre, vous pouvez définir les buts de votre vie, ce qui est différent du sens de votre vie, mais qui peut néanmoins s'y juxtaposer.

Si vous avez un solide repérage interne, si vous sentez, même intuitivement, le sens de votre vie, vos principes et vos buts, vous êtes mieux armé pour vivre pleinement chaque seconde. Il faut savoir se contenter de ce que l'on possède.

Appréciez ce que vous avez

Il ne s'agit pas de ne plus jamais désirer autre chose, mais de savoir apprécier ce que l'on a déjà! Rien ne vous empêche de vouloir plus, mais cela ne doit pas être au détriment du présent. «Demain je serai heureux, car j'aurai une nouvelle situation»; «Quand j'aurai terminé la construction de ce projet, je serai vraiment heureux.» Que de fois vous avez conditionné ainsi votre réussite! Que de fois vous avez «oublié» d'apprécier ce que vous aviez déjà et de profiter du bonheur présent!

Pourquoi ne pas prendre l'habitude de vous arrêter, de temps en temps? Regardez ce qui est autour de vous: le ciel étoilé, le soleil dans les nuages, le vent qui caresse une joue… Rechargez-vous le plus souvent possible de sensations et d'instants de calme, de joie, de bonheur. Pour cela, il faut modifier votre façon de voir le monde. Entraînez-vous à faire au début un peu de «forcing». Généralisez de façon inverse: «Tout le monde il est beau, tout le monde il est gentil!» Ne craignez rien, même en exagérant, vous n'arriverez pas à 60 % de la réalité. Nous sommes tous comme des comédiens débutants à qui le professeur demande d'exagérer et qui, croyant exagérer, ébauchent à peine, à grand-peine, le personnage.

De même, apprenez à sélectionner le plus souvent possible ce qui est bon pour vous. Naturellement, nous avons tendance à faire l'inverse. Pour une situation difficile, veillez à faire le plein d'au moins dix expériences positives. Exercez-vous lorsqu'un stress survient, que vous êtes en difficulté. Forcez-vous alors à dresser une liste de dix actions ou situations positives qui vous concernent. Si vous n'avez pas réussi à obtenir ce pour quoi vous vous battiez depuis plusieurs mois, ne vous laissez pas abattre.

Cela ne servirait à rien. Que vous essayiez d'améliorer votre vie est légitime. Se morfondre parce que vous n'y arrivez pas ne l'est plus. Alors, regardez immédiatement ce que vous avez et appréciez-le.

Enfin, voici deux conseils essentiels pour vous aider à changer votre façon de voir le monde.

Cultivez l'humour

Sachez mettre de la fantaisie dans votre vie et prendre ce qui vous arrive avec bonne humeur. Certes, c'est parfois difficile. Mais rire de l'infortune, surtout de la vôtre, donne un recul quasi magique. Ne vous prenez pas au sérieux. Rire de ce qui est grave brise immédiatement le stress qui peut s'ensuivre.

Lors d'une émission télévisée dont le sujet était la fatigue, nous étions tous très sérieux sur le plateau. Nous prenions la parole les uns après les autres, en faisant part de nos plus belles théories. L'un des invités n'avait pas encore parlé, si bien que le journaliste lui posa une question après au moins trois quarts d'heure d'émission. Après une minute, il se glissa un nez rouge de clown sur son nez. Je puis vous assurer que peu de personnes résistèrent à ce comique qui exploitait une situation et qui, au demeurant, exposait des théories fort sérieuses sur la fatigue. Il nous avait à tous donné une bonne leçon : la vie ne résiste pas au mouvement du rire et du sourire. Eliminons les fausses pudeurs, les peurs, les craintes, les inquiétudes du qu'en-dira-t-on. Osons sourire, rire, développer en nous ce mouvement de vie.

Nous observons bien ce besoin naturel de rire en périodes de climat social tendu. Jamais les comiques, les chansonniers n'ont été si présents à l'affiche des théâtres et des médias que depuis le début des années 90. Il n'existe pas une émission de télévision programmant des variétés qui n'introduise du comique dans sa programmation. Les radios font de même. Et tout cela concourt à nous déstresser en dédramatisant les situations.

Dans tous les cas, un film comique, un rire permettent de faire passer ou au moins de diminuer le stress et ses pathologies. La «rigolothérapie» puise ses sources non seulement dans l'analyse de la physiologie du rire, mais surtout dans la pratique et l'expérience cliniques. Faire la fête, rire est indispensable et permet de vivre en oubliant tensions et soucis.

Dans tous les cas, n'oubliez pas que le plus difficile mais le plus intéressant des humours est celui que vous êtes capable de faire sur vous-même. Sachez vous moquer de vous, et vous vivrez déstressé.

Donnez-vous du temps pour ne rien faire

Observez les enfants d'aujourd'hui : entre l'école, le piano, le foot, le judo... ils n'ont plus une seconde pour ne rien faire. Chaque minute devient comptée... et débouche déjà sur du stress. Faites-leur redécouvrir la vertu d'une journée où il n'y a rien à faire : juste vivre.

Il en est de même pour vous. Réapprenez à ne rien faire. Réservez-vous une journée sans programme : chez vous, en vous occupant du strict nécessaire, en allant vous promener au hasard, en bricolant à quelques détails imprévus... Il faut parfois savoir faire retomber la pression, supprimer toutes les contraintes, sortir de l'espace et du temps dans lesquels nous sommes plongés en permanence. Cela fait partie de l'essentiel. A l'heure de ma mort, lorsque mes cendres seront dans une boîte ou mon corps enterré, ce serait pour moi une belle épitaphe que de savoir inscrit : «A celui qui a su profiter de chaque seconde de sa vie.»

Développez vos ressources
pour ne plus être en situation de stress

La ressource de confiance

Etre bien posé sur vos deux pieds est un préalable indispensable à tout acte de la vie. 70 % des stress sont engendrés par les sentiments d'insécurité et de peur. Vous craignez pour votre vie, vous avez peur de ne pas réussir, vous avez peur de ne pas retrouver la même quiétude... Ces sentiments d'insécurité sont directement liés à l'instinct de conservation et agissent comme les stress les plus puissants. Dès que nous pensons que notre survie est menacée, nous réagissons de façon très forte. Malheureusement, c'est une réponse souvent inadaptée. Dans la majeure partie des cas, nous ne sommes absolument pas menacés. Ce n'est que notre façon de voir qui nous le fait croire. Pourquoi?

La raison de cette insécurité n'est pas liée à nos conditions de vie extérieures mais à notre dynamique interne et profonde. C'est au plus profond de nous qu'existe une insécurité permanente. C'est pourquoi tous les repères externes ne nous seront jamais suffisants. Bien souvent, cette inquiétude prend racine dans la relation que nous établissons avec le monde durant les premières années de la vie. Si d'emblée nos expériences avec l'environnement avaient été sécurisantes, alors nous pourrions ressentir confiance et sécurité.

Comme le langage, beaucoup de sentiments s'acquièrent pendant les premières années. S'ils n'ont pas été vécus et développés correctement, ils ne pourront pas être utilisés par la suite. Heureusement, comme tout être humain, vous êtes perfectible et vous pouvez avoir recours à l'autoéducation par le biais de toutes les méthodes antistress. Même si vos parents se sont peu occupés de vous, si vous avez vécu vos premières années comme une frustration, sans repères, il est encore temps de cultiver la confiance et de rééduquer votre corps, pour développer cette ressource qui viendra automatiquement bloquer toutes vos peurs qui plongent leurs racines dans votre vie psychique.

Développer la confiance en soi, c'est également développer la confiance dans la vie tout entière. C'est savoir se laisser porter par son courant sans se débattre à contre-courant

En ayant confiance en vous, vous aurez le sentiment d'être bien posé, d'être présent ici et maintenant, et vous ne vous laisserez plus déstabiliser par le moindre stresseur

Pour cela, exercez-vous à la relaxation. Abandonnez-vous et générez un état de stabilité et de confiance. Vous pouvez également appliquer cet exercice au cours de la méditation. Soyez alors bien assis, fermement, et ressentez l'impression qui en émane. Lorsque vous avez bien expérimenté cette source de confiance, la vie vous apparaît comme beaucoup plus légère, vous la vivez sereinement avec plus de joie. Vous ne craignez plus de manquer et n'éprouvez plus le besoin d'amasser encore et encore des biens matériels. Harpagon est l'image même de celui qui thésaurise toujours plus et ne profite pas d'un seul instant.

Le stress de l'insécurité peut cependant se révéler bénéfique, et il ne s'agit pas de le supprimer totalement. Simplement, il ne doit fonctionner que dans les moments où il est nécessaire. Ce sentiment d'insécurité est là pour nous faire réagir devant une situation dangereuse. Mais son objectif est de nous permettre d'atteindre un espace de sécurité, de calme et de paix. Tant que l'insécurité réelle extérieure règne, il remplit sa fonction. Mais si, à l'extérieur, plus rien ne le justifie, il n'atteint plus son objectif. C'est ce qui se produit presque toujours en pratique. Brisez ce processus, définissez bien l'objectif de votre stress pour ne pas en être l'esclave. C'est lui qui doit vous servir !

Avant de terminer ce passage sur l'insécurité, je vous propose un petit test très significatif. Répondez sincèrement à cette question : quelles ont été vos dix dernières inquiétudes? Etait-ce la peur d'arriver en retard, de ne pas terminer à temps un dossier ou l'angoisse d'une réunion? Etiez-vous inquiet d'une toux chez vos enfants? De ne pas avoir vos vacances à la date prévue? De ne pas digérer votre dîner? D'une visite à votre mère? De vous brûler avec de l'eau chaude? D'être en panne de voiture?...

Vous êtes bien remonté dans le temps pour retrouver les dix dernières sources qui ont nourri vos inquiétudes. Et maintenant, dites-moi très sincèrement combien d'inquiétudes étaient fondées et ont effectivement débouché sur un problème grave sans solution.

Lorsque je fais ce test, au cours de séminaires de formation, à une dizaine de participants, cela donne cent inquiétudes. Sur ce nombre, en général, seules deux ou trois inquiétudes étaient fondées. Seulement 2 ou 3 % des raisons d'inquiétude sont justifiées. Donc:

97 % DES INQUIÉTUDES SONT INJUSTIFIÉES

car elles n'ont en aucun cas permis une meilleure évolution de la situation. La sérénité aurait été bien plus efficace! Pensez-y la prochaine fois: vous vous inquiétez pour rien dans 97 % des cas, et dans les 3 % restants mieux vaut rester serein, vous ne pourrez que mieux agir. Alors soyez confiant, développez ce potentiel qui est en vous, c'est le meilleur rempart contre les stress quotidiens.

La ressource de satisfaction

Lorsque vous avez acquis cette confiance, vous pouvez vous attaquer à une deuxième ressource, assez proche: le sentiment de plénitude.

C'est ce que vous ressentez lorsque vous êtes bien en vous-même, avec vous-même. Ne croyez pas que l'autosatisfaction soit à bannir. Elle est souvent considérée comme un sentiment qui nous empêche de nous dépasser. Il en faut néanmoins une certaine dose sous peine d'être paralysé.

Si vous n'arrivez pas à engendrer ce sentiment d'autoplénitude, vous chercherez une fois de plus à combler ce vide à l'extérieur. Sans aucune chance de succès, puisque la cause en est interne. La course à tous les plaisirs et à toutes les frustrations est alors ouverte. Boulimie, sexualité exacerbée ne sont que deux aspects d'une insatisfaction permanente.

L'enfant qui se trouve dans ce cas n'est pas capable de rester un instant seul. Il n'arrive pas à se satisfaire avec un doudou ou un nounours. Il a toujours besoin de quelqu'un et ses parents le trouvent toujours nerveux. Pour qui possède la ressource de plénitude et de satisfaction, de nombreux stress tombent d'eux-mêmes. Vous saurez être serein dans toutes les circonstances. Vous ne souffrirez pas de n'avoir pas réussi à obtenir ce que vous désiriez.

Nous faisons tous des projets, nous avons tous des objectifs et c'est nécessaire pour progresser. Développer la ressource de satisfaction ne vous empêchera pas d'avoir de nouveaux objectifs, mais de prendre du recul par rapport à vos échecs. Ceux-ci se transformeront en expériences enrichissantes, qui vous aideront à mieux vous adapter la fois suivante et ne vous paralyseront plus.

Avec cette ressource, vous ne prendrez plus les difficultés quotidiennes pour des frustrations, et vous n'aurez plus ce perpétuel sentiment d'insatisfaction. Vous saurez apprécier ce dont vous disposez à chaque instant. De plus, vous ne serez plus à la poursuite permanente d'objectifs irréalisables. Vous aurez en vous-même cette capacité de vivre ce qu'il vous est donné de vivre. Vous saurez profiter pleinement de la vie et ne vivrez plus ce manque permanent qui pousse le boulimique à manger sans satisfaction durable.

Une fois développée, cette ressource vous permettra de vivre vos réussites comme de tirer des leçons de vos échecs. Elle vous permettra, après chaque succès, de vous arrêter pour en bénéficier.

Socialement, les personnes qui ne disposent pas de ces ressources réussissent parfaitement. Mais elles souffrent autant que celui qui n'arrive pas à entreprendre, car elles ne savent pas faire une pause. Si vous développez cette faculté, au contraire, vous saurez vivre la réussite, qui fait partie intégrante de la réalisation totale.

Pour développer cette ressource, exercez-vous à respirer dans le bas du ventre, dans cette zone où sont rassemblées symboliquement toutes ces ressources.

D'autre part, lorsque vous réalisez avec succès ce que vous entreprenez, profitez-en. Que ce soit la fin d'un rapport, d'une négociation difficile menée avec succès, la réussite d'un examen, marquez l'événement par un petit geste symbolique. Faites-vous plaisir, offrez-vous un livre, une séance de cinéma, un repas au restaurant… Inversement, lorsque vous avez échoué, compensez le sentiment pénible par la leçon à tirer de cette situation. Pourquoi n'avez-vous pas réussi ? Quels enseignements en tirez-vous ? Immédiatement, pensez aux autres satisfactions que vous avez obtenues à la même époque. Progressivement, vous arriverez ainsi à être véritablement vous-même et à ne plus être déstabilisé par des sentiments de vide ou de frustration.

La ressource d'action et d'affirmation

Certes, il est important d'avoir confiance en soi et de développer un sentiment de plénitude. Mais pour ne pas vivre dans le stress, il faut également développer la ressource d'affirmation de soi par rapport aux autres. C'est la clé de la capacité d'agir.

Lorsque cette ressource est bloquée, vous êtes dans le stress de «l'inhibition de l'action». Vous n'avez rien à faire et vous n'avez envie de rien. L'immobilité vous crée un stress tout aussi palpable que la trop grande action. Certains ne peuvent agir car ils n'arrivent pas à s'affirmer, ils se renferment sur eux-mêmes, n'osant agir. Progressivement, ils se sclérosent véritablement, tant en pensée qu'en action. D'autres ont une difficulté particulière à s'affirmer mais la compensent par un excès d'agressivité. Connaissant cette difficulté à mobiliser leur énergie, face à la vie et aux autres, ils «en rajoutent» et deviennent de petits chefs hargneux. Ils ont un besoin immense de considération, et leurs phrases sont truffées de pronoms à la première personne du singulier : «Moi, je... »

Sans cesse, ils interrompent leur interlocuteur pour revenir à eux et montrer leur savoir-faire. S'ils détectent chez l'autre le moindre désintérêt, ils se sentent profondément heurtés.

Pour éviter tous ces stress, il faut développer cette qualité d'action et d'affirmation de soi-même. Entraînez-vous à dire «non» lorsque vous ne souhaitez pas quelque chose. Entraînez-vous à prendre vous-même des décisions et à agir. Souvent, le blocage ne se situe pas à la phase d'élaboration du projet, ni dans sa conduite au succès ou son appréciation bénéfique, mais dans la phase de mise en place. On est indécis.

Sachez donc mettre les choses en application et passer à l'acte. Bien souvent, le premier pas est le plus difficile. Vous avez une lettre à écrire. Mille fois vous y repensez. Laissez les pensées de côté et commencez à écrire, même par exemple : «Je ne sais vraiment pas quoi écrire. Il va falloir écrire à propos du stress. Le stress, qu'est-ce que c'est ? Oui, le stress, c'est le sentiment de ne pas être bien dans sa peau... » Vous avez ainsi vaincu la première résistance, et le flot de l'action suit.

Fuyez par la même occasion l'absence de travail. Ne réduisez jamais l'action de façon trop importante, sous peine de ne plus pouvoir réaliser quoi que ce soit. Équilibrez bien ce point.

Prenez, bien sûr, l'autre en considération. Lorsque vous êtes vous-même, vous n'avez plus besoin de blesser celui qui est en face de vous et encore moins de le brimer. Vous n'avez pas besoin de vous réfugier derrière vos titres et vos fonctions. Les marques sont inutiles pour vous sentir exister. Votre sentiment d'être suffit.

Pour développer cette ressource, pratiquez l'activité sportive. Cela vous permet d'extérioriser ce pouvoir de réalisation, et de l'harmoniser. Sinon, cette énergie excédentaire finira par vous nuire. Autorisez-vous de vraies colères. Celles-ci sont différentes de l'irritabilité, signe de déséquilibre. La colère est l'expression d'une affirmation du mécontentement. Mieux vaut parfois la laisser sortir que de la laisser déclencher un cortège de symptômes typiques du stress.

Ces trois premières ressources sont toutes des ressources liées à des besoins vitaux. C'est le développement de soi en tant qu'individu. Ces étapes sont essentielles à l'élaboration de la personne.

La ressource de partage (l'amour)

Pour éviter les stress, il est essentiel de développer votre sentiment d'empathie avec ceux qui vous entourent. Sachez entrer en communion avec vos proches et vos amis. L'amour est un sentiment qui, lorsqu'il se développe, nous élève. Il peut littéralement transcender la majorité des stress liés aux situations et aux relations.

Cet amour pour l'autre nous permet de neutraliser les peurs, haines, colères, jalousies, angoisses et autres sentiments négatifs. Non seulement empathie et sympathie nous permettent de donner, mais elles nous autorisent aussi à recevoir.

Ce cas de figure est paradoxalement beaucoup plus fréquent que nous l'imaginons : nous refusons compliments et gestes d'amitié : « Non, je ne les mérite pas. » Et nous coupons court à ces échanges. Or, nous avons tous besoin d'être aimés et d'aimer. Si tel n'est pas le cas, nous entretenons un manque considérable qui nous maintient dans la dépendance complète des signes d'acceptation de l'autre. Lorsque cette ressource d'aimer n'est pas développée, la personne recherche, dans toutes ses actions, à donner pour recevoir. Ses demandes, ses projections et ses attentes sont considérables et souvent déçues. Elle n'arrive pas à donner par amour, mais seulement pour recevoir. Et lorsque inversement il lui est donné, elle ne s'en aperçoit pas ou ne l'accepte pas, ne croyant pas aux mérites qu'on lui attribue : « C'est trop beau » ; « Je ne comprends pas, je n'ai rien fait du tout... »

Elle vit à travers le regard de l'autre, cherchant toujours l'acceptation et le réconfort. Mais dès qu'elle n'y trouve pas cette expression, elle en souffre terriblement.

Il faut réapprendre à partager, à ne pas nous accrocher à nos sentiments et à ce que nous sommes. Dans ces conditions, nous ressentons une réelle liberté et vivons des échanges créatifs et constructifs dans tous les domaines. Dans le cas contraire, nous sommes à la merci de la critique et dépendants de perpétuels encouragements et de signes d'affection.

Pour développer cette empathie, vous pouvez vous concentrer dans la région thoracique du cœur, qui symboliquement est rattachée à cette qualité de don. Mettez toute votre attention dans cet espace, en créant cette sensation d'ouverture et de don. Vous ressentez alors une présence dans cette zone, vous avez l'impression d'être en harmonie avec l'autre.

Pour développer la sympathie, n'hésitez pas à entrer en contact avec toutes les personnes que vous rencontrez. Faites-en presque un exercice. Ne restez jamais sans rien dire dans un ascenseur. Entrez en contact, dans un compartiment de métro.

Prenez l'habitude de sourire avec le cœur. C'est un « truc » très efficace. En s'ouvrant, la région du cœur vient irradier dans votre sourire et vos yeux. Bien sûr, cela demande une totale sincérité. Mais en la pratiquant, vous vous rendrez compte que vous êtes pleinement ce sourire, car ce sont à la fois votre tête et votre cœur qui s'ouvrent ainsi.

Acceptez les remerciements, les cadeaux, de même que les félicitations ; humblement peut-être, mais acceptez-les. Cela fait intégralement partie de la dynamique de la vie. De même, sachez féliciter et encourager vous-même.

Savez-vous que le plus important pour un employé, le plus motivant pour rester dans un emploi, indépendamment de la fonction, c'est la reconnaissance que son employeur a pour lui ? C'est vous dire s'il est important de faire savoir aux autres que vous les aimez ou du moins que vous êtes reconnaissant de leur présence ou de leur travail.

Cette quatrième ressource n'est plus directement liée à la construction de vous-même mais à votre relation avec les autres. Elle est en rapport avec les émotions et le domaine affectif.

La ressource d'écoute et d'expression

Très différente de la précédente, mais évoluant aussi dans le domaine de la relation, la ressource d'écoute prolonge la ressource d'échange. Pour écouter, habituez-vous à ne pas interrompre l'autre. Développer une meilleure écoute de l'autre, c'est aussi développer une meilleure écoute de soi-même. Sachez vous servir de votre intuition pour mener à bien vos actions.

Si cette faculté d'écoute et d'expression ne se développe pas, vous aurez le cruel sentiment d'être coupé de votre entourage.

Vous n'arriverez pas à dire ce que vous ressentez. Cela peut être la source de nombreux malentendus. Cette ressource accompagne autant l'affirmation de soi que l'amour. Sans elle, vous vivez avec des ressentiments qui petit à petit vous rongent de l'intérieur. C'est typiquement le stress chronique, que vous pouvez chasser de votre champ de conscience, mais qui continue à vous habiter totalement et vous conditionne dans vos activités.

Exprimez clairement ce que vous pensez et dites-le sincèrement. Ce besoin d'être écouté et entendu, lorsqu'il est nourri convenablement, permet d'être à l'écoute des messages extérieurs. Dans le cas contraire, ils sont évacués de votre conscience. Développer cette ressource vous permet d'être en totale unité avec vous-même. Vous ressentez un bien-être général dans votre corps, comme si un flot de vie s'écoulait à travers vous. Pour y parvenir, exercez-vous à confier à vos proches les soucis que vous avez rencontrés dans la journée.

Inversement, exercez-vous à observer, à étudier les signes qui émanent de vos interlocuteurs. Ecoutez vos pressentiments, votre intuition : ce sont souvent d'excellents guides qui vous donneront de multiples solutions à vos stress.

La ressource d'organisation

La dernière ressource qu'il vous sera donné d'aborder maintenant est celle de l'organisation. Organiser, c'est prévoir au sens étymologique, voir avant les événements ce qui va se produire pour avoir la possibilité d'agencer au mieux les événements. Le mot « organiser » découle d'un terme qui signifie harmonie. Dès lors que vous savez organiser, vous pourrez améliorer la « congruence » des événements et éliminer des sources innombrables de stress.

Cependant, de même que cette ressource doit être éveillée et fonctionner au mieux, elle ne doit pas s'hypertrophier. Dans ce cas, un excès de prévision et d'organisation conduit à l'absence de souplesse et à la paralysie totale.

Il est intéressant de remarquer qu'une mauvaise utilisation de cette ressource se caractérise par un besoin accru d'explications. Si tel est votre cas, vous ressentirez un besoin excessif de comprendre tout ce qui vous entoure. Ce besoin d'explications dans vos relations, pour normal qu'il soit, peut devenir franchement maladif, se muer en comportement obsessionnel.

Celui qui n'a pas reçu suffisamment ces explications sera en perpétuelle recherche d'analyse et de compréhension, entravant complètement l'organisation de ses projets qui s'en trouveront paralysés.

La perfection n'étant pas de ce monde, le désir de perfection ne peut pas déboucher sur une relation vivante. Entraînez-vous à développer ce potentiel d'organisation sans qu'il vous empêche d'être libre. Le risque est, bien sûr, de vous couper du monde «humain», de vous en tenir exclusivement aux chiffres et aux statistiques, sans véritablement profiter de la vie. Toujours projeté dans le futur, vous ne voyez plus l'essentiel de la vie.

En surinvestissant ainsi dans un monde unique, vous risquez de vous couper des autres. En cas d'échec, tout s'effondre sans possibilité de récupération.

Ces différentes ressources se construisent et s'imbriquent les unes dans les autres. Elles développent un formidable pouvoir d'équilibre en neutralisant toutes les agressions externes par une très grande cohésion interne. Pensez sans cesse à aborder le stress sous cet angle positif. Développez vos ressources personnelles qui, spontanément, pourront neutraliser les effets nocifs du stress pour n'en retenir que ses bons aspects.

Vous vous sentirez libre et efficace.

8

Changez vos relations
avec votre entourage

Les relations que l'on établit avec les autres sont certainement le facteur de stress le plus important, autant au sein de l'entreprise que partout ailleurs. Résoudre les stresseurs externes sans améliorer les relations avec son entourage est vain. Ces stress relationnels sont souvent peu intenses mais prolongés. C'est donc sur de longues périodes que leurs méfaits se feront percevoir.

Michèle est âgée de quarante-sept ans. Je l'avais déjà reçue quelques mois auparavant pour des douleurs du dos et des troubles du sommeil. Ces symptômes s'étaient très rapidement améliorés malgré la persistance des stresseurs externes tant professionnels que familiaux. Michèle était dynamique, et douée pour les relations commerciales. Elle s'occupait de ventes de matériel de reprographie. Mais celles-ci avaient chuté vertigineusement à cause du contexte de crise internationale. Michèle vivait seule depuis un divorce mal accepté. Sa fille de dix-sept ans habitait maintenant chez son ancien mari. Baisse de ses résultats et solitude avaient déclenché ces douleurs et ces troubles du sommeil, qui n'avaient pourtant pas résisté à quelques soins et conseils.

Cependant, après quelques mois d'accalmie, Michèle revint en consultation. Paradoxalement, elle rechutait alors que, depuis deux mois, elle n'était plus seule. Elle fréquentait un ami tendre et aimant, et même si professionnellement les déceptions étaient toujours de rigueur, sentimentalement, Michèle aurait dû retrouver son équilibre. C'était tout le contraire. Elle était insatisfaite de sa nouvelle relation. Elle avait le sentiment qu'elle n'arrivait pas à en profiter et que ses tensions redoublaient dès qu'elle était en compagnie de son ami plus de quelques heures ! Toutes les douleurs qui la bloquaient alors étaient la traduction de son nouveau stress.

« Pourtant, il est gentil, me confiait Michèle. Mais nous n'avons pas les mêmes goûts. Il est passionné par les débats politiques, je trouve que c'est de la poudre aux yeux. J'adore la nature, il vient se promener uniquement pour me faire plaisir. J'aime discuter de psychologie, de choses plus subtiles, il ne comprend pas. Si bien que, malgré sa gentillesse, sa prévenance, et malgré notre entente physique, je ne le supporte plus. Je ne comprends ni mes réactions ni mon intransigeance. Je me demande ce qui se passe en moi. »

Après quelques minutes d'entretien, Michèle et moi-même découvrons la vraie raison de ce stress relationnel. Ce qu'elle ne supporte pas chez son ami n'est que le comportement qu'elle ne supportait déjà pas chez son mari et qui était également présent chez son père, très autoritaire. Elle associait à un certain aspect de ce comportement une sécheresse de sentiment et se pensait délaissée, comme cela avait été le cas avec son père et son mari.

Par un phénomène de généralisation, elle ne voyait pas son ami tel qu'il était, mais vivait la résurgence de vieux sentiments de colère qui continuaient à la miner. Pour vivre une relation épanouie et heureuse, il fallait qu'elle arrive à se dissocier de ses réflexes conditionnés et qu'elle comprenne que son ami pouvait avoir des pôles d'intérêts divergents, sans que cela remette en cause son amour. Il lui fallait accepter son ami tel qu'il était et non souhaiter une relation fusionnelle, où toute identité différente la perturbait. Dans toute relation, il y a trois éléments importants : vous-même, votre interlocuteur et la relation.

Vous ne pouvez agir que sur vous-même

Sur ces trois éléments, il en est un qui ne peut être modifié : l'autre. Vous ne pouvez pas espérer modifier une relation en pensant que l'autre changera, car vous n'avez aucun pouvoir sur lui. En revanche, vous pouvez intervenir sur vous-même et sur la perception de votre relation. Ce postulat de base est essentiel. Faute de l'accepter, vous ne pourrez jamais transformer une situation stressante en situation positive.

Adaptez-vous si vous ne pouvez fuir ou lutter

Parfois, quelle que soit votre volonté de bien faire, vous avez vraiment affaire à une personne particulièrement déplaisante. Il ne faut pas se voiler la face, il en existe bel et bien ! Pour des raisons certainement compréhensibles, votre interlocuteur possède le pouvoir et tient à en profiter. Voilà encore une source de stress !

Lorsque vous vous trouvez dans une telle situation, il n'y a pas trente-six solutions : soit vous pouvez riposter et gagner, soit vous ne pouvez pas attaquer et remporter la victoire. Dans ce deuxième cas, le plus fréquent, deux autres hypothèses sont possibles : vous pouvez partir et vous investir dans autre chose ; vous ne pouvez pas partir, et vous vous retrouvez bloqué dans cette situation sans possibilité d'action.

Cette deuxième hypothèse traduit la pensée de 80 % des gens, alors qu'elle n'est vraie que dans 20 % des cas. Bien souvent, nous estimons à tort que nous ne pouvons quitter telle ou telle situation, par peur de l'inconnu. Combien de fois ai-je entendu des patients, élèves ou stagiaires, me dire : « Pourquoi ne suis-je donc pas parti plus tôt ? Si j'avais pu prévoir que ce serait aussi facile, je l'aurais fait avant. » Mais voilà, bien souvent, nous hésitons et nous restons.

Néanmoins, même dans une telle situation, il existe des solutions. Si vous décidez de ne pas en terminer avec cette relation, il faut alors décider de la transformer pour ne plus la subir. D'autant que souvent, même lorsqu'on a fui une relation, elle continue à évoluer et à créer une tension. Mieux vaut donc y faire face et agir.

Il est possible de retourner en notre faveur les relations les plus tendues et les plus désespérées. La foi, le courage, l'énergie investis dans cette amélioration devront être à la hauteur de la négativité de l'autre pour parvenir à la neutraliser. Cependant cette situation reste exceptionnelle. La cause essentielle de souffrance relationnelle reste la croyance que l'autre est responsable.

En fait, tout le monde est partie prenante, mais chacun ne peut agir que pour soi. A partir du moment où nous ne voulons ou ne pouvons pas partir, il faut rester et s'adapter. Il faut trouver des moyens pour que cette situation ne soit plus source de stress.

Changez votre façon de voir l'autre

Comme au chapitre précédent, vous avez appris comment modifier votre façon de voir le monde, vous pouvez vous exercer à considérer sous un autre jour celui qui est la cause de votre stress. Généralisez-vous à son encontre ? Sélectionnez-vous certaines de ses attitudes et de ses paroles ? Travestissez-vous ses mots et ses pensées ? Remettez au clair ses comportements objectifs et réels. Au besoin, portez-les par écrit. Faites une liste de façon à bien percevoir la situation et entraînez-vous à modifier votre perception. Plus que l'autre, ce qui vous stresse, c'est ce que vous percevez de lui. C'est donc sur cette relation qu'il vous faut agir par l'intermédiaire de vos projections. Sachez voir le côté positif des autres. Personne n'est tout blanc ni tout noir. A ne sélectionner que les côtés négatifs, on finit par leur donner une ampleur démesurée qui masque les côtés positifs.

Dans un couple, ce phénomène est classique. Il conduit à un imbroglio de reproches, qui se sur-ajoutent les uns aux autres sans véritable raison. Rien n'est parfait. A vouloir cette impossible perfection, nous finissons par nous obnubiler sur un grain de poussière alors que tout le reste est immaculé.

Pour améliorer des relations, il faut d'abord mieux connaître l'autre et prendre conscience de ses qualités. D'où l'intérêt, pour des collègues de bureau, de se retrouver en dehors du travail pour créer des relations amicales et découvrir mutuellement leurs facettes cachées.

Ne projetez pas de vains espoirs

Si vous percevez votre collègue, votre collaborateur ou votre conjoint comme stressant, c'est non seulement parce qu'il exerce un pouvoir sur vous, mais aussi parce qu'il ne correspond pas à votre attente. La majeure partie des reproches que vous avancez envers vos collègues ou vos proches est la conséquence d'une attente déçue. Vous êtes stressé autant par la surévaluation des côtés négatifs que par celle des côtés positifs. Vous enfermez l'autre dans une image idyllique que vous projetez sur lui. Vous le voulez comme vous aimeriez qu'il soit et non comme il est. Inévitablement, la déception est au bout de la relation.

C'est le réveil douloureux des amoureux transis. L'amour a aveuglé et fait imaginer une perfection fantasmatique. Or, un beau jour, on s'aperçoit qu'elle n'est pas exactement à la mesure de nos rêves. Pourtant, ni l'un ni l'autre n'ont joué la comédie. Ils étaient amoureux et ont donné le meilleur d'eux-mêmes. Comme celui qui était en face ne demandait qu'à y croire, la méprise fut rapide.

Comment être satisfait si vous attendez ce que l'autre ne pourra jamais vous offrir ? Ce n'est pas possible. Mais en aucun cas ce n'est sa faute. Il ne peut vous donner ce qu'il n'a pas.

Vous espérez aujourd'hui que votre sœur sera à l'heure alors qu'elle ne l'a jamais été. Vous le savez, elle est toujours en retard. Pourtant, chaque fois, vous imaginez qu'elle est différente et ne la prenez pas telle qu'elle est. Inévitablement, à son arrivée, vous l'incendiez, la dispute éclate. C'est regrettable, car si vous connaissiez bien votre sœur, si vous acceptiez ce défaut au même titre que ses qualités, vous ne seriez pas stressé pour si peu et vous vous entendriez fort bien.

Méfiez-vous de cette tendance. Ne demandez pas à quelqu'un ce qu'il ne peut pas vous apporter, ne projetez pas sur lui l'image que vous aimeriez qu'il endosse. Sachez apprécier ce qui est possible et, sans espoir vain, vous ne serez plus déçu. Sans déception, il n'y a plus prise pour les reproches, ces reproches sourds qui vous pèsent ou vous restent en travers de la gorge, créant nœuds, boules à la gorge et oppressions thoraciques. Inversement, apprenez à ne pas accepter la projection des autres sur vous-même et à bien vous définir.

Soyez vous-même, affirmez-vous et n'acceptez pas d'être à une autre place qu'à la vôtre

Vous avez remarqué combien vous projetiez sur les autres. L'inverse est également vrai. En permanence, des dizaines d'espérances sont jetées sur vos épaules et vous les endossez. Votre sœur, qui arrive toujours en retard, le sait bien. Elle ressent cette contrainte permanente et l'accepte. « Tu arriveras à l'heure » : combien de fois a-t-elle entendu cette phrase ? « Non, devrait-elle répondre, cela ne m'est pas possible. Tant pis, commencez sans moi, ne m'attendez pas. Vous savez bien que je n'arrive jamais à l'heure. »

Il est le plus beau, il est le plus fort, il est encore plus intelligent… STOP. Refusez tous les comparatifs et superlatifs. Vous êtes vous-même, avec vos défauts et vos qualités. Vous êtes à cette place et pas à une autre. Si vous vous laissez embarquer dans les désirs des autres, vous vivrez une contrainte permanente et vous serez lié à un résultat que vous ne pouvez pas atteindre. Ne vous laissez pas mettre à une autre place que celle qui vous correspond. Et dans tous les cas, affirmez ce que vous pensez. Ne faites pas, et surtout ne soyez pas, ce que les autres aimeraient que vous fussiez.

Exprimez-vous avec sincérité

Pour cela, utilisez les mots adéquats sans trahir vos principes fondamentaux. Vous devez apparaître tel que vous êtes et ne pas vous montrer différent pour faire plaisir.

Bien souvent, le plus difficile est de refuser ce qui nous est proposé. Quand c'est en désaccord avec vous-même, dites-le sincèrement en parlant de vous sans impliquer l'autre. N'hésitez pas à dire NON. Combien de fois avons-nous dit oui alors que nous pensions le contraire ? Combien de malentendus cela a-t-il déclenchés ? Nous croyons à tort que le fait d'être sincère, de dire exactement ce que nous pensons est nuisible. En fait, tout est dans la façon de s'exprimer. Dans la majorité des cas, mieux vaut dire immédiatement ce que nous pensons plutôt que de laisser pourrir une situation. Entraînez-vous à parler à la première personne du singulier. Laissez de côté les « on » et les « nous ». Parlez en votre nom propre, en vous justifiant si c'est nécessaire, à partir de vos sentiments personnels. Cela facilite l'expression de nos pensées.

Si des ennuis surviennent avec telle ou telle personne, ne ruminez pas les ressentiments. Allez lui parler franchement, sans la mettre en cause, mais en lui exposant votre point de vue.

Ne vous endormez jamais sur un malentendu

Ne laissez pas les autres décider à votre place, ne les laissez pas vous dénaturer. Au contraire. Affirmez clairement et sincèrement qui vous êtes.

Pourtant, parfois, au cours d'une journée se glisse un malentendu. Un sentiment de mal-être vous gagne. Ce n'est souvent qu'après quelques heures que vous arrivez à en percevoir l'origine. N'hésitez pas à en reparler avec celui qui est à l'autre bout de la relation. En effet, si vous n'arrivez pas, jour après jour, à éclaircir les relations qui se tissent autour de vous, la somme des nœuds qui finit par se former devient inextricable. En revanche, au jour le jour, il est facile de régler les tensions débutantes.

Parfois, cela n'est malheureusement pas possible. La personne ne vous écoute pas et mieux vaut ne rien lui dire, car cela empirerait la situation. Dans ce cas-là, employez un remède utilisé depuis toujours par les adolescents : l'écriture.

Écrivez ce qui peut vous soucier

Sur une feuille de papier, exprimez clairement ce que vous aimeriez dire à votre interlocuteur et qu'il ne veut ou ne peut pas entendre. Pour cela, procédez de la manière suivante : premièrement, écrivez tous vos reproches. Décrivez très exactement la situation telle que vous l'avez vécue. Placez-vous en quelque sorte dans la peau d'un narrateur qui raconte l'histoire. Deuxièmement, dites précisément ce que vous avez ressenti. Décrivez les sentiments qui vous animent : peine, humiliation, colère... Décrivez les sensations dont vous souffrez : pesanteurs, vertiges, tête lourde... Enfin, terminez par une conclusion dans laquelle vous exprimez votre volonté de vous débarrasser de ce qui vient d'avoir lieu. N'oubliez pas cette dernière partie, car exprimer ses sentiments sans s'engager à modifier la situation ne sert pas à grand-chose. Il faut s'engager totalement et l'écriture le permet car elle nous oblige à nous investir totalement.

Si vous ne pouvez parler, écrivez. Cela vous conduit alors à tourner la page, c'est-à-dire, dans ce cas, à pardonner.

Écrire vous permettra d'exprimer des sentiments qui vous bloquent, dans tous les cas où vos propres pensées vous perturbent. Rappelez-vous, faites cette écriture en trois temps. Tout d'abord la description, puis l'implication et enfin la neutralisation. Rumination de faits passés ou anxiété d'événements à venir, vous pourrez vous en débarrasser et retrouver un esprit calme. Que se passe-t-il lorsque vous ne cessez de penser à une situation, lorsque vous ressassez sans arrêt les mêmes pensées ? Cela devient obsédant.

Votre cerveau est fait pour penser et il pense

Lorsque vous êtes préoccupé, c'est qu'une difficulté n'a pas trouvé de solution. Or, il existe un organe dans votre corps dont la fonction principale est de trouver des solutions. Cet organe, c'est votre cerveau. Dès que vous avez un problème, celui-ci se met en marche. Il n'aura de cesse de trouver une solution.

Alors vous pensez, vous repensez... Et si vous n'arrivez pas à voir clairement la solution, ou plus exactement si vos facultés supérieures, dites cognitives, n'arrivent pas à trouver une solution, vous y repensez sans cesse. Ce qui déclenche anxiété, difficultés d'endormissement... A 3 h du matin, vous ressassez encore les mêmes pensées.

Tant que ce problème est sans solution, votre cerveau y pensera et y repensera. Il le retournera dans tous les sens sans espoir de trouver une réponse, mais cela, votre cerveau ne le sait pas. Pour vous débarrasser de cette activité inutile, mettez donc ce qui vous préoccupe par écrit. Un problème bien énoncé est, dit-on, un problème à moitié résolu. En haut de votre page, n'hésitez pas à noter la raison de vos préoccupations en une ou deux phrases succinctes. Puis, développez les solutions que vous envisagez en les mettant en vrac les unes après les autres. Dans un troisième temps, notez ce qui risque d'arriver dans le pire des cas, en imaginant vraiment le pire.

Enfin, écrivez noir sur blanc que vous décidez maintenant de ne plus vous préoccuper de ce problème. L'écriture est symboliquement très puissante. Ecrire permet de s'engager totalement et de vivre réellement le problème pour en être débarrassé.

Utilisez ce procédé aussi souvent que nécessaire. Vous arriverez vite à retrouver le sommeil et à ne plus avoir autant de pensées parasites.

Sachez pardonner

Le stress relationnel est entretenu également par la persistance, dans votre mémoire, de reproches envers les autres.

Ne ressassez pas les reproches que vous pouvez nourrir à l'encontre de qui que ce soit. Cela déclenche des stress chroniques qui vous nuisent profondément.

Se mettre en colère, concevoir des reproches, nourrit en soi une sécrétion d'adrénaline négative qui donne naissance à une irritabilité permanente.

Et cette colère ne demande qu'à envahir les autres relations. Seul le pardon peut être efficace. Combien de troubles sont la conséquence d'une colère inconsciente contre une personne qui n'en a même pas connaissance et qui n'en est de ce fait nullement affectée !

Je suis souvent amené à dire à mes patients, pour les faire réagir : «Ne pensez-vous pas que c'est faire trop plaisir à cette personne que de rester encore affecté par cet événement ? » Souvent, on ne veut pas se séparer de sa colère et de son ressentiment. Pourtant, c'est à soi que l'on fait mal dans ces conditions, et non pas aux autres.

Utilisez également l'écriture pour pouvoir vous séparer d'un sentiment destructeur. Appliquez cette technique de façon à pouvoir définitivement tourner la page. N'oubliez pas les trois étapes pour que cela soit opérationnel et efficace : description, implication et neutralisation.

Si vous voulez disposer de tout votre potentiel, si vous voulez vivre libre, éliminez les nœuds internes qui gâchent votre vie, apprenez à pardonner. Vous ressentirez instantanément une grande libération. Vous serez alors à même de développer des sentiments positifs vis-à-vis des autres.

Créez-vous un réseau d'amis

Tout ce qui peut s'exprimer à travers l'écriture peut aussi se formuler de vive voix avec un ami. Avoir un réseau d'amis, c'est avoir un réseau de soutien avec lequel vous partagez vos difficultés.

Mais bien souvent, même avec des personnes très chères, les personnes de type A n'expriment pas leurs tracas. Elles craignent d'ennuyer les autres. En réalité, c'est l'inverse qui se produit. En n'en parlant pas, on nourrit son stress qui devient encore plus important, et celui qui est en face le ressent et en souffre. A l'inverse, parler libère. Mais très nombreux sont ceux qui n'y arrivent pas et qui n'osent pas. Pouvoir s'appuyer sur des amis n'est pas un signe de faiblesse. Il n'existe aucun être qui n'ait de difficultés. En parler demande un effort, mais cet effort est toujours récompensé.

Pour certains, il est vrai, c'est l'inverse. L'épanchement de leurs difficultés nuit à leurs bonnes relations. Loin d'être réservées, ces personnes ensevelissent les autres sous un flot de malheurs qu'elles déversent sans cesse. Si tel est votre cas, ce conseil ne vous concerne pas. Vous connaissez trop bien les effets positifs de l'amitié et vous en abusez. Le remède n'est pas dans cette relation. Ce n'est qu'un pansement à une souffrance qu'il faut aller chercher ailleurs.

N'abusez donc pas des autres, mais sachez établir des relations amicales saines. Ce n'est pas toujours facile, car l'amitié que l'on donne implique aussi d'en recevoir.

Il est parfois plus facile d'aimer que de se laisser aimer. Pudeur des sentiments, maladresse nous conduisent souvent à une restriction de la palette de nos sentiments et à un contrôle de l'amitié et de l'amour. Parce que vous avez peur d'être faible, vous n'osez pas vous abandonner et vous restez dans votre carapace de force.

Rien n'apaise mieux le stress que de faire savoir à l'autre qu'il est aimé ; rien n'apaise mieux un stress que de sentir que l'on est aimé. Aussi, ne vous contentez pas de penser que l'autre le sait et qu'il peut vous faire confiance. Dites-le-lui ! Trop de malentendus existent.

Reconnaissez vos erreurs

Quelle que soit votre bonne volonté, inévitablement vous commettrez des erreurs.

Essayez alors d'être sincère. Reconnaissez vos erreurs. Au lieu de vous affaiblir, cela vous grandira.

Ne pas reconnaître ses erreurs est une source

supplémentaire de stress. C'est un poison injecté dans les relations avec autrui. Personne n'a toujours raison. Le reconnaître est tout naturel et ne devrait même pas être considéré comme exceptionnel. Nul éloge ne devrait en résulter. Pourtant, c'est un comportement tellement rare qu'il est nécessaire de le rappeler. Reconnaître ses erreurs, c'est se situer soi-même et s'affirmer. Chaque jour vous apporte son lot d'expériences. Chaque jour, vous vous confrontez à la réalité des relations humaines : familiales, amicales, sentimentales, professionnelles. Chaque jour, vous enrichissez votre compréhension et tirez des leçons des difficultés et des réussites.

A partir du canevas évoqué, vous remarquerez qu'une moisson de petits «trucs» peuvent vous aider, encore et encore. Ne nous y trompons pas : quel que soit leur domaine, les relations répondent aux mêmes impératifs. Alors, où que vous soyez, soyez vous-même, et développez votre capacité d'écouter, de comprendre et d'aider.

9

Sur le lieu de votre travail

Chacun de nous passe en règle générale assez de temps à son travail pour avoir le sentiment que celui-ci occupe la place principale, même si tel n'est pas le cas. En effet, votre journée, comme votre semaine, s'articule autour de votre activité professionnelle. De plus, le temps consacré au travail occupe en général les heures du milieu de la journée, ce qui lui donne physiquement une place centrale.

Même si, proportionnellement, compte tenu de la durée des études qui se prolongent, de la durée des temps de repos hebdomadaires et annuels et de l'âge relativement précoce de la retraite, le temps de travail réel est de moins en moins important, il n'en demeure pas moins que celui-ci procure à tous ceux qui sont plongés dans la vie active une source de stress inépuisable.

En pratique, le stress du travail est très élevé. Il commence en fait très jeune, avec la contrainte des examens. Il se prolonge avec la recherche d'emploi, les licenciements et se termine avec la retraite. Quant au stress lié à la nature du travail lui-même, il est tout aussi important. C'est à la suite de constatations quotidiennes, à mon cabinet, de l'influence de l'activité professionnelle sur la santé, que j'ai décidé de m'attaquer directement à la racine de ce mal en intervenant sur le lieu même du stress : l'entreprise.

A qui sait écouter, il devient évident que les répercussions du stress professionnel sont considérables dans le domaine de la santé.

On ne peut résoudre le stress au travail de façon isolée. Dans le cadre professionnel, vous êtes le même qu'au-dehors, avec les mêmes espoirs, les mêmes désirs, les mêmes façons de voir le monde. Ainsi, nous ne sommes pas mentalement transformés en une créature différente lorsque nous passons le seuil de notre lieu d'activité professionnelle.

Il existe un continuum, qui entraîne d'incessantes influences réciproques de toutes les facettes de notre vie. Des relations que vous entretenez avec le monde et avec les autres découlent vos relations professionnelles.

Pourtant, il existe un certain nombre de stress plus spécifiquement liés à la vie professionnelle, qui nécessitent des réponses spécifiques.

Néanmoins les réponses qui vous seront proposées trouveront aussi des applications dans votre vie sentimentale, ou personnelle. Mais nous les aborderons dans un chapitre réservé, compte tenu de leur prééminence, au travail.

Communiquez mieux pour vivre plus efficacement

Savoir communiquer représente pour plus de 80 % des leaders l'essentiel d'un bon management. Tous les dirigeants passent la plus grande partie de leur temps à entrer en contact avec des clients, à diriger une équipe ou à correspondre avec d'autres entreprises. De l'observation des meilleurs managers, on peut dégager quelques lois pour une communication efficace.

Un autre domaine très riche d'enseignements est celui de la relation médecin-malade. Cette relation très particulière a conduit à de multiples études standardisées. On en déduit quelles attitudes permettent une meilleure compréhension et une meilleure adhésion au traitement, ce qui débouche sur une plus grande efficacité thérapeutique.

Dans ces deux cas, l'un empirique — celui des managers sur le terrain —, l'autre analytique — celui du monde médical —, la concordance des attitudes est frappante.

Pour être compris,
écoutez et comprenez l'autre

Jean-Pierre consulte son médecin pour des douleurs abdominales. Bien qu'il n'ait que vingt-trois ans, il est inquiet car son grand-père est décédé récemment d'un cancer de l'intestin. Il craint confusément, sans se l'avouer, d'avoir lui aussi un cancer.

« Qu'est-ce qui vous amène aujourd'hui ? demande son médecin. — J'ai mal au ventre depuis trois jours… — Vous avez de la fièvre ? — Non, mais… — Vous avez déjà eu mal ? — Oui, cela a dû m'arriver il y a quelque temps déjà, j'allais alors à la faculté… — Vous avez suivi un traitement ? »

Le médecin sait bien qu'actuellement une épidémie de gastro-entérite sévit dans la ville. Son diagnostic est préétabli et il pose des questions qui n'attendent qu'une réponse unique : oui ou non. De ce fait, Jean-Pierre n'a pas le temps de parler. Il ne se sent pas compris, compte tenu des multiples interruptions. Chaque fois qu'il souhaite donner des détails, il est coupé dans son élan. Après deux-trois minutes, le voilà déshabillé, le ventre palpé par son médecin. Jean-Pierre n'a pas le sentiment d'avoir été entendu. « Oui, ce n'est rien, ce n'est qu'une gastro-entérite… il y en a beaucoup en ce moment ; vous prendrez ce médicament, et dans deux jours, il n'y paraîtra plus. » Jean-Pierre n'ose plus parler. Il craint d'être à nouveau incompris et repart avec son ordonnance dans sa poche. « A quoi bon, cela passera », se dit-il, un peu dépité. Mais l'inquiétude est toujours là, le mal au ventre aussi…

Pourtant, la consultation avait bien débuté ; après

les politesses d'usage, le médecin avait d'emblée situé la raison de la venue, de façon à bien cerner les objectifs et les souhaits de son patient. Mais sa précipitation n'avait pas permis à son patient de s'expliquer sur les raisons de sa venue. Comme toutes les personnes qui sont interrompues, il n'avait pas le sentiment d'avoir été écouté, et la confiance indispensable ne s'était pas établie. Pour bien vous faire comprendre, la première phase est de bien écouter. Observez et comprenez vous-même l'autre. Evitez les interruptions. C'est vital. Pour entrer dans le monde de l'autre, il faut se mettre «sur la même longueur d'onde».

Les sept règles d'or de la communication efficace du médecin

— Les questions doivent être ouvertes et non fermées.

— L'interlocuteur doit exposer ses préoccupations sans être interrompu.

— Le médecin ne doit pas donner d'avis prématurément.

— Il ne doit pas non plus rassurer prématurément.

— Il doit être clair dans ses explications.

— Il doit vérifier la compréhension des explications.

— Il doit négocier les stratégies décidées.

Ces sept règles sont valables pour chacun, quel que soit le contexte, et se résument en trois points : Ecouter, Savoir ce que vous voulez dire, S'assurer de la compréhension.

Observez les mimiques, les attitudes

La PNL, ou programmation neurolinguistique, a étudié jusque dans ses derniers détails la façon de procéder pour être au même diapason que son interlocuteur. L'observation des attitudes et des gestes est un premier élément qui permet de comprendre, par le langage du corps, ce que l'autre pense réellement. Mieux encore, la PNL nous propose de calquer notre attitude sur celle de l'autre : fréquence respiratoire, position des bras, position des jambes, inclinaison du buste, mouvement des mains, ce qui se fait le plus souvent de façon spontanée. Observez, par exemple, deux amis qui mangent ensemble dans un restaurant, un leader politique et ses acolytes, un vieux couple, un maître et son chien… Le but étant de mettre l'autre en confiance. Il va sans dire que cette synchronisation doit se faire avec tact. Lorsque c'est le cas, l'adhésion des deux personnes est vraiment très grande. Cette synchronisation peut aussi se faire par rapport au langage. On utilise alors le mode de communication préférentiel de l'interlocuteur : visuel, kinesthésique, auditif.

Pour connaître ce mode de prédilection, il faut porter son attention sur le contenu du langage. Si votre interlocuteur utilise des expressions comme : «Je vois, visiblement, voyons cela, j'ai remarqué, c'est flou, c'est clair, c'est lumineux…», il y a de fortes chances qu'il fonctionne essentiellement sur un mode visuel.

Jeannine est peintre. Elle est bien évidemment visuelle et son discours est ponctué de : «Tu vois ?» Son «Tu vois ?» remplace toutes les virgules et les points de ses phrases. Jeannine est un excellent exemple de ces canaux.

«Je sens bien, c'est pénible, c'est concret, ça me fait chaud au cœur, ça me glace, ça marche…» sont autant de ponctuations qui révèlent un fonctionnement kinesthésique, c'est-à-dire sur le mode de la sensation physique.

«Je comprends, j'entends bien, c'est entendu…» traduisent, quant à eux, un mode auditif.

Connaître ces quelques règles fondamentales permet de savoir tout d'abord sur quel mode on fonctionne soi-même ; cela permet également de connaître le mode de l'autre, afin de mieux communiquer avec lui.

Observez et adaptez-vous

Les traits du visage vous renseignent sur la pensée de l'autre dans un grand nombre de cas : sourire, pincement des lèvres, front plissé ont chacun leur signification. Cela peut correspondre à un sentiment réel. Demandez alors ce qu'il en est : assurez-vous d'avoir bien compris le message avant de donner la réponse :

— à un froncement de sourcils, demandez à votre interlocuteur s'il a bien tout compris, ou quel est le point qu'il souhaite voir préciser (formulation positive incitant plus facilement à une réponse développée que la précédente) ;

— s'il se replie sur lui-même, signe d'une inquiétude, mettez-le à l'aise en l'invitant à se détendre ou en lui offrant à boire.

Tenez compte de ces signaux, mais n'oubliez pas que ce ne sont que des signaux. Leur décryptage n'est pas toujours facile, car les sens peuvent varier d'une personne à l'autre et votre interprétation est toujours subjective.

Autre élément essentiel d'une bonne communication : définir précisément les objectifs de ce contact. Personne au monde ne peut être compris s'il ne sait lui-même quel est l'objectif de son discours. Le meilleur moyen de ne pas se faire comprendre est bien sûr de ne pas savoir soi-même ce que l'on veut faire comprendre ! Avant un entretien ou une conférence, assurez-vous de bien savoir quel est votre désir. Alors seulement vous pourrez clairement l'exprimer avec une chance d'être entendu.

Enfin, assurez-vous de la bonne compréhension de votre message. Pour cela, ayez toujours recours à la technique du biofeedback. Vous avez écouté, vous vous êtes mis au diapason de votre interlocuteur (ou de vos interlocuteurs), vous avez défini clairement ce que vous voulez dire. Il ne reste plus qu'à contrôler si le message est bien passé. Pourquoi ? Parce qu'il n'y a pas pire situation que de s'énerver après une personne qui n'a pas compris ce que vous lui avez demandé.

« Pouvez-vous m'apporter le texte que je vous ai demandé de me recopier ? — Il n'est pas prêt, je pensais que cela pouvait attendre jusqu'à demain. » Vous aviez omis de préciser le délai. C'était pourtant à vous de vérifier que la totalité du message était bien comprise. Cet exemple est bénin.

Mais une telle situation peut rapidement devenir grave lorsqu'il s'agit de décisions importantes.

Il est bon alors de terminer par : « Pouvez-vous me résumer ce qui doit être fait ? » ; « Je compte sur vous pour faire bien figurer le texte en première page et surtout avant demain. »

Les notes résumant l'information sont aussi un bon moyen de confirmer les décisions. Mais il faut les utiliser avec parcimonie, car la perte de temps qu'elles occasionnent peut être grande et générer un nouveau stress.

De cette façon, vous évitez tout malentendu. Vous savez sur quoi vous pouvez compter, et sur quoi l'autre peut compter. Ne mésestimez pas ce point, il est facilement évitable et vous libère d'une cause de stress vraiment importante.

Une fois encore, dans le travail comme dans les autres relations, la cause essentielle de stress est l'attente déçue : vous décevez ou vous êtes déçu. Vous attendez ce qui n'est pas possible, vous avez laissé espérer une modification qui ne vient pas. Pour limiter ces risques, l'adéquation entre les capacités de la personne et sa fonction doit être parfaitement réglée.

Faites ce pour quoi vous êtes fait

Pour ne pas décevoir et ne pas être déçu, ne prenez pas des charges qui ne sont pas pour vous. Connaissez vos possibilités et vos limites.

Si vous êtes un penseur, vous analysez, vous aimez bien les preuves, les chiffres, vous êtes un bon organisateur. Vous travaillez avec méthode et vous pouvez tout à fait vous occuper de la gestion d'une affaire.

Si vous êtes un intuitif, vous aimez la théorie, vous voyez les événements dans leur ensemble, vous avez le sens de la création, mais il vaut mieux que vos collègues ne comptent pas sur vous pour les détails. Vous êtes un créateur et vous innovez, pour vous le suivi des affaires sera difficile. Inutile que votre patron vienne vous voir en vous demandant un travail comptable, vous ne pouvez pas le faire, vous seriez malheureux.

Si vous êtes un émotionnel, vous ne pouvez pas vous passer de compagnie. Les valeurs humaines sont pour vous ce qu'il y a de plus important. Vous êtes chaleureux, sensible. Le chapitre associé à la communication vous passionne. Vous avez toujours envie de faire mieux dans ce domaine. Votre sensibilité vous joue parfois des tours, mais vous trouvez bien souvent des solutions miracles et, quand tous les autres baissent les bras, votre enthousiasme ranime la flamme. Vous êtes un excellent agent commercial et le reste ne vous satisfait pas.

Si vous êtes un sensoriel, vous avez un esprit très pratique, vous êtes un travailleur acharné et enthousiaste. Vous vous réalisez dans les aspects quotidiens du travail. Celui-ci doit vous être clairement expliqué, car vous aimez savoir comment fonctionne ce que vous faites. Vous êtes un réaliste et transformez les idées en actions.

Qui de ces quatre personnes fait le meilleur agent comptable, créatif, gérant, commercial?

Bravo! Vous savez maintenant que certains postes correspondent mieux à certaines personnalités. N'essayez pas de mettre des tuteurs qui risqueraient de briser les plantes. Contentez-vous de les accompagner.

Une attitude démodée mais efficace

Soyez poli

Cela peut paraître puéril de préciser ainsi le B. A.-Ba de la communication, mais s'il n'y avait qu'une seule chose à retenir, ce serait celle-là. Tous les moyens pour faciliter la communication sont contenus dans le code de la politesse. La politesse est l'huile qui facilite les rapports humains.

Chaque groupe, chaque société possède son propre code. Le connaître permet d'éviter bien des erreurs ; le respecter simplifie les relations.

Faites toujours attention à ce que l'autre pense. Peut-être pour vous, le fait de ne pas dire bonjour est sans importance. Mais pour l'autre cela signifie peut-être une vexation qu'il gardera en mémoire.

Soyez simple

C'est l'essentiel d'une bonne communication.

Soyez arrangeant

Rien n'est jamais tout bon ou tout mauvais. Avec vos collègues, comme avec vos employés, appliquez les règles de la négociation *win-win*, c'est-à-dire tous gagnants. Concédez des avantages à l'autre pour en avoir aussi. Rien n'est absolu, et à trop vouloir tirer sur la corde, on finit par la casser. Ne faites jamais perdre la face à l'autre ou ne lui donnez jamais l'impression qu'il a perdu. Dans un contrat, autant vous que l'autre devez être satisfaits. Gardez toujours en mémoire que ce qui permet de développer les relations, ce sont les *échanges*. Vous donnerez autant que vous recevrez et inversement. Tout contrat est un échange de savoir-faire, de produits, de compétences... N'exigez pas plus que l'autre ne peut vous donner, et inversement, ne donnez pas plus qu'il ne vous est possible.

Soyez agressif, mais pas violent

Tous les invités de l'émission de Christine Ockrent étaient abasourdis. Le champion de France d'athlétisme expliquait qu'un sportif devait être agressif mais qu'il ne devait pas être violent. Des sourires naissaient sur les visages. Visiblement c'était distinction futile pour la plupart des invités, qui amalgamaient violence et agressivité. Pourtant, le mot «agressivité» a un sens bien précis en psychologie. Il signifie : utiliser ses capacités pour s'affirmer, c'est-à-dire pour être soi-même.

Même le plus gentil des êtres humains, lorsqu'il dit : «Non, merci, je ne veux plus de thé», est agressif car il exprime sa volonté. Ce champion avait tout à fait raison.

Or nous ne savons pas être agressifs à bon escient. Nous refoulons trop souvent l'agressivité, ce qui débouche sur des malentendus.

Soyez donc agressif en exprimant vos pensées et vos sentiments.

Dès que vous ressentez un malaise face à quelqu'un, dites-lui : «Je ressens un malaise, es-tu sûr qu'il n'y aurait pas autre chose?»; «Je te dis oui, mais en fait je ne suis pas d'accord, je n'aurai pas la possibilité de terminer ce travail à temps.»

En revanche, il faut éviter d'être violent. Cela ne sert à rien. Ce n'est souvent que l'expression d'une agressivité mal exprimée, qui débouche sur une explosion.

Avoir confiance en soi, en ses collaborateurs, renforce la bonne agressivité au sens psychologique du terme, et diminue la violence et l'irritabilité. Pour avoir confiance, habituez-vous à visualiser les événements à venir de façon positive. Utilisez les méthodes exposées au chapitre sur la relaxation.

Sachez dire non

Tout n'est pas possible sur un lieu de travail. Vous ne pouvez pas toujours tout accepter pour ne pas faire de peine. Il ne faut pas se méprendre sur ce qu'est la gestion du stress. Son objectif est de faire en sorte que chacun soit au mieux, tout en tenant compte des objectifs du groupe. Ainsi, il faut absolument affirmer son agressivité, tout en posant barrières et limites. Cependant, là encore, il faut s'assurer de bien expliquer les raisons du refus, sans pour autant s'excuser. Qui s'excuse, s'accuse ! N'en abusez donc pas. Mais les explications sont toujours indispensables, à condition, bien sûr, de les formuler avec délicatesse.

Ne vous mettez pas en situation de refuser. Lorsque vous vous engagez, veillez toujours à respecter votre parole. Rien n'est pire, dans une relation professionnelle, que d'avoir affaire à quelqu'un qui change d'avis en vous expliquant exactement le contraire de ce qu'il avait dit la veille. Définissez bien votre attitude et maintenez-la.

Quand un conflit éclate

Prenez toujours les conflits en considération. Rien ne sert de les sous-estimer car ils ressortiront tôt ou tard aggravés. Il faut donc dès que possible se jeter à l'eau dans la résolution du conflit. Pour cela, il convient d'aborder de front le problème.

Ne le découpez pas, abordez-le dans sa globalité en résolvant ses vraies causes. Bien sûr, vous pouvez toujours momentanément réparer les plâtres, en attendant la résolution totale. Mais pensez à bien chercher les causes masquées.

Abordez le problème de façon que les personnes concernées se sentent prises en considération. Néanmoins, ne sermonnez pas, cela n'aurait aucun effet. En revanche, utilisez l'exemple sans mettre l'autre en cause :

«Je comprends bien, cela m'est également arrivé de me trouver dans cette situation avec un collaborateur qui n'arrêtait pas de me donner des avis contraires. Un jour il me disait que le programme informatique était adéquat, le lendemain il me faisait venir pour m'engueuler dans son bureau. Je lui ai donc demandé de me préciser exactement par écrit ce qu'il voulait et cela a été beaucoup mieux du jour au lendemain. »

Parler en public

Prendre la parole en public génère généralement du trac. Se libérer du trac, c'est tout simplement ne plus être influencé par ses expériences passées négatives et développer l'expérience positive de la prise de parole.

C'est surtout une affaire d'entraînement dans 90 % des cas. Pour les 10 % restants, le trac relève d'un traitement médical et doit être considéré comme une véritable maladie.

Quelques règles fondamentales permettront, si vous les respectez, de faire de bonnes prestations :

— connaissez bien votre sujet ;

— ayez recours aux méthodes pour garder son calme (voir p. 186, « Sachez retrouver votre calme en toute circonstance ») ;

— et enfin, entraînez-vous progressivement.

Comment mal communiquer

« Loïc était assis en face de moi. Il avait l'air tout particulièrement en forme ce jour-là. Lors de la réunion, il s'était surtout fait remarquer par son silence. Déjà à la dernière conférence, il s'était montré assez effacé, et depuis un mois son travail n'avançait plus. A cause de lui, le retard risquait d'être irrécupérable. J'avais donc décidé d'aller le voir dans son bureau. D'emblée, il me dit : "Je ne sais pas ce que vous avez, mais vraiment je vous trouve gonflé ! C'est complètement débile, vous vous prenez pour qui ? La commande est impossible à réaliser, vous êtes vraiment nul. D'ailleurs c'est toujours la même chose. Vous ne pouvez jamais faire de bonnes prévisions. La dernière fois, pour la fabrication des sièges, nous avons tous deviné que vous l'aviez fait exprès. Ce n'est plus possible!" J'étais abasourdi. Ce monologue comportait tous les éléments d'un non-sens de la communication. Je respirai calmement, en essayant d'analyser ce qui se passait. Loïc avait fait preuve de:

— non-coopération depuis un mois en acquiesçant mais en faisant l'inverse de ce qui était décidé;

— silence pendant les réunions;

— insultes à mon endroit;

— critiques personnelles: en me jugeant au lieu d'exposer des faits;

— généralisations: en considérant que c'était "toujours" et "jamais";

— rumination du passé en parlant d'épisodes anciens;

— attaque en force en associant ses collaborateurs lorsqu'il disait "nous";

— lecture de pensées: en disant "deviner ce que je pense".

Que pouvais-je faire pour le désarçonner? N'oublions pas que nous occupons le même échelon dans l'entreprise et que ni l'un ni l'autre ne sortirait de cette histoire sans y perdre des plumes, et plus encore des clients. Or, Loïc occupe un poste stratégique. Je décidai donc de développer point par point l'opposé de sa façon de procéder:

— être poli pour contrer ses insultes;

— expliquer ce qui devait être fait et les conséquences de son comportement pour contrer son opposition et ses silences;

— expliquer ma façon de voir pour ne pas l'attaquer personnellement;

— aborder ce seul retard de livraison pour ne pas procéder par généralisation;

— parler au présent pour ne pas ressasser le passé;

— lui demander si j'avais bien compris son attitude pour ne pas lire dans ses pensées.

"Loïc, je comprends votre emportement. Depuis un mois, il y a quelque chose qui ne va pas. Je suis d'accord : j'ai pris un risque important. Mais c'est tout à fait possible ! Si nous réussissons, vous comme moi serons tranquilles pour toute l'année. Il faut que nous nous unissions pour cet effort. Etes-vous d'accord pour que nous essayions ? Qu'en pensez-vous ?"

En fait, la discussion se prolongea fort tard et aboutit à une négociation où nous nous fîmes mutuellement des concessions. Quoiqu'il en restât des éléments positifs, cet entretien avait fort mal démarré. Heureusement, je n'avais pas pris ses attaques personnellement. »

Cette histoire, qui m'a été confiée par un ami, se suffit à elle-même. Elle met en lumière les six points essentiels d'une bonne relation et les huit points essentiels d'une mauvaise.

Gérez mieux votre temps pour vivre plus efficacement et calmement

Gérer mieux son temps, c'est avoir plus de temps pour soi et être plus efficace dans son travail. Organiser son temps au mieux de ses possibilités ne s'improvise pas. La plus grande partie des managers utilisent spontanément sans le savoir quelques règles. Connaître toutes les règles de gestion du temps et les appliquer donne un pouvoir incomparable et permet à celui qui les utilise de ne plus se laisser déborder.

Le stress est presque toujours associé à la notion de manque de temps. Tout le monde aimerait avoir plus de temps. Combien de fois n'avez-vous pas dit : « Si les journées avaient plus de vingt-quatre heures ! » ; « Si je pouvais ne pas perdre de temps à dormir ! »

Pressé, voire compressé entre les transports, le travail, les tâches à accomplir, vous sortez de votre journée vidé de toute énergie. Surexcité, vous ne pouvez même plus dormir. Le lendemain, vous reprenez la succession des « vite, dépêche-toi ». Et les autres vous déclarent : « Tu es une véritable pile électrique, tu ne peux même plus t'arrêter un instant. »

Organisez-vous et vivez en harmonie

Pour éviter cela, la solution est de s'organiser. S'organiser signifie étymologiquement, nous l'avons vu, «vivre en harmonie». Comme dans un organisme, les organes fonctionnent en bonne intelligence.

Imaginez que vous disposez de deux fois plus de temps; que vous avez enfin du temps de libre; que vous pouvez enfin réaliser ce que vous souhaitez. Imaginez que vous vivez dans le calme, que les événements s'articulent parfaitement les uns aux autres, que vous n'êtes plus en retard sur vos délais, que plus personne ne débouche en furie dans votre bureau pour vous dire: «A faire de toute urgence!» Imaginez que vous ne rapportez plus de travail chez vous le soir et le week-end, que vous pouvez prendre le temps pour manger calmement. Imaginez que vous n'oubliez plus de rendez-vous. Imaginez que vous pouvez lire, aller au cinéma ou au concert.

Tout cela vous est accessible dès aujourd'hui si vous apprenez à organiser votre temps. Tout cela vous est accessible si vous gérez mieux ce bien précieux qui est réparti de façon parfaitement équitable entre tous. Pour chacun, une journée fait vingt-quatre heures, qu'il soit directeur de Thomson, légumier ou président de la République. C'est la façon d'utiliser ce temps qui diffère.

Organiser son temps, c'est appliquer à la vie professionnelle ce qui se produit dans la vie biologique. Organiser, c'est anticiper les événements pour être prêt au moment opportun. Pourquoi les êtres vivants ont-ils des rythmes biologiques? Pourquoi, une heure et demie avant le réveil, votre taux de cortisol augmente-t-il? Tout simplement pour qu'à votre réveil votre corps soit prêt à agir. Pourquoi, en hiver, certains animaux hibernent-ils? Pour s'adapter parfaitement aux conditions climatiques. La raison essentielle de l'existence de rythmes est de nous permettre de mieux profiter des situations. Ce que votre inconscient biologique fait pour vous, vous allez devoir le faire avec vos facultés cognitives et votre capacité d'imagination et d'anticipation pour la vie sociale. Ainsi, vous serez mieux adapté. Vous ne partirez pas en retard, car vous aurez prévu de partir. Vous ne subirez pas le travail urgent, car vous l'aurez anticipé. Vous pourrez enclencher deux activités sans heurt car vous aurez déjà réfléchi à la façon de les articuler au mieux.

Pour ne pas perdre votre temps, sachez pourquoi vous l'utilisez

Les principes de base de gestion du stress se retrouvent dans l'organisation du temps. Il s'agit en fait de l'organisation de sa propre vie. Connaître les principes essentiels qui donnent un sens à votre vie vous permet de savoir exactement ce que vous souhaitez. Il n'est rien de plus facile que de perdre son temps ! Il suffit de ne pas savoir ce que l'on veut. Dans ces conditions, quoi que l'on fasse, on n'a pas le sentiment d'avoir construit ou agi. Il en va tout autrement lorsqu'on a des projets, que ceux-ci soient à court, à moyen ou à long terme.

Avant toute chose, définissez avec précision ce qui vous semble important et ce qui ne vous donne pas l'impression de perdre votre temps. Le plus simple est de jeter sur le papier tous vos rêves, même les plus fous, avant de les passer au crible de la raison. Peut-être aurez-vous besoin de plusieurs jours pour accomplir cette tâche. Dites-vous que vous êtes en train de définir vraiment l'essence même de votre vie. Lorsque cette première étape est franchie, il ne vous reste plus qu'à savoir comment y parvenir.

Vous allez procéder par étapes, que ce soit à court, à moyen ou à long terme. Chacune de ces étapes doit parfaitement s'emboîter avec les suivantes. Dès que vous savez ce qui est le plus important, vous devez faire en sorte que toutes vos activités convergent peu ou prou vers ce but.

Distinguez bien l'urgent de l'important

La perte de temps et le stress qui l'accompagne sont dus à une chose et une seule : la confusion permanente entre l'urgent et l'important.

L'important est ce qui vous permet d'accéder à la réalisation de votre vie : aller au cinéma si vous êtes un passionné ; rester au coin du feu avec vos enfants si la famille est pour vous capitale ; lire deux heures par semaine les revues professionnelles concernant votre activité pour être toujours informé de ce qui se fait ; vous occuper de votre santé…

Au lieu de cela, vous vivez dans l'urgence : vous achetez un jouet pour l'anniversaire de votre neveu au dernier moment (pourtant, s'il est un événement prévisible, c'est bien une date anniversaire !) ; vous devez lire votre courrier, passer un coup de téléphone, terminer un rapport, gérer les conflits, reprendre un scénario de film publicitaire…

Chaque fois, posez-vous cette question : « Est-ce urgent, est-ce important ? » ; progressivement, vous arriverez à accomplir les tâches importantes avant qu'elles ne deviennent urgentes.

Établissez vos priorités

Parmi vos activités, certaines sont plus importantes que d'autres. Faites-en une liste sur un papier. Rien ne vaut l'écriture, car votre cerveau ne peut gérer en même temps plus de sept données différentes. Écrivez donc tout ce que vous avez à faire, tous vos projets pour demain, et classez-les par ordre d'importance. Puis procédez selon cet ordre pour les accomplir. Prenez d'abord l'élément n° 1 puis le n° 2 et ainsi de suite. Mais ne passez jamais au numéro suivant tant que le précédent n'a pas été complètement accompli. A quoi sert en effet de faire ce qui n'est pas important et de laisser de côté ce qui l'est ? En procédant ainsi, vous avez clairement en mémoire ce que vous devez faire et vous faites vraiment ce qui est le plus important pour vous.

Sachez utiliser votre agenda

Il est vraiment souhaitable, pour parfaitement gérer son temps, de disposer d'un agenda. Mais le simple fait de posséder un bel *organizer* ne suffit pas pour bien s'organiser. Il existe un mode d'emploi dont je vais vous livrer les quelques secrets pour vous aider à gérer encore mieux votre temps.

1. Ayez bien en évidence dans votre agenda ce qui pour vous est le plus important dans votre vie. Notez-le clairement avec des formulations positives.

«La sincérité est pour moi essentielle, elle me donne la force d'être en unité avec moi-même et avec les autres.» Si c'est nécessaire, développez cet aspect en le traduisant en termes concrets de tous les jours : «La sincérité, c'est dire ce que je pense, ce que je ressens...»

Ainsi, vous disposez d'une lecture à laquelle vous pouvez vous référer en permanence et qui délimite parfaitement le champ d'action dans lequel vous ne perdez pas votre temps.

2. Notez ensuite les objectifs à long terme qui s'inscrivent dans cette vision de la vie. De ces objectifs à long terme, issus de vos rêves les plus fous, définissez des sous-objectifs. Découpez la tâche pour la rendre plus facile, jusqu'à obtenir ce que vous devez faire dans le mois à venir.

3. Chaque semaine et chaque jour, définissez ce que vous devez faire d'important pour vous rapprocher de votre but.

4. Notez avec précision la liste de tout ce qui est prévu puis donnez des ordres de priorité à votre programme.

Le lendemain, commencez par le programme n° 1, puis seulement lorsqu'il est terminé, passez au programme n° 2 et ainsi de suite. Tant pis si vous ne faites pas tout le programme puisque vous avez fait le plus important. Vous ne pouviez pas faire mieux !

L'élaboration de ce programme est VITAL. En le suivant tous les jours, vous apprendrez à devenir maître de votre vie.

5. Regroupez par périodes vos différentes activités, quitte à différer un rendez-vous ou un déplacement de quelques heures ou de quelques jours, voire de quelques minutes simplement.

6. Revenez régulièrement à vos anciennes listes pour vérifier leur accomplissement et leur réelle utilité après quelque temps. Vous en tirerez des enseignements pour le futur.

7. Lorsque vous notez un rendez-vous sur votre agenda, indiquez un renvoi au jour où vous avez pris ce rendez-vous. Pourquoi ? Parce que c'est ce jour-là que vous aurez noté tous les renseignements pratiques.

Dans mon agenda, je dispose d'un calendrier trimestriel (une page pour trois mois) et d'une autre partie consacrant une page à chaque jour.

Par exemple, aujourd'hui 3 mars, je prends rendez-vous le 26 septembre pour une conférence à Paris. Sur le calendrier trimestriel, j'indique à la date du 26 septembre : Conf. Paris, 3 III. J'indique ainsi que pour plus de détails je dois me référer au 3 mars sur mon agenda journalier. A la page du 3 mars, j'indique les horaires, le sujet exact, les renseignements pratiques pour s'y rendre... Pourquoi ne l'ai-je pas noté directement au 26 septembre ? Parce que je n'alimente mon agenda que mois par mois pour qu'il ne soit pas trop épais. Ainsi, mon calendrier trimestriel me sert de table des matières. Et en un seul coup d'œil apparaît tout mon programme de l'année avec les renvois nécessaires pour avoir plus d'informations.

8. Servez-vous de votre agenda pour votre planning annuel en décomposant vos actions.

Par exemple, pour vous, la santé est un domaine important. Et dans votre cas une visite annuelle chez l'ophtalmologue s'impose. Pour ne pas laisser dépasser la date, fixez la période de l'année où vous devez prendre ce rendez-vous, et notez en début de mois : prendre rendez-vous avec l'ophtalmologue. Quand vous serez début janvier, par exemple, si vous choisissez cette période, il vous sera facile de prendre le téléphone et de fixer un rendez-vous pour le courant du mois. Vous n'aurez pas oublié. Vous aurez accompli ce qui était important, en dehors de toute urgence.

9. Notez les anniversaires, les fêtes que vous ne devez pas oublier.

10. N'ayez pas plusieurs agendas ni plusieurs calendriers. Un seul doit suffire.

11. N'utilisez pas les notes qui peuvent traîner et se perdre. Notez dans votre agenda. Parfois, il n'est pas possible d'écrire dessus tout de suite. Arrangez-vous pour avoir à disposition tout le temps des blocs-notes autocollants et notez votre idée. Dès que possible, recopiez-la pour n'avoir qu'un seul document centralisateur.

Dans votre voiture, ayez crayon et papier pour noter l'idée. *Idem* auprès de votre lit. Tout cela doit finir dans votre agenda.

12. Enfin, un dernier truc : n'hésitez pas à choisir un agenda un peu plus grand. Quelle que soit sa dimension, un agenda est volumineux et ne peut être transporté que dans un sac. Autant qu'il soit plus grand pour laisser plus de possibilités. C'est à l'usage que vous saurez vraiment ce qui vous convient.

Sachez déléguer

Pour avoir le plus de temps possible, une seule solution : confiez certaines tâches aux autres et, bien sûr, n'endossez pas leur travail.

Réservez-vous ce que vous, et vous seul, pouvez faire, en fonction de vos responsabilités précises.

Cette règle est très difficile à observer pour tous les perfectionnistes qui pensent qu'eux seuls peuvent mener à bien certaines réalisations. Or, « les cimetières sont pleins de gens irremplaçables » ! Ce n'est pas parce qu'un travail est fait différemment qu'il est mal fait.

Si vous communiquez bien, que vous avez parfaitement défini ce que vous attendez de votre collaborateur, la réponse sera claire et le travail efficace, dans la majorité des cas.

Tout cela nécessite évidemment d'engager des personnes parfaitement qualifiées pour le poste qu'elles occupent. D'où l'importance de la formation. Il est impensable qu'un chef de service fasse le travail de ses employés sous prétexte qu'ils n'ont pas la compétence requise. Apprenez donc à vous décharger au maximum, tout en tenant compte de la charge de travail de l'autre.

Sachez évaluer le temps nécessaire à chaque activité

Certaines personnes ont des difficultés à évaluer le temps nécessaire pour l'accomplissement des différents travaux, qu'il s'agisse de les déléguer ou de les faire soi-même.

Utilisez votre expérience, celle des autres, pour apprécier cette donnée au mieux. Vous pourrez ainsi prendre toutes les mesures nécessaires dans des délais raisonnables. Et surtout, rappelez-vous bien que l'on évalue toujours en minimisant le temps nécessaire. Systématiquement, après avoir défini votre temps, ajoutez 50 % de temps supplémentaire. Vous serez proche de la réalité.

Ne remettez pas au lendemain...

Remettre à plus tard n'est pas toujours une bonne solution. Vous voulez apprendre l'anglais ? C'est très important pour vous, mais depuis dix ans vous n'avez pas trouvé le temps de vous y mettre. Imaginez pourtant ce que vous auriez appris en dix ans, même au rythme d'un mot par jour et de cinq minutes d'effort : vous connaîtriez 3 650 mots et vous auriez pratiqué 304 heures !

Mais voilà, vous remettez toujours à demain. Malheureusement, pratiquer l'anglais est devenu pour vous de plus en plus important. A cause de cette lacune, un nouveau poste vous a été refusé.

Pour ne plus procrastiniser, c'est-à-dire remettre au lendemain, inscrivez profondément cette injonction en vous : «Fais-le maintenant.» Ecrivez cette petite phrase partout autour de vous, sur votre carnet, votre bureau.

Lorsque je préparais mon bac, je n'étais pas un fanatique des études. J'avais inscrit cette petite phrase partout, et cela me permettait de faire toujours régulièrement mes devoirs sans attendre la dernière minute. A cette époque, mes priorités étaient déjà définies, et ce simple conseil m'a été d'une très grande utilité.

En effet, «fais-le maintenant» ne peut s'appliquer qu'à ce qui est important. Si vous le mettez en pratique à tort et à travers, vous retomberez dans l'activisme sans efficacité.

Éliminez l'inutile

Un grand nombre de tâches ou de situations deviennent, avec le temps, des chronophages considérables. Les éliminer ou les réduire vous permettra de regagner du temps dans des proportions étonnantes. Pour savoir ce qui est utile et ce qui est inutile, posez-vous systématiquement la question suivante : «Est-ce indispensable ?» Si tel n'est pas le cas, cela est donc inutile. Rappelez-vous : «Tout ce qui n'est pas indispensable est inutile.»

Utilisez intelligemment le téléphone

Ne vous laissez pas interrompre, faites sélectionner vos appels en donnant des consignes précises à votre secrétaire. Si vous n'avez pas de secrétaire, lorsque vous faites un travail important, branchez votre répondeur pour filtrer vos appels ou donner l'heure exacte où l'on pourra vous joindre. N'hésitez pas non plus à avoir recours au secrétariat téléphonique qui, grâce au renvoi de ligne, est très pratique.

Regroupez vos appels. Avant de décrocher, sachez exactement ce que vous allez demander ou pourquoi vous téléphonez. Donnez-vous un temps limite : certains téléphones possèdent un minuteur intégré ; servez-vous-en. En cas d'absence de votre interlocuteur, convenez avec sa secrétaire d'un moment où vous pourrez le rappeler. Faites appeler par quelqu'un d'autre dès que c'est possible. Et surtout, posez-vous toujours la question : « Est-ce que cet appel est indispensable ? » Si oui, téléphonez. Si non, abstenez-vous !

Les interruptions dans le travail

Pour la majorité des personnes, la mise en train pour un travail est la partie la plus difficile et la plus longue. Les idées ne viennent pas s'il s'agit de création, la concentration n'est pas optimale s'il s'agit d'autre chose. Le début d'un travail est souvent la partie la plus délicate qui demande un surcroît d'attention et d'énergie. Si après cinq minutes vous êtes interrompu, comment voulez-vous être efficace ?

En une heure de temps, Thérèse, qui travaille dans un bureau paysager, ne dispose réellement pour elle que de dix minutes. Quiconque vient à l'improviste lui demander conseil. Ce phénomène est si intense qu'elle a dû, pour terminer un travail important, prendre tous ses dossiers chez elle, en prétextant une maladie !

Mais, si vous êtes seul, combien de fois êtes-vous dérangé en une heure par le téléphone, les objets présents sur votre bureau désordonné, les passants observés par la fenêtre ? Chaque fois, cela nécessite une nouvelle mise en condition et occasionne une perte de temps considérable. Voici huit questions à vous poser pour éviter les interruptions dans votre travail :

— Est-ce que chacun peut entrer dans votre bureau à tout instant et vous bloquer dans votre travail ?

— Vous laissez-vous distraire par des idées impromptues qui vous poussent brutalement à faire autre chose ?

— Disposez-vous d'un lieu où vous pouvez vraiment vous isoler et travailler de façon concentrée ?

— Vous laissez-vous distraire par les mille et une choses de la vie (télévision, radio, passants…) ?

— Laissez-vous tout traîner sur votre bureau ? Celui-ci doit être parfaitement vierge en dehors du travail actuel. Tout autre dossier est source de distraction.

— Programmez-vous votre temps de travail pour ne pas être interrompu dans une période délicate ?

— Evitez-vous toute interruption pendant la mise en route d'un travail, période la plus délicate ?

— Développez-vous votre pouvoir de concentration et d'abstraction de l'environnement par un entraînement régulier ? Faites-vous du yoga ?

Prenez les dispositions nécessaires pour remédier aux insuffisances que vous remarquerez. Refaites ce test dans quelque temps pour le comparer et constater vos progrès.

Les réunions

La concertation est à la mode et galvaudée. Il faut développer la communication, mais encore faut-il qu'elle soit efficace. La concertation sans négociation est inutile. Si les réunions sont un lieu privilégié pour exposer ses points de vue ou se mettre en phase, il ne faut pas les multiplier sous peine de perdre toute efficacité.

Il fut un temps où toutes les décisions étaient prises unilatéralement par une tête unique.

Aujourd'hui, la concertation pèche un peu par excès. Dans bien des cas, dans une réunion, des personnes se trouvent présentes, qui ne sont absolument pas concernées.

Les réunions se multiplient, ne permettant même plus à chacun de s'organiser et d'être efficace dans son champ d'action.

Il faut trouver un juste équilibre. Pour cela, suivez les cinq conseils ci-après :

— Au-delà de dix personnes, les réunions perdent de leur efficacité. A trois ou quatre, une réunion est plus rentable.

— Au-delà de deux heures, rien ne peut être vraiment constructif. Ne laissez pas les réunions s'éterniser.

— Les objectifs de la réunion doivent être clairement définis. Est-elle indispensable, n'y a-t-il pas d'autres possibilités pour arriver au même résultat ? Il convient de se poser ces questions avant de convoquer vos collaborateurs.

— Si régulièrement il y a des absents, c'est que ces réunions ne sont pas indispensables.

— Laissez la possibilité à ceux qui ne sont pas indispensables de ne pas venir. De même, réservez-vous la possibilité de n'assister qu'à la partie qui vous est nécessaire.

Les déplacements

Les déplacements sont souvent une source de stress positif. Ils nous obligent à changer nos rythmes, nos habitudes, nous forcent à faire de nouvelles rencontres qui sont des sources d'enrichissement et de nouvelles idées. Malheureusement, comme tout stimulus, les déplacements peuvent devenir rapidement une nuisance s'ils ne sont pas bien organisés. Aussi pour éviter qu'ils ne deviennent stressants, posez-vous toujours la question de leur utilité. Tout comme pour les réunions, vous ne devez pas vous déplacer sans avoir clairement établi votre objectif.

Lors de la guerre du Golfe, compte tenu de la

limitation des lignes aériennes, de nombreuses entreprises ont avantageusement remplacé les voyages par des réunions vidéo. Celles-ci avaient l'intérêt par transmission satellite de regrouper toutes les personnes en un même lieu sans la fatigue d'un trajet Paris-Tokyo. De plus, cela a permis de substantielles économies. Mais si vous devez voyager, transformez ces voyages en un temps agréable et positif. Profitez-en pour vous détendre pendant le trajet, profitez-en pour faire un travail de mise au point avec vous-même.

Personnellement, c'est toujours lors d'un voyage en train de deux ou trois heures que je peux vraiment mettre au point mes propres objectifs. Vous ne pouvez rien faire d'autre, c'est le moment idéal.

De plus, avec les *notebooks*, les micro-ordinateurs portables de moins de trois kilos, vous pouvez vraiment travailler.

N'oubliez pas, bien sûr, tous les exercices abordés dans les pages précédentes, c'est le moment idéal pour les appliquer et vous régénérer.

Choisissez des hôtels ou des lieux de rencontres qui intègrent des possibilités de remise en forme. Il en existe de plus en plus : avec des saunas, Jacuzzi, hammams, soins balnéaires…

Enfin, mon dernier conseil sera de ne pas surcharger votre travail sur place. Prévoyez plus que jamais des temps pour profiter des installations de remise en forme ou du tourisme ou… ne rien faire. Vos déplacements se transformeront ainsi en de véritables cures de jouvence.

Les attentes

Les attentes sont à considérer comme des temps privilégiés. Disposez toujours de travail, ou d'un livre, pour qu'une attente imprévue se transforme en une agréable séance de lecture. Un roman passionnant ou quelques articles professionnels font bien l'affaire. A moins que vous ne profitiez de ce temps imprévu pour faire quelques exercices de relaxation.

La recherche de documents

La distraction, la perte d'un document ou de vos clés sont autant de gaspillages de temps. Ne vous laissez pas impressionner. Rappelez-vous : chaque chose à sa place, une place pour chaque chose. C'est plus ou moins facile selon les tempéraments mais, même si cela vous demande des efforts, c'est un investissement très rentable.

La bonne utilisation du matériel et du bureau

L'utilisation rationnelle du matériel est INDISPENSABLE. Bien connaître son ordinateur, savoir que le téléphone doit être à gauche, si l'on est droitier, sont les bases d'une bonne organisation. Et une bonne organisation n'est pas chronophage. C'est donc une source d'harmonie. Assis à votre bureau, vous devez avoir accès à tout le matériel et à tous les documents que vous utilisez régulièrement. En vous mettant debout ou en faisant un pas, vous devez pouvoir atteindre les documents et matériels dont vous avez besoin une fois par demi-journée. Au-delà, le matériel et les documents auxquels vous avez recours de façon plus épisodique.

— *L'éclairage* : il doit être suffisant. Préférez les éclairages halogènes, indirects, nettement plus puissants ou les éclairages à faible ampérage.

— *La table de travail* : suffisamment large pour y placer vos dossiers, mais jamais assez grande pour servir d'archivage.

— *Le siège* sera réglable et à roulettes, pour vous déplacer rapidement.

— *La poubelle* : c'est le centre de votre poste de

travail, que vous alimentez allégrement. Une fois de plus, tout ce qui n'est pas indispensable est inutile. Bon pour le panier !

Dans tous les cas, ne soyez pas l'esclave de vos appareils, ce sont eux qui sont là pour vous servir. Bien souvent pour gagner du temps, vous devrez suivre des formations. C'est normal et cela en vaut la peine dans 80 % des cas.

Définissez bien vos besoins. Rien ne sert de succomber à la tentation d'un agenda électronique s'il vous fait perdre deux fois plus de temps qu'un planning général sur papier.

Parkinson et Pareto

Enfin, avant de terminer le chapitre concernant le management de son temps, il vous faut connaître les deux règles d'or d'une gestion saine de celui-ci.

Vos émotions, vos motivations, vos besoins modifient de façon essentielle votre appréciation de l'écoulement du temps. En fin de compte, il existe un temps mental particulièrement extensible ou comprimable qui ne répond qu'aux limites mentales que vous vous fixerez.

Parkinson a formulé ce principe en énonçant que, plus vous disposez de temps pour accomplir une tâche, plus vous en utiliserez. Si vous jugez, à partir de vos expériences passées et des éléments de comparaison extérieurs, qu'il vous faut une journée entière pour écrire un article, il vous faudra une journée entière et en général un peu plus. Si vous avez une année entière pour préparer un examen, vous utiliserez cette année complète et, la veille de votre examen, vous vous direz : « Ah, si je disposais d'encore une journée, je serais vraiment au point ! » Si vous êtes en vacances, dans une journée, vous n'aurez pu qu'avec peine aller à la piscine et faire vos courses. Et à la fin de la journée, vous pensez sincèrement que vraiment vous n'auriez rien pu faire d'autre.

Chaque fois, Parkinson vous rappelle que NOUS UTI-LISONS TOUT LE TEMPS DONT NOUS DISPOSONS. Combien de personnes font des journées de dix heures pour «justifier leurs appointements» en partant à 20 h, alors qu'à 17 h tout le travail pourrait être terminé?

Une de mes patientes, Sophie, qui venait d'inté-grer un poste de relations publiques auprès des res-taurants d'entreprise, me disait qu'elle observait ce jeu et que l'ennui provoqué par cette extension des tâches dans le temps était pour elle une source d'irritation importante. Pour elle-même qui reve-nait de l'étranger, tout le travail devait être fait avant 17 h et elle y parvenait.

Si les horaires vous autorisaient à terminer à 22 h, ne croyez pas que vous feriez plus et mieux. Vous élargiriez tout simplement la répartition des tâches dans le temps sans avoir moins de stress pour autant.

Avant d'accomplir quelque travail que ce soit, demandez-vous toujours si vous ne pourriez pas vous donner des limites de durée inférieures à celles prévues. Et surtout, donnez-vous toujours une date limite. Sans date limite, tous vos vœux res-teront sans effet. Votre action se diluera dans le temps, à l'infini, sans jamais de résultats. Vous met-trez trois fois, voire dix fois plus de temps que nécessaire.

Cette règle d'or se complète harmonieusement par la règle de l'économiste Vilfredo Pareto. Pareto a mis en évidence à la fin du siècle dernier que 80 % des richesses en Italie étaient détenues par 20 % de la population. Cette loi, également connue sous le nom des 80/20, s'applique à tous les champs de la vie et surtout à celui qui nous occupe mainte-nant : la relation au temps.

Vous obtenez 80 % de vos résultats avec 20 % de vos efforts. Inversement, vous consacrez 80 % de vos efforts pour uniquement les vingt derniers pour cent de vos résultats. La conclusion est simple : si vous voulez faire plus de choses en moins de temps, et ainsi garder du temps pour vous, appliquez les lois de Parkinson et de Pareto. Limitez votre temps. Fixez-vous des dates butoirs en exigeant de vous de ne surtout pas être perfectionniste. Grâce à ces conseils, vous deviendrez un véritable expert en gestion de votre temps.

Les changements au travail: bon stress ou mauvais stress?

Il existe une corrélation étroite entre le stress et le changement. Sur le lieu du travail, les changements sont très souvent mal vécus par les salariés. Restructuration, informatisation, rachat d'une succursale, nouveau propriétaire, déménagement, nouveaux horaires... Tout ce qui se transforme peut faire peur.

Dans les centaines de confidences que je reçois, l'élément qui prédomine toujours est la peur. Cette peur est nourrie par les projections négatives sur le futur, et les « on-dit », « il paraît que », « M. Martin pense que... ». Or, les imaginations s'enflamment. Les réticences s'organisent, les volontés de blocage sont alors énormes. Pour que les stress soient dynamisants et non paralysants, je ne connais qu'une seule solution : l'information, l'explication claire et limpide des changements.

Par notes, par réunions, par courrier, il faut expliquer, informer, et surtout savoir ce qui se dit, la façon dont vos messages sont perçus. Détectez toujours les signaux de retour : ce sont eux qui vous diront si votre information est bien passée. Vous devez préciser les avantages que chacun en retirera, faire participer tout le monde au changement. Ne le faites pas au dernier moment. Il faut s'y prendre suffisamment à l'avance pour pouvoir bien informer. Et surtout, il faut que vous soyez convaincu de l'intérêt de ce changement, pour parvenir à transmettre votre enthousiasme.

Qui suis-je?
Une question toujours à l'ordre du jour

Autre élément de stress non négligeable, la concurrence interne. Parfois, ce peut être une émulation. Souvent, c'est une perte d'énergie et une perte d'argent. La guerre pour un nouveau poste, le combat des chefs ne permettent pas d'investir toute son énergie dans la fonction de l'entreprise.

Inutile d'entretenir des stress internes, l'extérieur se charge suffisamment de nous en fournir. C'est donc pour ces défis à relever qu'il faut s'armer. A l'intérieur d'un groupe, plus la cohésion est grande, meilleure est la garantie de succès. Bien souvent, cette guerre et cette concurrence interne proviennent d'une mauvaise évaluation de la fonction de chacun. Lorsqu'elle est mal définie, les espérances et les peurs s'installent. Chacun doit savoir quelle est exactement sa fonction, avec ses devoirs et ses limites.

Si le chef n'a plus les mêmes prérogatives et a condescendu à venir avec les autres dans l'arène, il n'en reste pas moins vrai qu'il doit toujours s'affirmer en tant que dirigeant. Si le manager ne correspond pas à l'image attendue par ses collaborateurs, il ne pourra pas exercer son rôle nécessaire d'organisateur. Parfois, le copinage excessif peut nuire au bon fonctionnement d'une équipe. Sachez que les comportements s'adaptent très rapidement en fonction du rôle que vous devez jouer. Encore une fois, savoir clairement quel est son rôle et celui de l'autre est primordial et ces définitions de rôle doivent être parfaitement admises par les uns et les autres. Cela prévient toute discordance dans les luttes de pouvoir et d'influence. A ce titre, les employés attendent beaucoup d'un manager. Il doit être capable de marier les opposés en permanence. C'est une personne comme toutes les autres, mais la demande envers lui est beaucoup plus forte. Il faut qu'il soit juste et raisonnable. Il doit savoir prendre rapidement des décisions et gagner. Il doit aussi consulter les autres collaborateurs et le personnel. Il doit être disponible afin que chacun puisse lui parler et être informé de ses décisions. Enfin, la majorité des employés attendent de leur chef qu'il soit enthousiaste et qu'il leur communique cet enthousiasme, tout en exerçant pleinement son leadership et son autorité. Cela revient à être adulte, tout simplement!

Le contrôle fiscal

Quand Bernard s'est vu refuser les notes de repas parce qu'il n'avait pas indiqué au dos des notes le nom des invités et que ce restaurant était à proximité de son domicile, la chape qui était en suspens au-dessus de lui s'est abattue. Bernard avait toujours considéré l'honnêteté et la rigueur comme des principes dont il ne s'était jamais départi. Cette réflexion de la part de son inspecteur, entre autres reproches, lui a fait mal. Il ressentait une blessure profonde, une injustice contre laquelle il ne voulait ni ne pouvait se battre.

Le contrôle fiscal est souvent perçu comme une agression énorme, comme une punition alors qu'on a bien travaillé.

La réponse est souvent la même: une pathologie organique, surtout lorsque ce stress dure plusieurs mois.

Plus que jamais, dans cette période, il faut savoir rester serein, pratiquer les exercices et bien évidemment prendre toutes les précautions utiles pour ne pas être fautif: ne pas se faire remarquer en étant en retard dans ses déclarations ou ses règlements, transmettre d'emblée tous les documents, informations et justificatifs nécessaires...

10

Sachez parfaitement maîtriser
les charges spécifiques
aux décideurs

L'ensemble des conseils présentés depuis le début de ce livre doit vous permettre d'aborder maintenant plus sereinement les stress spécifiques aux décideurs. Décider ne sera plus source de tension mais, au contraire, deviendra une source d'harmonie.

Les décisions permanentes

Pour les prendre vite et sans erreur, référez-vous à vos principes. Si les choix ne sont pas toujours simples, écrivez-les pour les rendre clairs.

Notez sur une page l'énoncé de votre problème avec les choix qui s'offrent à vous. Pour chacune des possibilités, couchez par écrit les conséquences bonnes et mauvaises. Imaginez même les pires conséquences. Vous remarquerez que neuf fois sur dix celles-ci sont en fait elles-mêmes peu graves.

Après avoir noté cela, comparez les résultats de vos choix à vos principes de base. Si vos choix ne sont pas en harmonie avec ceux-ci, éliminez-les tout bonnement. Si vos décisions sont en accord avec vos principes de base, demandez-vous également si cela vous rapproche de vos objectifs. Si tel est le cas, rappelez-vous que tout ce qui n'est pas indispensable est à éliminer. La réponse s'imposera alors d'elle-même, vous n'aurez pas à sélectionner ce choix.

De cette façon, en très peu de temps, vous aurez la réponse à vos questions. Vous pourrez apprécier la totalité du problème en le remplaçant dans le contexte de votre vie.

Les responsabilités, les soucis de la compétitivité et de la rentabilité

Seuls les exercices pratiques, le développement de la confiance en soi et la parfaite maîtrise de ses compétences permettent de repousser les conséquences de ces stress.

Les surcharges de travail

Les surcharges de travail sont souvent très importantes. Elles nécessitent parfois des journées de dix à quatorze heures. Vous devez y trouver remède par la bonne maîtrise de la gestion du temps. Cependant, il y a inévitablement des périodes où la charge augmente. Lorsque la stimulation s'accroît, vous devez trouver les ressources nécessaires pour améliorer votre concentration et la rendre efficace. Alors n'oubliez pas de faire de nombreuses coupures. Ces temps de repos seront largement compensés par le rendement meilleur qui s'ensuivra.

N'oubliez pas qu'une charge accrue n'est acceptable que provisoirement. Il ne faut en aucun cas avoir le sentiment de «tirer sur la corde» de façon trop prolongée, sous peine de cassure brutale et irrémédiable. Compensez le stress par la relaxation, variez vos tâches pour conserver un niveau d'éveil acceptable.

N'essayez pas de copier les autres. Chacun a son rythme. Si vous dépassez le vôtre, vous en subirez, tôt ou tard, les conséquences. Certains êtres exceptionnels ont des capacités tout à fait extraordinaires dans certains domaines. Vous êtes différent, et avez certainement des capacités dans d'autres domaines.

Les difficultés à prévoir

Dans le cadre des entreprises, l'obligation de prévoir à plus ou moins long terme est particulièrement stressante, surtout lorsque les enjeux sont importants. Cela requiert une connaissance approfondie des marchés, des besoins, des possibilités. Des erreurs sont possibles : elles doivent servir d'expériences.

Enfin, certaines difficultés sont renforcées par le fait même que des personnes sont sous votre direction. Il faut que vous gériez non seulement votre temps, mais celui des autres. Il faut que vous gériez non seulement vos conflits, mais ceux des autres. La pression exercée sur vous par vos collaborateurs est importante compte tenu des demandes qui vous sont faites. En particulier lorsqu'on vous demande d'avoir la capacité de créer et d'animer une véritable équipe où chacun est soudé et prêt à aider l'autre pour que tout le monde soit gagnant.

Gérer la communication et les conflits est certainement le stress le plus important et repéré comme tel. C'est tellement vrai que, depuis peu, de nombreux directeurs généraux sont recrutés parmi les directeurs des ressources humaines, phénomène impensable naguère. Gérer la communication, se faire comprendre est une fois encore au cœur de la capacité de créer une équipe.

11

Sachez parfaitement maîtriser les stress spécifiques aux femmes

De plus en plus aujourd'hui, les femmes prennent en main des postes à haute responsabilité. Cela reste encore tout à fait insuffisant mais, il faut bien en convenir, les femmes sont présentes dans l'entreprise : femmes d'affaires, pilotes de ligne, ministres, Premier ministre même... Cela entraîne des modifications sensibles dans des milieux qui, auparavant, étaient exclusivement masculins. Les femmes qui occupent ces postes subissent des stress tout à fait spécifiques, liés à des raisons sociales, psychologiques et physiologiques.

Être meilleure pour être égale

Aujourd'hui encore, les femmes doivent prouver qu'elles sont aussi bonnes que les hommes et dans bien des cas, à qualification égale, une femme, si elle est choisie, aura un revenu inférieur.

Dès le départ, le stress de la compétition est plus important, nécessitant une volonté plus grande pour imposer ses qualités. Heureusement, ces phénomènes vont en se raréfiant. Les femmes accèdent de plus en plus à tous les postes, et cela à formation égale.

Le stress de l'apparence et de l'âge

Si les hommes sont de plus en plus concernés par leur apparence et consomment crèmes et produits de beauté, il n'en reste pas moins que ces préoccupations sont, depuis toujours, l'apanage des femmes. Leur apparence est toujours un souci essentiel et le «syndrome des deux kilos» le montre bien. Exceptionnelles sont les femmes qui considèrent être à leur juste poids. En général, elles disent toutes, même lorsqu'elles sont médicalement à un juste poids, avoir deux ou trois kilos de trop. Si vous êtes une femme, vous avez donc de fortes chances de ne pas être satisfaite de votre apparence.

Ce problème s'aggrave encore plus si l'aspect physique s'éloigne trop de la moyenne admise. Cette perception de soi-même peut alors accentuer les stress préexistants, surtout lorsqu'on a suivi des régimes plus farfelus les uns que les autres, avec des risques de carences et de fragilisation tant physiques que psychologiques. Il n'est qu'à voir le nombre de consultations et de confidences allant dans ce sens pour se rendre compte de l'importance des contraintes sociales typiquement féminines.

Qu'il est difficile d'être soi-même! Pourtant, la solution réside dans ce simple élément: «Acceptez-vous tel que vous êtes.» Sachez par ailleurs que des études récentes, qui ont pu être menées grâce à la technique de l'ordinateur, ont mis en évidence que la beauté définie par un groupe était l'aspect moyen de tous les éléments du groupe. Les photos de centaines de personnes étaient analysées, et la moyenne qui en était tirée apparaissait comme la véritable définition de la beauté pour ce groupe. Il est intéressant de constater combien être beau signifie être moyen!

Les femmes subissent plus rapidement les conséquences de l'âge. Certes, les hommes s'en préoccupent, comme en témoigne l'intérêt pour l'implantation des cheveux. Mais ce sont quand même les

296

femmes qui y sont le plus sensibles et qui vont une fois de plus subir des contraintes importantes pour paraître toujours jeunes.

Les difficultés pour trouver du travail n'ont fait qu'aggraver le stress de l'âge, car les barrières au-delà desquelles il est beaucoup plus difficile de trouver un emploi s'abaissent constamment. Ce stress-là ne fait que s'ajouter aux autres et ne peut être véritablement vaincu qu'à condition d'avoir une bonne dose de confiance en soi et de conscience de sa valeur.

Les cycles biologiques

Votre vie est rythmée dès la puberté et jusqu'à la ménopause par la succession des cycles menstruels. Selon les unes ou les autres, les conséquences sont vraiment perturbantes ou presque inexistantes.

Dans la deuxième moitié du cycle — rappelons que le cycle débute avec le premier jour des règles et dure vingt-huit jours en moyenne —, de la date de l'ovulation jusqu'au premier jour des règles, physiologiquement se produisent des modifications hormonales : augmentation du taux de progestérone entre autres. Une plus grande souplesse musculaire, une plus grande sensibilité émotionnelle les accompagnent. Parfois, un syndrome prémenstruel marqué survient dès le vingt et unième jour du cycle, aggravant l'hypersensibilité psychique par un véritable syndrome dépressif : anxiété, autodépréciation, tristesse, irritabilité… Des signes physiques tels des gonflements et des douleurs des seins, des lourdeurs du bas-ventre, des membres inférieurs, complètent parfois le tableau. Enfin, lors des premiers jours des règles se produisent des douleurs, obligeant quelquefois la femme à garder le lit.

Comment, dans ce cas, la femme manager peut-elle ne pas subir ces stress ? Comment également ces troubles peuvent-ils ne pas perturber l'accession à des responsabilités ? Heureusement, un grand nombre de traitements permettent d'y remédier. La relaxation en fait partie. N'oublions pas que, dans ce syndrome prémenstruel, le stress est un facteur déclenchant de premier plan.

Le syndrome prémenstruel

La réponse au syndrome prémenstruel est multiple :

— Diminuez la consommation de sel, pour lutter contre la rétention d'eau. Pour cela, veillez à ne pas en ajouter à table et réduisez conserves, produits industriels, charcuterie, fromages.

— Augmentez la consommation de potassium, qui s'oppose au sodium. Vous en trouverez dans les céréales (blé et riz), les légumes (pommes de terre, choux, haricots), les fruits frais (bananes, raisins, poires), les fruits secs (dattes, amandes, noisettes, cacahuètes).

— Augmentez la consommation de vit. B6 (légumes verts, soja, pommes de terre).

— Prenez du magnésium et du calcium.

— Augmentez la quantité de vit. A (abricots, carottes, fruits rouges, oranges) et de vit. E.

Vous pouvez également avoir recours à du Magné-B 6 pour associer vit. B6 et magnésium, Avibon pour la vit. A, Toco 500 pour la vit. E, et Calcium Sandoz pour le calcium.

En phytothérapie, vous aurez recours à des plantes progestérone-like (qui imitent la progestérone) comme le gattilier, l'alchémille, le grémil.

Des plantes comme le cyprès toujours vert (*cupressus sempervirens*) renforcent les vaisseaux et luttent de façon très efficace contre les insuffisances veineuses… Le Dr Henri Rozenbaum, père de la pilule, a étudié avec le Dr Alain Lecomte* l'intérêt de 2 g de poudre de cyprès par jour, avec des résultats jugés efficaces dans 73 % des cas.

* Des laboratoires Arkopharma.

Le ginkgo biloba, l'hamamélis, le marron d'Inde sont respectivement indiqués pour leur action régulatrice, vasoconstrictrice et anti-inflammatoire. De plus, le bouleau, l'orthosiphon sont diurétiques. Le psyllium est laxatif, et le radis noir ainsi que l'artichaut sont cholagogues.

Une place à part est faite au romarin et à l'angélique, qui luttent contre les manifestations dues au stress et aux douleurs spasmodiques des règles. Sans oublier la lavande. Enfin, l'onagre, par son action sur les prostaglandines, constitue un complément indispensable, et agit merveilleusement sur les troubles du comportement, à la dose de 3 g par jour.

La majorité des traitements évoqués doivent être pris durant la deuxième partie du cycle, du quatorzième au vingt-cinquième jour.

La ménopause

Mais les femmes ne sont pas seulement exposées à ces perturbations mensuelles. Vers cinquante ans, elles traversent la période délicate de la ménopause. Là encore, un grand nombre de femmes ne connaissent aucun trouble. Mais d'autres ressentent bouffées de chaleur, état dépressif, anxiété...

Savoir détecter les signes permet d'y remédier pour qu'ils ne perturbent pas la vie professionnelle, familiale ou sentimentale. D'autant que cette période est souvent jugée comme délicate, indépendamment des troubles de la ménopause.

Ces stress tout à fait spécifiques sont, comme le syndrome prémenstruel, bien atténués par la relaxation et l'huile d'onagre.

Ce traitement agit particulièrement sur tous les troubles psychiques et permet de retrouver la sérénité dont tous les décideurs ont besoin. Quand cela s'avère nécessaire, les hormones constituent une réponse tout à fait adaptée.

L'autre événement de la vie d'une femme: la maternité

Une autre période particulièrement stressante est celle de la grossesse et de la naissance, même si celle-ci est vécue comme un événement heureux. Vous l'aviez vue cotée à 40 dans l'échelle du stress. L'arrêt obligatoire du travail pour une période de deux mois peut bien sûr occasionner des stress professionnels que ne connaîtra pas un homme. De plus, le stress de l'éducation s'ajoute à tous les autres, surtout pour le premier enfant, qui naît généralement à une période où l'on doit professionnellement faire ses preuves. L'inquiétude de ne pas bien faire, l'isolement familial ajoutent à la complication de la situation.

Deux vies différentes s'accumulent, qui ne peuvent pas être parallèles mais qui inévitablement s'interpénètrent, majorant le stress.

Plus que jamais, il faut alors savoir déléguer au maximum les tâches ménagères pour se réserver du temps pour les enfants.

La culpabilité de travailler et l'éducation

Certaines femmes choisissent consciemment de privilégier le travail et de s'investir dans leurs activités professionnelles. Elles font garder leurs enfants et s'en sentent coupables. Dans ce cas, les enfants ont surtout besoin d'un mode de garde stable. C'est le seul moyen d'atténuer le stress de cette situation.

Ne multipliez pas leurs activités pour vous débarrasser d'eux. Ils ont, tout comme vous, besoin de temps où ils ne font rien. Cultivez les après-midi ensemble. Observez dans quelles circonstances vous vous mettez habituellement en colère : vous demandez à votre enfant de ranger sa chambre, vous lui demandez de ne pas rester pieds nus, vous lui demandez de fermer son gilet… Halte ! n'exigez pas l'impossible. Si, depuis dix ans, vous le lui répétez et qu'il ne le fait toujours pas, mieux vaut trouver une autre façon de procéder.

Pour certaines femmes, le travail est bénéfique car il compense la dose de stress due aux enfants. Veillez simplement à équilibrer les différents pôles de votre vie. N'hésitez pas à sortir avec des amies de temps en temps, pour vous changer complètement les idées. N'hésitez pas à laisser vos enfants pour partir en vacances en amoureux avec votre mari. Encore une fois, faites-vous aider. Les solutions sont de plus en plus nombreuses. Utilisez-vous par exemple la livraison des courses à domicile ?

Lorsque vous pensez à votre vie professionnelle, c'est souvent avec un pincement au cœur. « Suis-je suffisamment avec mes enfants ? Ne suis-je pas trop souvent partie en déplacement ?… » Des choix difficiles se présentent à vous. Face à ce dilemme, je ne connais qu'une seule règle : faire son choix et s'y tenir en se faisant aider au maximum pour ne pas cumuler tous les stress. Vos enfants n'en souffriront pas s'ils vous sentent épanouie, et si vous leur manifestez fréquemment votre amour.

Les stress ne font qu'accroître les troubles relationnels avec les enfants. Sachez vous préserver des doutes. Posez-vous la question : « Qu'est-ce qui, pour moi, est le plus important ? » Déculpabilisez-vous, ayez recours à toutes les techniques antistress déjà étudiées pour garder votre calme à la maison et ne pas faire monter la pression.

Évitez les cris : crier plus fort ne sert à rien, si ce n'est à ajouter de l'hystérie et de la perturbation. Ne vous disputez pas avec votre mari à propos de l'éducation devant les enfants. Une même voix doit se faire entendre. Une contradiction des signaux ne fait qu'aggraver les résistances et les tensions. Appliquez les mêmes règles à tous les aspects de votre vie, voyez les choses du bon côté, détendez-vous, soyez passionnée, organisez-vous et essayez de vivre pleinement sur tous les plans.

Que la vie sentimentale est dure!

Non contentes de supporter le stress de l'éducation, les femmes doivent aussi, souvent, endosser celui de la solitude affective. Les femmes vivant seules sont en effet de plus en plus nombreuses. Une fois encore, je constate régulièrement auprès de mes patientes l'importance de cette carence affective qui devient source de stress majeurs, voire d'états dépressifs. Nulle réponse en dehors du bon sens. Dans une telle situation, la vie professionnelle permet, malgré tous ses stress, d'aider à compenser la perte affective. Bien souvent pourtant, un cercle vicieux s'installe. Le surinvestissement professionnel vous guette, empêchant le développement d'une vie sociale et amicale. Parfois, il s'agit même d'un véritable refuge. Dans tous les cas, il faut alors analyser les causes du stress pour y porter remède.

La femme est l'avenir de l'homme

Le cumul de plusieurs vies augmente la charge de stress chez les femmes. Néanmoins, ce sont souvent elles qui, les premières, sont conscientes de la nécessité d'un équilibre intérieur et du besoin d'une recherche d'harmonie avec l'extérieur. Non seulement elles y sont plus sensibles, mais elles se donnent vraiment les moyens d'y parvenir. Ce sont elles qui sont les premières à appliquer tous les conseils que nous avons pu donner dans ce livre. Ce sont elles qui pratiquent le plus le yoga, la relaxation, qui s'occupent de leur alimentation et, en fin de compte, arrivent à gagner en équilibre général.

Progressivement, elles apportent un souffle nouveau à l'entreprise. Les règles évoluent pour aider encore mieux chacun à s'épanouir. Les différences occasionnent des remises en question tout à fait bénéfiques, autant aux hommes qu'aux femmes. Et en définitive, les femmes sont les pionnières dans cet art de vivre et la recherche de l'harmonie. Grâce à leur présence égalitaire au sein des entreprises, celles-ci évolueront vers un lieu où il fera bon vivre.

12

Et maintenant, passons à l'action...

Du management à la vie quotidienne, vous savez que décider, c'est s'exposer en permanence aux innombrables stress que la vie engendre. Vous savez également que les situations auxquelles vous êtes confronté sont toujours plus extraordinaires que celles que vous auriez osé imaginer. Ces situations sont extraordinaires non seulement au sens où elles sortent de la norme mais également dans le sens où elles surviennent alors que vous ne pouviez vous y attendre. Il est impossible de prévoir toutes les circonstances stressantes de la vie. Cependant il vous est possible de vous préparer à un certain nombre d'entre elles par une bonne analyse, et par un entraînement à celles qu'il est possible de prévoir. C'est ce que vous avez fait tout au long de ce livre qui est avant tout un guide pratique. Il vous a permis de vous entraîner, pour que vous réagissiez dans les meilleures conditions possibles à toutes les agressions et tensions que vous serez amené à subir dans votre vie de décideur, y compris celles qui n'ont pas été envisagées dans cet ouvrage.

Au terme de cet apprentissage, non seulement vous avez acquis la possibilité de ne plus subir le stress, mais bien plus encore, pour vous, décider devient une véritable source d'enrichissement personnel. Vous pourrez en retirer le meilleur sans en subir les contrecoups. Cela ne signifie naturellement pas que vous ne serez plus jamais confronté aux stress! Comme nous venons de l'évoquer, c'est impossible, car cela fait partie intégrante de la vie. Mais quelle que soit la nouvelle situation à peine imaginable à laquelle vous serez confronté, vous pourrez non pas ré-agir mais agir en possession de tous vos moyens. Vous trouverez des solutions là où les autres seront épuisés. Vous décrocherez des contrats là où les autres n'auront pas été préparés et n'auront pas su être à la hauteur. Vous développerez une ambiance de calme et de bonne humeur quand les autres sèmeront la crainte et le pessimisme. Cette préparation demande de votre part un investissement en temps indispensable. Mais cet investissement est particulièrement rentable, il vous économisera temps, argent, fatigue, tensions...

Vous avez dressé un premier bilan de votre situation actuelle. Celui-ci vous a permis de faire très exactement le point de l'état de stress dans lequel vous vous trouvez et de toutes les causes vous y prédisposant. Cette connaissance de vous-même vous a donné la possibilité d'utiliser tous les moyens pour transformer votre environnement, modifier votre comportement, orienter votre tempérament. Il vous faudra absolument refaire tous les tests dans quelques mois pour vérifier l'évolution de tous les aspects de votre vie. Ce sont les différences qui vous indiqueront si vous êtes dans la bonne direction ou non. Peut-être vous sentirez-vous débordé par la somme de tous les conseils que nous avons prodigués? Ce n'est qu'une apparence car ils vont tous dans le même sens et se potentialisent les uns les autres. Cependant vous serez certainement amené à insister plus sur un point que sur un autre, momentanément. Selon les tempéraments, vous débuterez par les points les plus noirs qui nécessitent un effort important ou, au contraire, vous débuterez par les modifications qui vous sont les plus accessibles et dont les résultats immédiats vous encourageront à continuer. Personnellement, je vous conseille d'utiliser la méthode pédagogique dite de l'immersion. Elle consiste, dans notre cas, à avancer sur tous les fronts à la fois par petites touches dans chaque domaine. Pour cela, vous serez amené à lire et à relire ce livre, car les lectures successives vous livreront des conseils que vous ne pouviez percevoir aux premières. Vous serez amené également à vous documenter sur ce sujet par d'autres sources. Chacune ayant ses limites et ses avantages.

Une des méthodes les plus stimulantes est certainement celle de la cure. Je dirige personnellement des séjours de cure utilisant la méthode Holios que j'ai créée et que je vous ai détaillée dans ce livre pour permettre cette immersion. Il en est de même pour les stages de formation professionnelle qui s'adressent aux décideurs par l'intermédiaire de leur entreprise. La semaine de cure Holios repose sur l'association de trois axes fondamentaux. En premier lieu, le bilan ; en deuxième lieu, la compréhension théorique du stress et l'apprentissage des moyens pratiques pour y remédier ; enfin, en troisième lieu, le recours à des soins. Tous ces points étant contrôlés par des médecins et par des formateurs spécialisés. Ces séjours, tout comme les séminaires de formation et de gestion du stress, permettent en un temps très court une totale immersion avec un rapide effet bénéfique. A la fin de la cure, la gestion du stress devient quelque chose de véritablement concret. Massages, soins à base de plantes, relaxation, techniques antistress contribuent à ce que vous soyez efficace dès la fin de la session.

Un deuxième outil permet de continuer l'application directe de cet apprentissage : la cassette vidéo. Celle-ci est très pratique, car, chez vous, elle redécompose ce que vous avez pu apprendre soit dans ce livre, soit au cours d'un séjour individuel ou d'une session de formation en entreprise. Vous pouvez par exemple demander à votre cassette de répéter mille fois un mouvement jusqu'à ce que vous l'ayez parfaitement intégré. Enfin, la cassette audio, sur laquelle sont enregistrés une relaxation ou des exercices respiratoires, vous guide tout en renforçant l'efficacité du travail. Dans ce livre vous sont conseillés de nombreux traitements que vous pouvez prendre sans aucune restriction. Il en existe un que je vous recommande tout particulièrement : vous enduire d'un des mélanges d'huiles essentielles proposés et vous envelopper dans des couvertures pour bien transpirer pendant une demi-heure, allongé, en vous laissant bercer par une musique relaxante. C'est ce que nous avons appelé l'oléation. Le seul inconvénient de ce traitement est qu'il demande un peu de temps pour soi. Mais quel résultat obtiendrez-vous si vous pouvez le faire ! Vous serez surpris de la rapidité avec laquelle vous pourrez rompre le cercle du stress.

Stages, cassettes vidéo, cassettes audio, remèdes vous permettent de progresser sur tous les points en même temps pour être enfin vous-même et ne plus vous laisser emporter par le flot des réactions non maîtrisées. Ce chemin nous mène progressivement vers une meilleure connaissance de nous-mêmes, une plus grande connaissance des autres, et nous permet de découvrir les multiples joies et satisfactions de la vie. S'il est nécessaire de consacrer du temps et de l'énergie pour se déstresser, il n'en demeure pas moins que le fruit de ce travail est toujours plus merveilleux qu'il nous était possible de l'imaginer avant de débuter.

Les stress qui ne sont pas éliminés deviennent des moteurs. Ils ne nous paralysent plus, mais au contraire nous poussent au-delà de nous-mêmes pour améliorer notre condition ainsi que celle des autres. Les stress sont alors des aiguillons qui nous motivent pour accomplir des tâches que nous n'aurions pas envisagées sans cela. La confrontation à la vie nous permet de rechercher sans cesse les meilleures solutions. Le fait d'être stressé et d'en avoir conscience vous a donné l'envie de changer et vous a permis de lire ce livre pour parvenir à un meilleur état ? Cet état ne sera pas seulement celui que vous connaissiez avant d'être stressé, mais il sera nettement supérieur. Vous aurez acquis un enrichissement grâce à ces stress. Certes, il n'aurait pas fallu que le stress vous inhibe totalement et vous paralyse. Dorénavant, grâce à l'application de tous ces conseils, vous ne serez plus bloqué dans vos actions. Les stress vous obligeront à réagir et à trouver des solutions. Vous pourrez également récupérer plus vite, car vous ne vous laisserez pas embarquer dans les mécanismes d'épuisement. Dans les situations de stress persistant, vous aurez recours à tous les moyens compensateurs qui ne vous prendront même pas de temps.

Le stress, d'où qu'il vienne, quel qu'il soit, aura moins de prise et sera bénéfique. C'est en cela que décider sera vraiment une source d'épanouissement. Car décider expose à tous les stress, mais à présent, vous n'en garderez que l'action bénéfique. Cette aventure est celle de l'homme et de l'humanité tout entière. Nous vous souhaitons très sincèrement une bonne application. Que celle-ci vous procure toutes les joies et le bonheur qu'elle a pu m'apporter !

7. CHANGEZ VOTRE FAÇON DE VOIR LE MONDE

8. CHANGEZ VOS RELATIONS AVEC VOTRE ENTOURAGE

10. SACHEZ PARFAITEMENT MAÎTRISER LES CHARGES SPÉCIFIQUES AUX DÉCIDEURS

11. SACHEZ PARFAITEMENT MAÎTRISER LES STRESS SPÉCIFIQUES AUX FEMMES

12. ET MAINTENANT, PASSONS À L'ACTION...

Docteur LELEU
La Mâle Peur

Les hommes ont-ils peur des femmes ?
Mais peur de quoi ? De ce fabuleux pouvoir
de donner la vie, d'une sexualité si différente
de la leur, de la sensualité, en un mot,
peur d'aimer, peur de l'amour ?

L'auteur analyse cette peur, son histoire, ses
origines et ses conséquences. Il nous donne à
comprendre la *Mâle Peur* : pour savoir la vaincre,
s'épanouir à deux, et vivre enfin le bonheur
du désir, du plaisir.

**N'est-il pas temps d'inventer un monde
nouveau, celui du partage entre l'homme
et la femme**... un monde remis sur ses pieds,
réconcilié, où l'un s'enrichit de l'autre ?

Ce livre dédié à la femme et sa sensualité est
un chant d'espoir **pour une totale harmonie
entre l'homme et la femme**.

Dr Gérard Leleu
Après le succès du Traité des caresses,
*le Dr Gérard Leleu, auteur de nombreux best-
sellers, s'adresse à nous comme un humaniste
et un conseiller.*

Collection J'ai lu Bien-être, 7026/6

MAURICE MESSÉGUÉ
C'est la nature qui a raison

**A portée de main et du porte-monnaie,
la nature offre des trésors insoupçonnés**.
Maux d'estomac, rhumatismes, insomnies, excès
de poids, pourquoi ne pas se tourner vers mère
nature pour régler ces petits problèmes ?

Laissons-nous guider par Maurice Mességué,
le célèbre phytothérapeute, qui nous dit tout sur
**les vertus secrètes des herbes, des plantes
et des légumes.** Le céleri fait fondre la cellulite,
la mûre est excellente contre les angines,
la capucine fortifie les cheveux, l'oignon donne
un joli teint et combat l'acné...
**Sur votre table, dans votre bain, dans votre
pharmacie, les plantes font des miracles !**

Des conseils de santé, mais aussi de beauté,
agrémentés de recettes alléchantes pour
retrouver
un art de vivre, un art de bon sens !

Maurice Mességué
*Phytothérapeute de renom, il a soigné
des malades par les plantes pendant
vingt-cinq ans.
Ses livres ont été traduits
en quinze langues.*

Collection J'ai lu Bien-être, 7028/7

Dr CATHERINE KOUSMINE

Sauvez votre corps !

La médecine actuelle fait des prouesses.
Ses progrès nous permettent de vivre plus
longtemps, de surmonter bien des maladies.
Paradoxalement, le nombre des malades
ne cesse de croître.

On le sait aujourd'hui, notre alimentation
est responsable d'un nombre considérable
de maux. **Nous mangeons mal, nous vivons
mal.** Notre organisme est fragilisé. Et pourtant...
Est-il si difficile d'écouter son corps ?

**Pour être résistants et équilibrés, pour
vaincre la maladie, il suffit de mieux
s'alimenter !**

Dans ce livre, véritable **bible de la diététique
moderne,** le docteur Kousmine lance un cri
d'alarme. **Avec elle, pour nous et pour nos
enfants, apprenons la santé, apprenons...
à vivre !**

Dr Catherine Kousmine
*Médecin nutritionniste, elle a exercé pendant
plus de 50 ans, tout en poursuivant
ses travaux de recherche.*
Soyez bien dans votre assiette jusqu'à 80 ans
et plus *fut un succès mondial. Née en 1904 en
Russie, elle est décédée en Suisse.*

Collection J'ai lu Bien-être, 7029/8

Ce livre de la collection J'ai lu Bien-être a été
imprimé sur papier blanchi sans chlore et sans acide.

Composition Interligne B-Liège
Achevé d'imprimer en Europe (France)
par Maury-Eurolivres à Manchecourt (Loiret)
le 20 décembre 1993.
Dépôt légal décembre 1993. ISBN 2-277-07027-0

Editions J'ai lu
27, rue Cassette, 75006 Paris
Diffusion Flammarion (France et étranger)